国際化時代の日本語を考える

二表記社会への展望

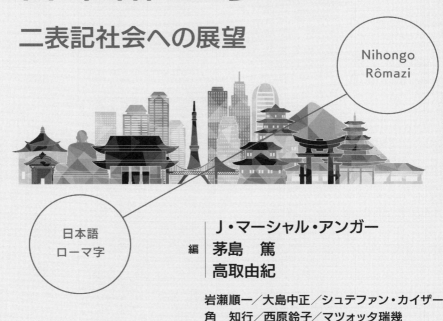

Nihongo Rômazi

日本語
ローマ字

編　J・マーシャル・アンガー
　　茅島　篤
　　高取由紀

岩瀬順一／大島中正／シュテファン・カイザー
角　知行／西原鈴子／マツォッタ瑞幾
宮澤　彰／宮島達夫／屋名池　誠

くろしお出版

序

　ことばの表記は，歴史に裏付けされた社会慣習である。あることばに二つの表記法が用いられるには，そのことばが二種類の文字をもっていなくてはならない。日本語は諸言語のなかでも多くの種類の文字を用いて，異なる表記法を有してきた。

　歴史的に観察してみると，文字をもたなかった日本では，言語学上類縁関係のない中国語の表記に用いられていた文字（漢字）を採り入れて，日本のことばを表記するようになった。万葉集までは漢字のみで表記していたが，先人は漢字から訓読法と日本語の音韻に合った仮名（カタカナ，ひらがな）を創成するという発明をした。仮名使用では源氏物語・枕草子など古典となった仮名文学が想起されよう。その後，意字の漢字と音字の仮名を併用して表記するようになった。ローマ字はスペイン人の宣教師フランシスコ・ザビエルが鹿児島に上陸したとき入ってきたといわれる。ここで日本語をローマ字で表記することがはじまった。

　和訳聖書を例にみると，日本語の複数の表記がみられる。墨字聖書には『訓点新約全書』をはじめ，全文が，カタカナ，ひらがな，ローマ字，漢字カタカナ交じり，漢字ひらがな交じりの聖書がある。点字聖書にもローマ字書きのものと，仮名書きのものがある。仮名だけで書いても日本語，ローマ字だけで書いても日本語，漢字かな交じりで書いても日本語である。

　近代の黎明期以降，国字国語問題が再三論議されたが，そのたびに漢文・漢字への対応が問題となった。国の指導者や学者，文字運動団体など日本語愛に燃えた人々や組織から，日用文字に漢字を用いない仮名専用論やローマ字専用論が主張され，社会の一部で実行されたが，国語施策の実際としては，漢字制限と表音仮名遣い改革を柱に，言文一致体への国語改革がすすめられた。

　漢字かな交じり文の読み書きの習得には日本語母語話者にとっても相当の年数を要する。一方，母語形成期以後に日本語を第2言語として習得す

る日本語非母語話者（または，日本語学習者）のなかで，日本語の表記の複雑さや難しさを理由に学習の継続を断念する人がいれば残念なことである。

　本書は「日本語の将来を考える」という一般的なテーマだけでなく，漢字かな交じり書きが流通しているなか，日本語の国際化の観点からも，日本語ローマ字書きが積極的に活用されることを念頭においている。漢字かな交じり文の読み書きの習得までは望まない人もいよう。

　論考については，編者の3人はトピックを決めて執筆したが，編者以外の執筆者には，統一テーマのもと，多くの視点が入るよう自由な切り口から健筆を揮っていただいた。したがって，ゆるやかな4つの束ね方となった。内容的には「ダイグラフィア（Digraphia，ここでは「二種類の表記法」）とは何か」ということから，ローマ字文と関係づけた国字論，日本語教育，日本語の分かち書き，表記論の具体的な論考がある。全論考の「要旨」をはじめにまとめて載せておくので，ここで解説の贅言を加えることは控える。その方が自由な解釈を享受できよう。

　「日本語の分かち書き」は2編掲載したが，これは宮島達夫先生のご健康上の理由からであった。これを受けて，宮島先生も旧知の岩瀬順一先生にご執筆をお願いした。その後，宮島先生は不帰の客となられ，うたた哀惜の念に堪えない。ご冥福をお祈りするばかりである。

　最後に本書の上梓にあたり，ひと言述べておきたい。

　日本語の国際化に関心をおもちのくろしお出版さんどゆみこ前社長から，日本語の二つの文字表記について本を作って社会に問いかけたら如何ですか，とのつよい慫慂を筆者にいただいたのをきっかけにこの本は生まれた。創見に富むお話から本の出版にいたるまで，温かく見守ってくださった同氏に心より感謝の微意を表する。また，誠意に満ちたご姿勢で仕事にあたってくださった同社の斉藤章明氏に深厚なる御礼を申し上げる。

2017年　梅の花のほころびるころ
編著者を代表して　茅島　篤

目　次

　　　　　　　　　　　　　　　　　　　　　　　　　　　序　　iii
　　　　　　　　　　　　参考：内閣告示第一号「ローマ字のつづり方」　vi

ダイグラフィア・国字問題

日本語のダイグラフィア——その意味と必要性——　J・マーシャル・アンガー　1
表記体系併用と二表記併用社会　　　　　　　　　　　　　　　高取　由紀　31
国字問題と日本語ローマ字表記——戦前の動向を中心に——　　　茅島　篤　45

日本語教育とローマ字

「本物」であれば認める複数表記——日本語教育の現場から——　西原　鈴子　75
ローマ字日本語人とはだれか——日本語教科書の調査から——　　角　知行　89
多文化共生社会におけるローマ字表記の必要性　　　　マツォッタ　瑞幾　107
日本語教育におけるローマ字の意味——英語圏教材を中心に——
　　　　　　　　　　　　　　　　　　　　　　　シュテファン・カイザー　125

ローマ字文の分かち書き

日本語の分かち書き　　　　　　　　　　　　　　　　　　　宮島　達夫　147
日本語の分かち書き　　　　　　　　　　　　　　　　　　　岩瀬　順一　151

表記論・書き方のシステム

ウメサオタダオの文字づかい　　　　　　　　　　　　　　　大島　中正　167
文字・翻字と書き方のシステム——表記法の議論のために——　宮澤　彰　183
表記論から「二表記併用社会」の必要性を考える
　——動詞の自・他部分に送り仮名のない複合語の表記」の読み分け機構を中心に——
　　　　　　　　　　　　　　　　　　　　　　　　　　　　屋名池　誠　201

参考：内閣告示第一号「ローマ字のつづり方」・内閣訓令第一号「ローマ字のつづり方の実施について」 昭和29年12月9日公布

国語を書き表わす場合に用いるローマ字のつづり方を次のように定める．
　　昭和二十九年十二月九日

内閣総理大臣　　吉田　茂

ローマ字のつづり方

まえがき

1. 一般に国語を書き表わす場合は，第1表に掲げたつづり方によるものとする．
2. 国際的関係その他従来の慣例をにわかに改めがたい事情にある場合に限り，第2表に掲げたつづり方によってもさしつかえない．
3. 前二項のいずれの場合においても，おおむねそえがきを適用する．

第1表〔（　）は重出を示す〕　　　　　　　　第2表

a	i	u	e	o				sha	shi	shu	sho
ka	ki	ku	ke	ko	kya	kyu	kyo				
sa	si	su	se	so	sya	syu	syo	cha	chi	chu	cho
ta	ti	tu	te	to	tya	tyu	tyo				tsu
na	ni	nu	ne	no	nya	nyu	nyo			fu	
ha	hi	hu	he	ho	hya	hyu	hyo	ja	ji	ju	jo
ma	mi	mu	me	mo	mya	myu	myo	di		du	
ya	(i)	yu	(e)	yo				dya		dyu	dyo
ra	ri	ru	re	ro	rya	ryu	ryo	kwa			
wa	(i)	(u)	(e)	(o)				gwa			
ga	gi	gu	ge	go	gya	gyu	gyo				wo
za	zi	zu	ze	zo	zya	zyu	zyo				
da	(zi)	(zu)	de	do	(zya)	(zyu)	(zyo)				
ba	bi	bu	be	bo	bya	byu	byo				
pa	pi	pu	pe	po	pya	pyu	pyo				

そえがき

前表に定めたもののほか，おおむね次の各項による．

1. はねる音「ン」はすべて n と書く．
2. はねる音を表わす n と次にくる母音字または y とを切り離す必要がある場合には，n の次に ' を入れる．
3. つまる音は，最初の子音字を重ねて表わす．
4. 長音は母音字の上に ^ をつけて表わす．なお，大文字の場合は母音字を並べてもよい．
5. 特殊音の書き表わし方は自由とする．
6. 文の書きはじめ，および固有名詞は語頭を大文字で書く．なお，固有名詞以外の名詞の語頭を大文字で書いてもよい．

各章の要旨

> **ダイグラフィア・国字問題**

「日本語のダイグラフィア──その意味と必要性──」　　J・マーシャル・アンガー

　ダイグラフィアとは，対等の価値を持つ二つの表記法が同じ言語の中で使われる状況を指す。日本語の場合，それは漢字かな交じり書きと並んでローマ字が使用されることを意味する。本章では日本が直面している数々の教育問題を，ブライアン・マクヴェイの理論を批判的に検証しながら概観し，その解決策としてダイグラフィアの導入を提案する。教育現場の抱える問題は，日本語の複雑な文字言語が学習者に与える過大な負担に起因している。もし政府がダイグラフィアを採用すればそのいくつかは解消されると筆者は考える。多くの日本人は，ローマ字に漢字かなと対等の地位を与えることが「劇的で前例のない大改革」であり日本の独自な文化の否定であるという不安を感じるかもしれない。結論部ではこの主張に根拠がないことを明らかにし，ダイグラフィア制度導入のために取るべき具体的なステップを提唱する。

「表記体系併用と二表記併用社会」　　高取　由紀

　現在の日本において漢字かなとローマ字を同時に使った表記体系併用の例を目にするのは電車の駅名が書かれた看板や道路標識の地名表示ぐらいだろう。しかし一つの言語に複数の文字を使う習慣は世界の数多くの国で見られる。その中で最もよく引用されるのが多民族国家の旧ユーゴスラビアおよびその継承国だ。もともとユーゴスラビアではセルボ・クロアチア語という南スラブ語系の言語が話されていたが，主として宗教的な理由でその表記はラテン文字(ローマ字)とキリル文字(ロシア文字)が同時使用されていた。しかし強力なカリスマ的指導者であったチトー大統領が 1980 年に死去すると，内部の共和国が次々と独立を宣言し，それに従ってラテン文字・キリル文字の使用にも変化が起きた。旧ユーゴの継承国は 2017 年現在 7 つあるが，本章ではそのうちの 4 か国(セルビア，クロアチア，ボスニア・ヘルツェゴビナ，モンテネグロ)でどのように表記体系併用の慣習が受け継がれているかを見ていく。そして最後に日本での漢字かな・ローマ字の一般的な併用の可能性について，これらの国々での例を参考にしながら考察してみたい。

「国字問題と日本語ローマ字表記——戦前の動向を中心に——」　　　　茅島　篤

　本章は，近代の黎明期以降，指導者層の一部や文字運動団体などによって主張された日本語ローマ字表記の背景にあった国語国字問題とは何かを説明すること，またそれを囲繞する事柄を紹介することを目的とする。国語国字問題は，標準語問題，言文一致の問題，文法問題などを含んでいるが，その中心は国字問題であった。この問題は漢文・漢字への対策として生まれた。漢字廃止の考えから，漢字節減を手段とした漢字廃止論，漢字節減論そのもの，もちろん漢字尊重・擁護論があった。抜本的な解決策としては，仮名専用論，ローマ字専用論から新字論，日本語廃止英語採用論まであったが，仮名専用論とローマ字専用論が二つの柱となった。象徴的にみると，明治35年に国の国語調査委員会が決議した調査方針の冒頭1項は「文字ハ音韻文字ヲ採用スルコトヽシ」と，漢字廃止を前提とした。戦後，昭和21年，マッカーサー元帥の招聘で来日した米国教育使節団は「漢字かな交じり文」の破棄を意味した「国字ローマ字採用」勧告の報告書を提出した。国語施策の実際としては，漢字制限と表音仮名遣い改革を柱に，言文一致の方向ですすめられた。小論では，多くの観点から国字問題に照射し振り返ることで展望を試みる。

日本語教育とローマ字

「「本物」であれば認める複数表記——日本語教育の現場から——」　　　　西原　鈴子

　日本語教育の実践現場では，言語教育界における知識観・学習観・コミュニケーション観のパラダイム・シフトを踏まえ，言語知識の獲得を最終の学習目標に定めるのではなく，言語運用能力の習得を目標にする傾向が強くなっている。すなわち，「ことばについて何を知っているか」ではなく，「ことばを使って何ができるか」に重点が置かれてきているのである。そのような考え方によれば，学習は社会参加の過程であるとされ，現実社会の「本物」を題材として行われることになる。

　文字表記の学習においても，この方向性は変わらない。筆者が観察した範囲でも，複数の文字体系を混在させた表記例を日常的に見出すことが可能であった。それらはサンプルとしてそのまま提示され，画数の少ないものから順に積み上げていく学習方法ではなく，「交通手段を利用する」「買い物をする」などの能力記述の項目に従って活動する過程で，経験的に学習される。文字表記は，規範ではなく，現実に即して，生活場面の中の一側面として学ばれ，記憶されていくということになる。

各章の要旨

「ローマ字日本語人とはだれか――日本語教科書の調査から――」　　　角　知行

　日本語は漢字／かなまじりで表記されるのが一般的である。しかし，ごく少数ながらローマ字を表記としてもちいる人たち（ローマ字日本語人）もいる。外国人むけの日本語教科書のなかには，ローマ字による例文や解説を掲載したローマ字日本語教科書がみられる。非漢字圏出身のビジネス・パーソン，研修生，理工系留学生，青少年，生活者の一部は，時間がないなどの理由により，こうした教科書をつかって学習している。日本語学習がすすむにつれて，漢字／かなまじりに移行する学習者がいる一方，よみかき能力がローマ字にとどまる学習者もいる。日本語学習の経験がない非漢字圏出身者のなかにも，漢字／かなをしらないため，日本人とのメールや連絡に，既習文字のローマ字を使用するケースがある。日本語教育や情報保障において，ローマ字は無視ないし軽視されてきた。しかし，このようなローマ字日本語人の現実を直視するならば，ローマ字を一時的，例外的なものとして否定するのではなく，日本語のひとつの表記手段として，正当に評価し位置づけるべきである。

「多文化共生社会におけるローマ字表記の必要性」　　　マツォッタ　瑞幾

　移民受け入れ時代に移行しつつある日本には，2016年の時点で230万人以上の外国人が生活者としてくらしている。少子高齢化が進み今後老人介護等の分野で移民ががますます必要となってくるであろう日本では外国人居住者をよそ者として扱うのではなく，社会の立派な一員になってもらうこと，つまり外国人居住者との共生が新たな課題となってくる。その成功には，外国人居住者の言語権（居住国の言語を習得・学習する権利）を保障することが不可欠であるが，漢字仮名交じり表記の習得は，非漢字圏出身にとっては解決不可能な問題であることが先行研究から明らかになっている。本稿では漢字仮名交じり表記の習得の難解さを言語学及び日本語教育の角度から論じ，ローマ字表記併用による外国人居住者の非識字問題の負担の軽減が多文化共生社会構築にどのようなメリットをもたらすのかを，自身も外国人居住者である筆者が移民の書き言葉使用の実態や言語とアイデンティティの関係などを踏まえて考察する。

「日本語教育におけるローマ字の意味――英語圏教材を中心に――」
　　　シュテファン・カイザー

　欧米人による日本語記述・学習教材には400年以上の歴史があるが，ごく最近までローマ字表記によるものが圧倒的に多かった。その主な理由は，漢字リ

テラシーの習得が，学者など一部の専門家を目指す上級学習者を除いては，現実的ではないと考えられたためである。また，日本語能力試験の主催者が公表していた基準学習時間数を日本語学校での実績を比較したデータを見ても，漢字系と漢字系外の実績が，レベルが上がるにつれどんどん開いていくことからもこの考えが裏付けられる。

最近，ヨーロッパ言語共通参照枠（CEFR）の普及に伴い，読み書き能力についてもレベルごとに何ができるか記述されるようになった。その結果，入門書でも漢字が取り入れられることが多くなっているが，検討してみると漢字習得に時間を取られ，伝達内容において他の言語と対等に並ぶのは難しく，語彙数と漢字数のミスマッチが目立つ。

日本語教育者の中には，ローマ字使用が発音に負の影響を与えると考える人がいるが，ある一連の実験で見事に否定されており，むしろローマ字が有益であるとする実験結果もある。本章ではそうした実験も交えながら，日本語教育におけるローマ字の意味について考察する。

ローマ字文の分かち書き

「日本語の分かち書き」　　　　　　　　　　　　　　　　　　　宮島　達夫

　日本語の表記の中でふつうに分かち書きをすることになっているのはローマ字書きの文章である。その歴史は室町時代にさかのぼり，文節式の分かち書きにはじまり助詞を切り離す分かち書きへと変化した。明治以降，とりわけわが国最初のローマ字運動団体（羅馬字会）が設立されて以降，ヘボン式，日本式などさまざまに分化した歴史をふりかえるとともに，筆者が仲間とともに提唱した「東大ローマ字会式分かち書き」についてもふれながら，ローマ字による日本語をわかりやすく表記するために何が必要かについて考える。

（おことわり：本要旨は宮島達夫氏の遺稿を元に編者が作成した）

「日本語の分かち書き」　　　　　　　　　　　　　　　　　　　岩瀬　順一

　日本語，特にローマ字文の分かち書きについて考察・提案する。日本語の分かち書きは不可能ではない。筆者が考える次の二つの規則に従うことは決して難しくない。「規則 0. 学校文法で一つの単語は原則として途中で切らずに書く」。「規則 1. 自立語は前の語から離して書く」。この二つだけでかなりの部分の分かち書きが決まり，文節分かち書きのようなものになる。この二つを満たさない分かち書きは，使い物にならないだろう。

残りは，付属語である助詞・助動詞と複合語の分かち書きである。「規則２．助詞・助動詞の分かち書きは適当に決め，深く考えない」。助詞・助動詞は数が限られているが，それらがくり返し文中に現れるので，これらが分かち書きを難しくしているような印象を与えるのである。本章では，助詞・助動詞について，前の語から切り離すかどうか，ひとつずつ具体的に検討を加えた。中にはkangaerareru, kangae rareru のように，現状ではどちらとも決めていないものもある。「規則３．複合語を一続きに書くか，分けて書くかは急いで決めない」という規則も筆者は提案している。ローマ字文の分かち書きについて考えることで，漢字にとらわれない日本語の書き方が発展することを期待する。

表記論・書き方のシステム

「ウメサオタダオの文字づかい」　　　　　　　　　　　　　　　大島　中正

　梅棹忠夫の文章は，谷沢永一，柴田武らによって称賛されているように，平明にして達意の文章である。

　では，なぜそのような文章がうまれたのであろうか。梅棹自身は「日本語のローマ字がき」を実行したことで自身の文体がかわったと，その体験をのべている。

　この小論では，梅棹のロングセラーである『知的生産の技術』（岩波新書）とその一部分を教材化した，松村明他編『高等学校　現代国語１』（旺文社）に収録の文章を表記資料として小調査を実施した。その結果，岩波新書版において平仮名で表記されている和語の動詞，形容詞が旺文社の現代国語版では当用漢字に掲出の漢字による表記にあらためられていることなどがわかった。

　今後，梅棹の文字づかいおよび文章表現上の特長についての大規模にして詳細な実態調査がおこなわれれば，表記と表現に関する議論にとって貴重な基礎資料が提供されることになるであろう。

「文字・翻字と書き方のシステム──表記法の議論のために──」　　　宮澤　彰

　本章は，言語の表記法やローマ字化をめぐる議論のために，概念を整理し，用語を提唱して枠組みを与えることを目的としている。用語として，いわゆる表記法を「書き方のシステム」と名付け，これを「語の列」から文字列への変換規則群として定式化する。この「書き方のシステム」を識別する方法としてIETFのBCP47 に variant を登録する方法を推奨し，BCP47(RFC5646)を解説する。ローマ字化については，転写と翻字の区別を解説し，転写は「変換前の書き方のシス

テムによる文字列」→「語の列」→「変換後の書き方のシステムによる文字列」という2段階の変換，翻字は「文字列」→「別スクリプトでの文字列」という変換であるとする。また議論の差異に考慮されるべきと考えられる「書き方のシステム」の属性として，「一意性」「可逆性」「完全性」「一貫性」「受容性」を説明する。これらの概念にしたがって属性を検討することで，たとえば「曖昧だ」と言うときに，変換規則の「一意性」がないのか「可逆性」がないのかという問題に定式化可能となり，議論の助けとすることができる。

「表記論から「二表記併用社会」の必要性を考える——動詞の自・他部分に送り仮名のない複合語の表記」の読み分け機構を中心に——」 屋名池　誠

　文字・表記は言語の完成した外形を写すだけのものとは限らない。日本語には，漢文訓読文や変体漢文以来，語彙や文法の機構がその読み取りに大きく関わっている表記システムが存在する。本章第1部では，こうしたシステムが現に存在していることを，公定の規範である「送り仮名の付け方」でも認められている「送り仮名を付けない動詞複合語」の表記機構を分析することで示した。

　母語話者は，母語を獲得し終わってからその文字・表記を学ぶのだから，こうした表記システムでも支障は生じない。それどころか，表記に当たってややこしい送り仮名を考える必要がないため重宝されており，母語話者が今後このシステムを用いなくなることはよほどのことがなければ考えられない。

　一方，日本語を第二言語として学ぶ話者にとっては，母語話者なみの日本語運用能力を必要とするこうした表記システムは学習・運用ともにきわめて困難なものとなっている。ノンネイティブの日本語話者が増えつつある現在，母語話者にとって使い勝手のよい表記システムと，非母語話者用が使いやすい表記システムを並存させ，併用してゆこうというのはすぐれた提案であるといえる。こうした認識の上に立って，本章第2部では，二表記併用社会においてローマ字表記が第二システムとして機能するのに備えておかなければならない要件について具体的に論じた。

ダイグラフィア・国字問題

日本語のダイグラフィア
――その意味と必要性――

J・マーシャル・アンガー
奥村睦世（訳）

1．はじめに

　本章でいう**ダイグラフィア**(digraphia)は，一つの言語に二つの表記法があり，そのどちらも使用できる状況を指す。つまり，二重表記のことである。この二重表記を状況を見て複雑に分類する方法を提案する者もいるが（例えば，Bunčić, Lippert & Rabus 2011），本章では，そのような分け方はしないで話を進めたい。

　ダイグラフィアの例としては，まず，1991年に始まったユーゴスラビア分裂以前のセルボクロチア語の表記が挙げられる。1918年から1991年まで，この言語には，ラテン文字の正書法とキリル文字の正書法があった。現在，基本的に同じ言語でありながら，クロアチア国では前者，セルビア国では後者を使っている。もう一つは，英領インド中北部の共通語（リンガフランカ）で，それをヒンドスタニー語またはウルドゥー語と呼んで，2つの表記法を使った例である。1947年8月に2つの国に分離独立した後，やはり，基本的に同じ言語でありながら，ヒンディ語がインド国の事実上の国語，ウルドゥー語がパキスタン国の国語，と言うようになった。ふつう，前者をデーバナーガリー文字で，後者を修正ペルソ・アラビア文字で表記する。上記2つの例からわかるように，ダイグラフィアの特徴は，言語は僅かしか違わないが見かけは大きく違うことである。

　本章執筆者の考えでは，日本語は，現行の表記では漢字とかな文字を使用しているが，上の例には入れられない。のちにラテン文字表記に正式に替わったベトナム語やトルコ語の場合も同様である。論題の**日本語のダイグラフィア**は，日本語がきちんと具体的に段階を踏んでいく計画（それを

社会言語学者は「言語計画(Language Planning)」と呼んでいる[1])が実行された後の状態を指す。そういう計画を実施するとき，前もってかならず，各段階の具体的内容とそれら各段階の実施可能性の度合いを見極めておくことが重要である。これに関しては，本章の第4節で私案を提示することにする。

　日本はダイグラフィア導入政策を採ることで得るものが大きいと思う。その理由を，故サミュエル・E・マーティン(Samuel E. Martin)が日本での講演でその理由をうまくまとめてくれている。

> 日本の社会は，よその人を入れてあげたくない秘密クラブのような評判を受けたのは，ある程度まで日本の国語が秘密の暗号コードに近い，日本人だけの所有物と認められているからではないかと思われるのであります。　　　（日本語は原文のまま；マーティン 1985, p.14）

現行の日本語表記法がマーティンが言う「暗号」である状況は，論を進めていくにつれ明らかになると思う。

2. 日本の教育現場とマクヴェイの分析

　過去，日本の表記改革支持者と外国の日本社会の観察者にとって，日本の教育の有効性(レベル)は，絶えまない心配事だった。第2次大戦後の1946〜1959年(昭和21〜34年)に，日本語表記法の基本的改革が何度か実施され，増加した学童たちのために公立学校が多く建てられ義務教育の年数が伸びるにつれ日本語表記法と教育の関連意識は弱まったが，新制学校への批判がなかったわけではない。15年以上前，ブライアン・J・マクヴェイ(Brian J. McVeigh)が，その現場を知る立場として，日本の高等教育の全般的批評の本を出している(McVeigh 2002)。マクヴェイはその

---

[1] 不適切(不正確)な表現だが，専門用語としてよく使われる。「言語」はスピーチ自体を指し，それに追加するものが文字である。言語も文字も変化するが，この二つ，特に言語，の全体を計画できるわけがない。

著書の中で,「もちろん優秀な学生たちも教授たちも学部にはいる(特に科学・工学系)」(p. 6)が,教育制度は全体として深刻な欠陥がある,と述べている。ただし,日本語表記法は自分が診断を下した日本の教育の疾患状態とは無関係だそうである。しかし,マクヴェイのいろいろ観察したものを読むと,そこにひとつの社会問題があることがわかる。(その問題解決にダイグラフィア導入の国家政策が意義ある貢献を果たすはずだという自説をしばらくあとで披露したいと思う。)

マクヴェイの見解に従えば,日本の高等教育のいろいろな慢性的問題の原因は,日本全国で採用されている学習の「閉鎖知識(closed-knowledge)」的方式の広がりぶりとそれによる支配がもとである(pp. 99-102)。その「閉鎖知識(closed-knowledge)」的学習が何であるかは,マクヴェイがそれとその反対の"開放知識(opened- knowledge)"的学習を対比させているところから,見当をつけることができる(p. 101)。

閉鎖知識的(方式)		開放知識的(方式)
暗記	対	クリティカル・シンキング[2]
固定した集合を作りだす	対	傾向を見つける
解答法	対	思考法
事項は恣意的存在	対	事項は連結
「空白をうずめよ」	対	「文章を書け」

これを論証する過程で,マクヴェイは,日本人が日本人の傾向を説明するときに使う表現を並べ,それは「日本の学生たちの多くに見かける認識方式[言い換えれば,閉鎖知識的方式]を,きちんと説明しているとはいえない」(p. 112)と言っている。マクヴェイが日本人から聞いたその説(pp. 111-115)は,下のようにまとめることができる。

1. 日本人は丸暗記に相当な時間をかける。
2. 膨大な数の漢字をマスターするために多くの時間を費やす。

---

[2] 見かけに振り回されずにものを見抜く思考。近年,科学やビジネスの世界でよく使われる用語。

3. 授業は教師が中心になって進める。
4. 師弟関係は上下関係である。
5. 授業は講義が中心である。
6. 日本語は何となく特別である。
7. 日本人は"恥ずかしがり屋"である。
8. 日本の教師は，教え子の知的能力・分析力・創造的才能に関心を持っているだけでなく，その個性と性格にも同様にあるいはもっと関心を持っている。

　日本人の教育現場についての説が決まっていつも同じなのにマクヴェイが疑問を感じているのは，確かに正しいし，上記8つのうち7つに対して挙げている疑問の理由は妥当である。問題は2番で，これは「きちんと説明しているとは言えない」リストに入れるべきでなかったと思う。この説は，きちんと見直せば，確かな観察を表しているうえ，マクヴェイ自身「閉鎖知識的学習方式」と呼んだ論ときちんと調和していることに気づいたはずである。

　マクヴェイのリストの2番についての記述とそれに向けた反論は，彼に似合わず，簡略すぎて底が浅いと思う。

> 多数の漢字をマスターするということが，学習のすべてに何か悪影響を及ぼすという考えは根拠がないようである。その説が何か真理を語っているというなら，遥かに多数の漢字を習わなければならない中国の学生は学校をまったく終えられないということになる。　(p. 112)

この論は大切なことを見逃している。その点をここであきらかにすれば，同時に，日本語表記上のいくつかの課題が掘り起こせ，そこからダイグラフィア採用の価値も見極めることができるはずである。

2.1　現行の日本語表記の難しさ

　漢字問題は，マクヴェイのように過度に単純視できない。

まず第1に，日本語の読み書きの学習は極度に困難だが，実はそれは，単に表記に使われる漢字数の多さからきているのではなく，一般使用の漢字の圧倒的多数に音訓の読みがあり，頻度の高い漢字には二つ以上の読みがある，というずっと重要な事実からきている。また，日本語の場合，中国語で使われないかな文字の使用規則も学習しなければならない。

　第2は，日中関係の深まりと共に漢語がいろいろな新しい問題を発生させてきている点である。それは，日本語では首相を指す「総理」が中国語では企業組織の責任者を指す，というようなフォザミ(faux amis)[3]や，日本の企業の明治製菓を中国語では「明治制果」と書くというような例[4]である。日本語では製菓を「制果」と書くことはないが，ワープロ機能を使って文書から文書にコピーしたあと修正しないというミスをしてしまう可能性がある。これはただ偶発的に起こるだけだと思う者は，何千もの単独漢字や二字熟語が日本語・中国語・韓国語でそれぞれ意味が違う点に目を向けるべきである。それに関しては，佐藤貢悦・嚴錫仁が，『日中韓同字異義小辞典』(2010)の中で，(中国人・台湾人・華僑のために)3言語と4種のフォントを並べて詳細に解説している。

　第3は，漢字を使用して日本語を書く者のほうが多角的に困難に直面する。たとえば，中国語では借用語は一般的に発音・正書法の両面で漢語の語彙の基準から外れないが，日本語では，和語・漢語・外来語の3種類の語彙層(とそれらの混合)がある。書いている物の種類によって，これらの語彙層にまたがっている同意語の中から一つを選択しなければならないことがしばしばあるが，その選択が容易でないことがある。

2.2　日本語の漢字表記が他に及ぼす影響

　ここまでの日本語の漢字表記に関わる問題点の解説は，ほんの概略にしか過ぎない。これから述べる漢字使用が及ぼす強い影響をよく考察すれば，マクヴェイが繰り返し言っている，日本の学生(実は教授陣も)が長い

3　つづりや字など見かけはそっくりなのに言語間で意味が違う語彙。
4　新社名については後述する。

論理的議論をしたがらないことや，彼らが事項の丸暗記にひどくこだわること（pp. 107-108）など，閉鎖知識的方式の特徴の多くの背後に何があるか気づくと思う。

(a)言語能力が伸ばせない漢字教育

　世界中の子供たちは，その教育課程で新しい語彙とつづり方を学ばなければならない。米国の教師のばあい，小中学生指導過程の中で何千語もの新しい語彙を教えるとき，文脈を使ってそれぞれの語を例示するだけでなく，一つ一つの語について詳しく説明する。具体的に言えば，教師は，新しい語彙はそれぞれの文脈の中でどういう意味になるか，それを文法的にどう使うか，それぞれにまつわる常識的逸話・史実なども教えるのである。子供が一旦英語のつづりの基本パターンに慣れると，言葉の学習過程の中でつづりの学習の比率は下がるが，子供は，話したり聞いたりして知っている大量の語彙を使って，漫画やウェブ上ぐらいかもしれないが，はじめて目で見る語に見当をつけ，どんどん自分で読み始めることが多い。この段階で，米国の子供は，初めて見た語の意義を調べるためによく辞書を使う。それに比べ，日本では，中国などと比べても，その学習過程に漢字表記の強い影響がみられる。日本のいわゆる"つづり方"は，そのユニークさから，読む者が書かれた字一つ一つの形態そのものに全神経を集中させる必要があるので，この学習過程に大きい違いが出ている。日本では，子供は，めったに自分の学年を超えた読み書きはしない。読み書きできるためには，まずそれぞれの漢字とその読みを知っていなければならないからである（Lee, Uttal & Chen 1995）。日本の教師は，新しい語彙一つ一つの言語学的・機能的働きのほうは犠牲にして，使う漢字の図形的形態に集中して教えなければならないし，実際そうする。日本の教育者は，書き物のレベルを学習者の言語能力に合ったテーマと話題に沿ってカリキュラムを構成するするかわりに，まずテーマと話題を選び，各学年向けにすでに子供が知っている漢字だけを必ず使うように気をつけながら書く。その段階は，英語ではあまり時間をかけないつづり方の指導に当たる

が，日本では，それに時間をかけて最優先的に集中する。日本の子供は(実は大人も)，典型的には語は知っているがその書き方がわからないときに辞書を使う。米国の辞書では語源はただの追加事項だが，日本語の辞書では，語の定義や例文を出す前に語の意義それぞれに指定された漢字を載せているということから見て，語源が辞書の中核となっている。なぜそうなっているかといえば，日本語の辞書に並んでいることばの表記の多くは，ほとんどの場合，漢語なら漢文に由来する語源説を，和製漢語(そのうち特に注意が必要なのは当て字熟語)か和語なら実際または想像上の伝統的語源説を反映した漢字が使われているからである。

(b) 日本語の漢字学習の難しさ

日本語と中国語の表記に使われる漢字を，マクヴェイのように，ほぼ同じだと思って話を先に進めることがよくある。しかし，中国語のばあい，今日中国の高等教育のほぼすべてで使用する中国の標準語(普通話)を筆記するときに使う漢字は，例外的に二つの読みがあるものも存在するが，それ以外はすべて旁からだいたい読みがわかる。日本語のばあい，その旁は，音読みするときだけしか助けにならないので，同じようには読みに役立たない。そこのところを日本語文中に存在するかな文字がある程度補っているが，子供や外国人にとって，音声的助けが少ないのは確実に不便である。純粋に言語学的に見ても，学習者にとってずっと漢字数が多い中国語のほうが習いやすいと言って間違いない。

マクヴェイは誤って中国語を単一的に見ている。実は社会言語学的にも日本と中国の言語教育はずいぶん違っている。中国語(方言を含む)は，ロマンス諸語とよく似て，語族を形成している。しかも，中国国内には，いくつもの少数民族が住んでいて，それと系統が違う言語を話している。したがって，中国の多くの子供は，教育のすべての土台となる国家の標準語の普通話を第2言語として学んでいることになる。教育の中心にはなっていないが，学校で拼音式ラテン文字表記を教え，それを指導の真の道具として使う(Rohsenow 1996)ことによって，教育制度自体これらの子供へ

の配慮の義務を果たしている。この事実から，一般的に言って，なぜ中国人が外国語を熱心に学びしばしば非常にそれを上手に使うのかがわかる。他方，日本ではローマ字教育は全くおざなりである。それは教育指導の主役は務めておらず，しばしばローマ字表記の日本語は実は英語の一種だと学童に思わせるように計算しているかのような教え方が学校でよく行われている。マクヴェイ自身も指摘しているように，日本では第2言語指導は一般的に質が低く，多くの学生の間に外国語学習嫌いが蔓延している。（実は，このローマ字教育の低迷は増加しつつある移民が日本語を外国語として学ばなければならないときに起こる問題と密接な関係があるが，それについては改めてあとで触れることにする。）

2.3 日本の教育の閉鎖性とその近代史

　日本での閉鎖知識的方式の支配についてのマクヴェイ自身の解説には，歴史の混同と過度な単純化が見られる。ここでマクヴェイの見解を要約すると，閉鎖知識的方式は，厳しい大学入試制度への教師・教え子側の対策の産物で，1956～1974年（昭和31～49年）の高等教育の野放し同然の拡大の時期に，その入試制度はどんどんいい加減になり真の教育とは無関係になってしまった。その前の1945～1955年（昭和20～30年）には学生数も教育機関も急速に増加したが，まだ，高卒かどうかが熟練事務職層と熟練肉体労働層の「階級境界線」だった。「しかし，結局は，中学生たちが高校生になる率が急速に上がっていき，（中略）後者の教育水準を平均並みだとするようになってしまった」(p.66)その結果，実業界は，新しい「階級境界線」を設けるため，大学レベルの教育機関の数を大増加させるように政府にプレッシャーをかけた。その過度な拡張のおかげで学問的水準は低下した。そして「大学への性急な進学で第3段階(1975～1982年；昭和50～57年)に至った。どの大学に入れるかが階級境界線になったのである。」(p.66)マクヴェイのいうこの第3段階の時期，政府は学問的水準の低下を止めようとしたが，うまく行かなかった。そのあとも，少なくともマクヴェイの著書の発行年(2002年)まで，高等教育水準はさらに落

ち込む。

　この説明が全く当たっていないとは言えないにしても，時期の設定が正確とはいえない。1956～1974年（昭和31～49年）に入試地獄が始まったのではない。新渡戸稲造も1930年代（昭和初期）にそれについて書いている。また，マクヴェイが閉鎖知識的方式の産物だとみている，もたもたしていて口下手で未熟な学生などの出現は，バブル年代の後の1990年代（平成初期）になってからだった。今でもこうした症状を見るが，今ではほとんどが30代の日本人である。（そのバブルの破裂が転換期になったと思うがその点については，この少し後で触れることにする。）

　しかも，マクヴェイは，1956～1974年（昭和31～49年）という肝心な時期の政策転換の証拠をきちんと挙げていない。それを挙げようとしているとみられるところは，「エリートが指図する国家を誇大吹聴する諸プロジェクトと後進国である結果」（p.67）と書いているあたりである。そういうプロジェクトは，次の2種類の知識を持っている新種の労働者が必要だったと言っている。その知識の第1は，マクヴェイが日本の学校がじゅうぶん指導できていると信じている読み書きを含めた一般訓練で得られる知識，その第2の知識は，Japaneseness[5]であるという。それは，

　(1) 民族集団文化的（"伝統"，文化遺産，言語など）
　(2) 国家統制主義的（国籍など）
　(3) 人種主義的（"血統"など）

の3つのアイデンティティーの基本イデオロギーからなっている。（p.83）その一般訓練もJapanesenessも，どこかで閉鎖知識的方式と何らかの関係があるのは確かだが，マクヴェイは，そこで，上の3つはそれぞれ違った風にではあるが日本語表記上の漢字使用が組み込まれていると注を付け加えておくべきだったと思う。事実，マクヴェイは，閉鎖知識的方式に至る一連の原因の一つとして「エリートの指揮する資本主義的諸プロジェクト」を指摘しているところで，同様の競争のきびしさは韓国でも台湾でもみられ，両国は，日本と政治経済的特性を共有している（p.67）と述べて

---
[5] あえて訳せば「日本人らしさ」「日本人の特性」。

いる。ただし，それにさらに付け加えて，台湾と朝鮮半島のほとんどの教育機関は，間違いなく熱心に Japaneseness に対して忠誠を誓うよう一番強く要求されていたときに日本型をモデルに，つまり，台湾では 1895〜1945 年，朝鮮半島では 1910〜1945 年の間に設立された，と記していれば，このような重要な点が抜けてしまわなかったと思う。

マクヴェイは，ほかのところで，閉鎖知識的方式は，「はっきりとそれに向けられた教室活動と教授法と勉強戦略を通して形成される」が「はっきりと決まった方法で教えられているわけではない」(p.117)，とあいまいなことを言っているので，1956〜1974 年（昭和 31〜49 年）の時期に政府のトップによる政策方針とこの方法の関係がわかりにくい。それとは対照的に，それらの学習・教授法は，閉鎖知識的学習方式が，20 世紀の前半より遥か前に日本で行われていたことに気づけば，たやすく理解できる。その「閉鎖知識」方式は，根本的には，漢籍の学習から来た。江戸時代にさかんだった漢籍の学習方式は，明治時代の教育制度で必要性に応じていくらか西洋的に変更させたものだった。

この方式を初めて国民に広く徹底させるお膳立てをしたのは，間違いなく，戦後の教育改革である。かつて第 2 次大戦以前には少数の男子エリート向けだった読み書き能力のレベルが，教育の機会均等の直接的結果として，1955（昭和 30）年ごろからほぼ男女全員のゴールになった（Unger 1996，アンガー 2001）。これは，マクヴェイが言うように，結果として高等学校の卒業証明書の価値の低下，成績が平均以下になってしまった学生の絶対数の急増，という二つの状況を作り出した。

これらの社会現象を文部省が 1970 年代後半（昭和 50 年代前半）まで放置したのは，その直前の 1969〜1974 年（昭和 44〜49 年）頃，学生たちが，日米安保条約更新，核兵器搭載の米国戦艦寄航，沖縄の継続占領，米国のベトナム介入，に対して時には激しく抗議し，自由民主党が，アラブ諸国の石油禁輸によって起こったオイルショックにより日本経済の"奇跡"が頓挫させられていることで動揺していたので，政府は比較的リベラルな教育方針でもそれにタッチしなかったからである。そのあとの 1970 年代

後半（昭和50年代前半）には，自民党は，元気を取り戻し，不満を持つ学生たちに2度と政治に介入させないという決意を固めた。自民党は，日本教職員組合崩しに取りかかり，文部省を通じて学校管理の中央集権化をさらに強め，保守的な価値観（マクヴェイのいうJapaneseness）を広めていった。この観点からみれば，1980（昭和55）年の常用漢字制定は，1946（昭和21）年の当用漢字とともに宣言した表記改革の基本を事実上突っぱねたもので，これらの反動の積み上げの最後の仕上げにふさわしいものだった。1980年代中期（昭和60年ごろ）までには，この息苦しい教育環境の影響があまりにも目立つようになり，外国の日本政治経済文化評論家の一部の注目も集めるようにもなった。その時期は，華々しい経済成長の時期で，バブルがはじける直前でもあり，中曽根政権がいわゆるゆとり教育政策を取り入れ学生たちのストレスを取り除き想像力をつけたいという意向を示した時期だった。

しかし，結局，これらの政策は閉鎖知識的方式を改めるのにほとんど役立たなかった。本章のここまでの考察で，間違いなく，漢字を使用し続けることが一つの起因となって，マクヴェイが言う閉鎖知識的方式に固執するとじゅうぶん立証できたと思う。したがって，ここからは，マクヴェイの著書から離れて，ダイグラフィアの導入の実際と利点について考察していきたいと思う。

3. ダイグラフィア導入で解消できるもの

マクヴェイのばあい，日本の高等教育にきびしい評価を下していながら表記法が問題なのではないという立場を取っているが，国家がダイグラフィア導入の政策を取れば現在の教育問題の少なくともいくつかが解消されるのは明らかである。ダイグラフィア導入政策で一部解決すると思われるのは，表記法の問題だけではない。

それ以外にも，日本の若者がかなりコミュニケーションで苦労している問題の解消がある。本章執筆者の意見では，これは，初等・中等教育で漢字練習とテストに膨大な時間を費やして，話す力の習得のほうに十分に時

間をかけていないことから来ている。だれの目にも明らかなのは，学校で自由討論やディベートなど陳述の練習に時間が回せていない。人を説得したり，報告したり，人を楽しませる話をしている大人を子供が観察する機会は，昔に比べて学校と塾でつぶれてしまっている。大家族が減り都会に出てきた家族が増えたことによって，見習う大人がまわりにいないということも増えた。日本の若者が自由討論やディベートを含めてコミュニケーションが下手なのは，もう一つに学年別に習得漢字を割り当てていて，これが間接的に教材の選択と各教材の導入時期に大きな影響を与えているからである。米国のばあい，教師が，それぞれの話題やテーマを各学年の教科とのかみ合わせと教え子の成熟度を見て選び教える。日本の戦後の占領期はこれと似たように教えられた[6]。しかし，占領期が終わると，元の状態に戻った。

　表記とコミュニケーションだけでなく，さらにもう一つダイグラフィア導入で改善されると思う分野についても，すでに拙著で細部にわたり考察した(Unger 1987, 1996, アンガー 1992, 2001)。ここで簡単に繰り返すと，日本語ワープロの出現にもかかわらず日本のホワイトカラー族はあいかわらず労力を使い果たしている。言い換えれば，彼らは短くなった週労働時間とコンピューター・テクノロジーを堪能しているが，彼らがしなければならない残業は決して減少に向かっていっていないようである。膨大な数の記入用紙とほとんどの文書に添付された数多くのチャートや図面は，コミュニケーションの真の推進役を果たさず，かえって明快で有益な文を書く作業を避けるために作成しているかのようである。日本人が書く文書に接することがある外国人には日本人が簡潔で効果的な文を書くのをわざと避けているようにみえるが，それは，現在使われている日本語表記法の仕組み自体と漢字変換入力という機械的操作の繰り返しのため絶え間なく注意散漫になっている結果だと思われる。

　ナネット・ゴットリーブ(Nanette Gottlieb)は，この論を受け入れていなかった(Gottlieb 2000)が，最近，ゴットリーブ自身も，日本は現在，戦

6　当時，単元学習と呼ばれた。

後 1946〜1959 年(昭和 21〜34 年)の表記改革の期間には全く予想しなかったいくつかの実際上の課題に直面していると解説している(Gottlieb 2012)。その新しい課題の例として，まず，日本に住む約 220 万人の移民者が挙げられる。その多くは日系人で，日本語は母語ではない。その子供たちは，日本語を習得して育っているが，ふつうの家庭のように言語について両親や親類から助けがもらえないので，読み書きを学習している同級生についていくのは並大抵ではない。日本の小中学校教育制度は，全学童は漢字の読み書きが習えるしそれを習うべきだとの前提に基づいているので，これら移民の学童のことを考えに入れる余裕を作っていない。つまり，漢字一字一字の幅広い役割すべてを決められたカリキュラムに沿ってかならず一斉に教えていかなければならないようになっている。

　もうひとつ，漢字に関連する新課題で特に目立つのは，2008(平成 20)年にインドネシアから，2009(平成 21)年にフィリピンから，経済連携協定によって勉強のために来日した看護師候補生の例である。これらの候補生は，日本の国民の平均年齢の上昇とその人口の減少に伴い，看護師と養護師の不足が予想されているので来日する。そこでの問題は，日本語の話し方を相当学んだあとでも，それらの候補生は，検定試験をパスするのが難しいことである。その理由は，漢字かな交じり文にある。2013(平成 25)年 3 月 22 日の朝日新聞の記事によれば，特に中国地方と大阪府で，この現状を改善するため試験の漢字に振り仮名をつけるという試みをしたが，それでも 3 年の訓練の後の 2012(平成 24)年には 35 人の候補生が試験にパスし 181 人が通らなかった。後者のうち 163 人は，点数が高かったので，もう 1 年残って勉強を続けられる資格があったが，そのうち 95 人は帰国した。それに関連するが，1938(昭和 13)年に，すでに有名だった小説家の山本有三が，ふりがなを指して，その助けなしには読めない表記というのは「文明国として恥ずかしい」と言っていることをここで追加しておきたいと思う。

　外国生まれの看護師の例は，日本で外国人が学校に入学したり就職することを希望したばあいに起こるさまざまな問題の代表格だが，それに関連

して，インターネット上で日本語で日本人と連絡し合うときに外国人ならだれも直面する迷いがある。日本語を第2言語として話す者が，本当にその表記法を満足に使えるレベルまで日本語をマスターする気になれるか，なれるなら本当にそれができるのか，という迷いである。そういえば，日本語を母語とする者たちに，漢字変換入力操作が要求している時間・エネルギーを本当に使わせる価値があるのかという疑問もある。日本人のと似た問題にタイ人たちも直面している(Koanantakool et al. 2009, p.51a)。ゴットリーブなど一部の者は，日本語を母語として話す者はだれも，現存する日本語入力ソフトで十分満足していると思っているが，各社が次々と入力ソフトを開発し発売していることだけからみても，そうではないことがわかる。

　漢字とは違いアラビア文字で書くアラビア語のエジプト方言を母語として話す者たちはと言えば，その人々を対象にした，3つの手法を組み合わせた最近の研究で，次のことがわかっている。

> エジプトの若いプロフェッショナルの一群の間のオンライン・コミュニケーションでの英語とアラビア語の使用を調べる言語学的分析と調査と面接(中略)この一群では，ウエブ使用のときもきちんとした電子メールによるコミュニケーションのときも，大多数が英語を使用しているが，普通の電子メール通信とオンライン・チャットでは，アラビア語エジプト方言の一種のラテン文字表記が幅広く使用されている (Warschauer et al. 2002)

この研究者らは，この被験者群はタイプができることからもっぱら英語を選んでいる，と認めてはいるが，次のように，典型的にラテン文字表記されるアラビア語エジプト方言がアラビア文字を使う古典アラビア語より支配的なことのほうが気になっているようである。

例えば、アラビア語のソフト・OS[7]の開発と普及によって古典アラビア語使用を強化し、オンライン・コミュニケーションで英語とアラビア語諸方言のラテン文字表記を使う風潮に止めが刺せれば、本論文で考察を加えている現況が過渡的なものだと証明されるかもしれない。しかしながら、エジプトなどの土地でのオンライン上の使用言語は、ただテクノロジーで上がる技術性能だけで決定されるわけでなく、技術が取り巻く社会制度によっても左右される。(中略)そういう観点から、このエジプトのプロフェッショナルの一群の間の英語とアラビア語エジプト方言によるオンライン使用がもっと長く続き幅が広い社会的・言語学的移行の前兆だと考えられるかどうかは、検討していく価値がある。(同上)

この提起を日本語の現状にも当てはめてみる価値がある。電子機器上での漢字かな交じり表記処理に必要なグラフィックス・内部符号化への技術サポートが存在しているからといって、ユーザーたちがどんな場でもそういうサポートに十分満足しているわけでもなく、自分が気に入りそうな選択肢が全くないというわけでもない。エジプトでは、現存するソフトを使って普通の口語を入力するのが難しいときがあることが動機となって、少なくとも一部、一種の自発的・初期的なダイグラフィアが起こったとみてよいが、日本では、もう少しはっきり意識的に選択した準ダイグラフィアが数十年も普及している。それは、ユーザーのほぼ全員が、すべてを検討したうえで、ローマ字入力で漢字変換するほうが、直接かな文字を入力するなどの方法より好ましいとわかったからである。

4. ダイグラフィア導入政策の概要

　日本人以外の者からみれば、ダイグラフィア導入の政策を意図的に採れば、前述した問題すべてを間違いなくすぐに解決できそうに思える。その導入政策は具体的に以下のようになると思う。

7　コンピューターを動かすためのソフトウェア。

全体的には，シンプルな次の3段階の計画を立て実行する。
 第1段階 正式な単一の日本語標準ローマ字正書法を確立，それを教育に組み込む。
 第2段階 日本社会でローマ字使用をさまたげている法的障害をすべて取り除く。
 第3段階 ローマ字使用者を差別から守る。
この種の政策や法規は，社会言語学者が言う「言語計画」に相当する[8]。

　これらの導入政策についての解説は少し後回しにするが，とにかくこれらの政策が実行されると，日本は2つの表記法が横並びに共存した国となるはずである。ということは，学校で現行の表記法が続けて教えられ使用されるが，以前よりしっかり教えられるローマ字がそれを補足することになる。日本人も外国人もローマ字を使ってみるように励まされ，その新しい正書法のほうが便利な場や時にそれを用いることとなる。きちんとしたローマ字書き文書は，漢字かな交じり文書と同等に受け入れられることになる。文書の内容と役割により，漢字かな交じり表記でなければならないこともあるかも知れないが，多くのばあい，ローマ字だけで全く十分だということになるだろう。

　ここで繰り返す価値があると思うのは，膨大な人数の日本人が，すでに電子機器にデータを入力する時，少しずつ上手にローマ字をタイプしていることである。そして，さらにもう一つ，国民がローマ字にかなり慣れている，という気配がすでにある。例えば，2002(平成14)年に商業登録規則が改められ，法人名をローマ字で登録できるようになった。この改変を幸いとした法人のひとつが，すでに前に例としてあげた明治製菓で，企業再編成の後，2011(平成23)年4月1日に，社名をローマ字とカタカナを使った"Meiji Seikaファルマ株式会社"とした。

　繰り返すが，日本の教育が制度として従来の表記法の仕組みを丹念に教え込むために法外な時間をかけたり，日本人がコンピューターに入力したものを漢字・かな文字の形態に変換するのに余分な時間をかけるのも，社

---

8 注1を参照。

会的や文化的な理由からであって，言語学的な理由からではない。ある語の正式な書き方を示さなければならないばあい(典型的には人名などの漢字表記)を除き，そういう情報は書いたものによるコミュニケーションの達成に必須ではない。日本語の情報が流れる環境の中で，どこまでローマ字文が，どのニッチを占められるか，また，占めるべきか，は実験に値する課題である。その結論は，人の自由に任せて人々が読み書きのしかたを変えるか変えないか多年観察することで出る。

4.1 ダイグラフィア導入は社会・文化の大改革でない

　日本政府は，米国連邦政府などに比べてもっと活発に，社会言語学者が言語計画と呼ぶ多数の活動，つまり国民の話し方や書き方に影響を与える諸政策の立案をしそれを徹底させる活動，に従事してきた(これらの政策の実際の伝達役を果たしそれを遵守させてきたのは，主に公立学校の組織である)。これは，日本政府のほうがもっと中央集権的に教育政策立案をしているからだけでなく，漢字かな交じり文の仕組み自体が複雑でそういう手を打たなければならなくなっているからである。これからも漢字かな交じり文を改善する余地はまだ残っている(送りがなの規定などが挙げられる)。しかし，日本政府が昔の韓国(朝鮮)語の書きかたにならって漢語のときだけ漢字を使うという梅棹忠夫の興味深い考え方に賛成する気配はない。

　それどころか，1981(昭和56)年以来，日本の言語政策の改変は，許容漢字を増やしたので一般の者が表記をきちんと習うのをますます難しくしたうえ，それは目安に過ぎないと規定したので，結果として新しく許容された表記のしかたを物書きがどんどん積極的に使うようになった。このような表記のしかたは，現在，英語を話す者の世界などにはない。どの国でも，官僚や知識階級気取りの者や詩人などは，珍しいことば・難解な引用文・ありふれた語を専門用語的に使用し，それによって文学にせよ陳腐なものにせよ自分たちの文章に特権階級の雰囲気を持たせる。米国などでは，これらの戦術は，ほとんどのばあい文章の体裁にあまり影響しないが，漢字を使う日本語の表記では，文章の外見そのものがそのような言語

操作を反映することが多い。したがって，語自体ではなく語の外見だけを変えたりもできる。そうすることによって，物書きは並みの教育しかない読者にさえうち・そとの境界を意識させることができる。言い換えれば，ある物書きの文章が読めるということだけでその物書きの読者仲間になった気になれたり，それが読めないことでその読者仲間からはずれたりする。これは，世界的にみて，相当ユニークな状況を示している。

　このように日本の現状の具体例をいくつも見れば，そうした状態の中で可能な表記の変更というのは，真に劇的でもなく前例がないわけでもないことが明確になると思う。前にダイグラフィアの例としてあげた，ユーゴスラビアと英領インドが結局分裂したという歴史からみて，ダイグラフィアを提唱するのは危険を伴いそうに思えるかもしれないが，賢明に実施するダイグラフィア導入政策は，間違いなく，プラス効果を生み出すはずである。その理由は，日本語は，今までそれほど多くの方言に分かれたこともなく，言語の分離化が一度も長期化・地理的分散化・深化したことがないからである。

　真に劇的で前例のない改革というなら，漢字を使用した公の通達・情報交換を全面的に法で禁じたりなどするだろうが，本章執筆者の知る限り，日本で戦後だれもそのような劇的措置を提案したことはない。改革心の盛んだった 1946 ～ 1959 年（昭和 21 ～ 34 年）の時期のかな書きやローマ字書きの推進者たちですら，政府による漢字の強制禁止を予想したことはない。ほんの一部の理想主義者は，西洋においてラテン語と古典ギリシャ語が学校でほとんど教えられなくなったが結果として社会に大影響はなかったのを承知しているので，それと全く同様に，日本人が研究でのみ漢字書きの書物に接することになるだろうと夢見ているが，そのほかの者は，子供たちが漢字なしの読み書きを教えられ，漢字なしの教材で学科を学習したとしても，実際として，漢字は半永久的に使われるだろうということがわかっている。一億人あまりの国民すべての習慣が一夜にして変わることは考えられない。漢字・かな文字で書かれた印刷物の量は巨大であり，その大部分は保存の価値がある。教育改革が行われたとしても，生活のほう

はとにかく続いていく。

　上記の 1946 〜 1959 年（昭和 21 〜 34 年）の改革は，正式使用の漢字数を制限したり，許容漢字の読みでまれにしか使われないものをはずしたり，一部の漢字の形をわずかに簡易化したり，かなつづりを整理したりしただけで，比較的控えめな改革だった。それに反して，東アジアのいくつかの社会では，真に劇的な措置を過去に取った。北朝鮮では国内で話す朝鮮語も正書法も変えている（Kaplan & Baldauf 2011）。ベトナムの，フランス人に，そのあと日本人に，そのあと再びフランス人に，そして最後に米国人に対して抵抗した人々は，効果的にベトナム語で連絡し合う必要と百姓層を教育する必要があったので，フランス人宣教師たちが導入していたが国内の儒学者が国家的諸理由で無視してつづけていたラテン文字表記に目を向け，それを自分たちの表記にすることにした（DeFrancis 1977）。トルコでは，ラテン文字表記と語彙目録の相当大幅な変更が，自意識的に上層部によって決められた（Lewis 1999）。

　劇的な変更だと言うと，時には，独自の文化を変えてしまうことに採られることがある。漢字・かな文字の継続的使用のため，日本人がなにかユニークな思考と表現のしかたをするに至ったという説に関連している。もちろん，世界の文化はどれもユニークだといえるが，もし漢字・かな文字使用が部分的にでも廃止されたら日本文化の根本要素が永久に失われるのではないかと問う者がいる。われわれは今その疑問に対して，磁気共鳴画像（MRI）など脳のスキャン法の発達から，否であると決定的な答を示して見せることができる（Dehaene 2009）。読み書きをする文化の表記法は，形態・構造がお互いに大きく違っているが，読み書きの学習自体は，人類すべてほぼ同様の過程を踏む。筆記する言語および筆記法の仕組みの違いによって音韻からと語彙からの語認識の比率に僅かな違いがみられるのはたしかにだが，実用的な表記法というのはすべて，実用的な理由からかならず表音的・表語的にいいバランスを保っている。したがって，ダイグラフィア導入が今まで続いてきた文化を取り返しのつかないほど変容させるというのは思い過ごしである。

ここまでの事実の指摘で，日本で今まで何度か繰り返されてきた現状維持状態から違う状態に切り替えるのは，劇的でも前例がないことでもないことが明らかになったはずだが，念のため，もう少し具体的に解説することにする。

4.2　3段階のローマ字導入政策

すでに4.のはじめに，日本でダイグラフィアを確立するためには三つの施策が要るだろうと書いた。ここでそれをひとつずつ具体的に解説しよう。

第1段階　正式な単一の日本語標準ローマ字正書法を確立し，それを教育に組み込む。

まず初めに実施しなければならない政策は，単一で正式な標準ローマ字正書法の確立だが，その土台は，すでに存在する。それは，国際標準化機構の工業規格 ISO 3602:1989 [9] で，これは，もともと1937(昭和12)年9月21日付けの内閣訓令第3号にある訓令式ローマ字の成文化に当たる。それとほぼ同じ内容が，ふたたび1954(昭和29)年12月29日付けの内閣訓令第1号で復活している(これは，実はその前の占領軍によるヘボン式ローマ字使用命令を撤廃したのである)。この2つの訓令の違いは，後者が日本の新同盟国米国に敬意を払って，わざわざ特定の代替えつづりもばあいによっては使うことができると規定したところにある。米国国家規格協会(ANSI)のほうは，そのヘボン式ローマ字規格 ANSI Z39.11-1972 [10] を1994年に廃止している。

前述の工業規格 ISO 3602:1989 は，かな文字のローマ字書きを扱っているだけなので，それを土台に，分かち書きの規則(言い換えれば，スペースの入れ方)，ハイフンを含む符号，外国語からの引用の扱い，などローマ字書きの時の細かい図形的なことに取り組む必要がある。日本は，長く審議

9　ISO 3602:1989 (Documentation—Romanization of Japanese (kana script))が正式名。
10　ANSI Z39.11-1972 (American National Standard System for the Romanization of Japanese (Modified Hepburn))が正式名。

会に言語計画立案をゆだねてきているので、実用的なニーズを満たし日本人の直感に逆らわない一組の凝縮された簡潔な規則をひねり出すには、各界の委員からなるそのような会に依頼して正書法のそれら各面の詳細を詰めさせるというのが最も自然なやりかただろう。そうするだけでなく、それらの取り組み事項の公開は、その新しい正書法への国民の支持を求めるいい機会を作ることになるだろう。ところで、日本語の点字にはすでに実用的な分かち書きのルールが存在することを、ここで追記しておきたい。

第2段階　日本社会でローマ字使用をさまたげている法的障害をすべて取り除く。

　次に実施しなければならない政策は、日々の生活のあらゆる面でその新しい正書法の使用をさまたげている法的障害を、法の改正で取り除くことである。これは、全法規のうちローマ字使用を禁じる部分を無効にするよう法律で定めれば成し遂げることができる。

　そのあと、例えば、ローマ字も使用されるときでも、戸籍などのばあい、漢字・かな文字表記も必要だと規程されることもありうる。またはそうでなく、漢字・かな文字の代わりにローマ字を使用しても大きな障害が起こらないかどうかを見極めるためにケースバイケースで各法規を見直すことも考えられる。ただし、このばあいは、典型的な、官公庁規程の"オプト・アウト（選択なし）"対"オプト・イン（選択あり）"の問題になり、ダイグラフィア反対者が"オプト・イン"のアプローチを採ってダイグラフィア導入の全体的目標達成範囲を最小限にしてしまう恐れがある。

　新しいことを法規化するときに直面する困難は、実は立法の面ではなく主に政治の面でだろう。1990年に施行されたアメリカ障害者法（ADA法[11]）を例にとれば、まちがいなくそうだった（Mayerson 1992）。この立法にからんで起こった様々なあつれきをみれば、日本でダイグラフィアが実施されるときに何が起こりうるかを思い描くときの参考になるかもしれな

---

11 Americans with Disabilities Act of 1990 の頭文字。注17も参照。

いと思うので，ここで，少しそれに触れておこう。アメリカ障害者法が義務づけている多くの根本的改革は，決してその施行時に始まったのではなく，出発点はその 20 年近く前の 1973 年のリハビリテーション法第 504 条[12]通過だった。第 504 条は，障害者は，法的に認定された集団を構成し，この集団の構成員が直面する就職・教育・アクセスの困難さは，本人の障害による避けられない結果ではなく，むしろ社会的差別の結果だということをはっきりさせたものだった。第 504 条が可決・通過したあとも，障害者活動家たちが 4 年をかけ，それを実施に移す法規を発布するよう米国保健教育福祉省（HEW）[13]に絶え間ない圧力をかける必要があった。財界などの側は，1980 年のレーガン大統領選出のあと，ロビイング[14]をし，また訴訟も起こして，これらの法規の発布を止めようとした。米国保健教育福祉省に第 504 条をはずさせるようホワイトハウスにも要請したが，活動家たちの途切れない押し戻しのため，2 年の後，これらのロビイングは失敗に終わった。とはいえ，その訴訟のほうは，いくつかの後ろ向きの最高裁判決を生んだ。活動家たちの側は，ほかの少数者集団と女性団体と組んで反撃し，公民権回復法（CRRA 法[15]）と公正住宅法（FHA 法[16]）を獲得した。この 2 つの法律は，同じ 1988 年に通過している。

> グローブ市立カレッジ対ベル事件最高裁判決で，連邦資金受領先の人種・種族的出身・性別・身体障害を理由とした差別を禁止するすべての制定法が及ぶ範囲を相当制限したが，CRRA 法によってそれがくつがえされた。（Mayerson 1992）

そのあとの 2 年，連邦上院と連邦下院が長々と繰り返し公聴会を開き，そ

---

[12] Rehabilitation Act of 1973 Section 504 と呼ばれる法律。
[13] The United States Department of Health, Education, and Welfare の頭文字。
[14] 利益団体が自分たちの利害に沿って議員に議案の通過・排除を要請する運動 (lobbying)。
[15] Civil Rights Restoration Act の頭文字。
[16] Fair Housing Act の頭文字。

のあと劇的な投票があり可決された。1990年7月26日に大統領が署名して、アメリカ障害者法（ADA法）となり、その施行期日はその2年先[17]に定められた。

　ここまでに述べたアメリカ障害者法のたどってきた道と、将来予想される日本のダイグラフィアの立法では、いくつかの違いが出ると思われる。後者の場合、まず法律の不在により不利な立場に置かれる集団を定義するのが明らかにもっと難しい。この階級の核をなすのは、中南米とアジアからの移民とその家族だろうと思われるが、土着の日本人で各種障害のある多くの人たちも、ほぼ間違いなくこの集団に属する。そのほか、日本の場合、総経費の計算ももっと難しい。それは、ダイグラフィア実施の初期経費が、疑いなく、インターネット上での漢字・かな文字のみの使用からくる残業など各付随経費の長期的削減により相殺される面があるはずだと考えられるからである。立法反対者も、日本の場合、ローマ字文書化に金を使いたくないビジネス界の人たちではなく、様々なイデオロギーをもとに自己の活動を正当化する文化人と文学者のほうだろう。（日本では、実業家の多くは、タイプライターの全盛時代にすすんで効率化のため漢字をやめてかな文字を使ったという歴史的事実がある。）このようないくつかの違いが予想されるし、日本の国会・裁判所の権限とアメリカ合衆国連邦政府の立法府・司法府の権限とには違いがあるはずであるが、アメリカ障害者法がたどってきた道は、ダイグラフィアの立法化の過程で起こりそうないろいろな葛藤や実務上の問題の大体の過程を考えるうえで参考になると思う。

第3段階　ローマ字使用者を差別から守る。

　政府が実施しなければならない政策の第3段階は、上の第2段階の政策に深く関係している。すでに第2段階では毎日の生活でローマ字正書法を使用したときに起こりそうな法的障害を排除する大切さを述べたが、それだけでは十分ではない。その使用を奨励しそれを公の場で勧めるために

---

[17] 大統領署名のあとバリアフリー化など人的・物的準備に時間がかかることがわかっていたので、この法律の中に2年先の施行期日が明記された。

各種の措置を取る必要がある。例えば、政府は、是非まずはじめに、子供が好奇心を抱く話を学年を超えたレベルで読むのを認め広範なローマ字教材の出版のために多くの資金を出す、というようなてこ入れをしたほうがよい。そのような正式な国内向け奨励の前例には、ローセナウ（Rohsenow 1996）が解説している中国語 Z. T. 実験[18]がある。そのほかに、正式な代わりに使える表記法を世界に向けて奨励した例としては、中国政府が標準語の普通話(プゥトンファ)を書くのに拼音(ピンイン)式ラテン文字表記を使用するよう熱心に普及してきたことが挙げられる。この拼音(ピンイン)式への表記統一への抵抗は、政治的・歴史的な理由で米国において一番強いが、結局、米国議会図書館ですらウエード・ジャイルズ式のラテン文字表記を捨てて拼音(ピンイン)式を採用した。このように、世界的に認められてきた、言語を音素的に書く最良の方法でも、もうひとつの表記法が上手にデザインされていて政府がしっかり後押しをすれば、そちらに切り替わってしまうこともありうる。実際の面から言って、ヘボン式ローマ字は、それによる発行物の量からいって、しばらくたぶん使用され続けるだろうが、もし日本政府が真剣に日本人に最適のダイグラフィアを奨励すれば、切り替えは結局起こるだろう。その準備に必要な期間は、一年単位ではなく、十年単位で考えるのが適切だろう。

5. 代替案　現在の日本の言語教育を続けるか、ダイグラフィア政策を採るか、それとも外国語で海外と連絡を取るか。

　日本のニーズの組み合わせからみて、アジアの中で日本だけダイグラフィアが理論的に可能なだけでなく現実となるように思われる。ほかのアジア諸国は、ダイグラフィア導入政策の採用を余儀なくされているというような重圧が、日本ほどない。タイ国では、タイ文字のコンピューター上での使用で起こる多くの技術的問題に多年努力を重ねてきたし（Karoonboonyanan 1999, Pupang 2007, Koanantakool et al. 2009）、さらによい解決法を追求している。しかし、タイ国は、日本のように、自国を

---

18 中華人民共和国が行った実験で、Z.T. は注提（「注音识字，提前读写」の略）を指す。

国際連合安全保障理事会の常任理事国になれる国だとみなすようになるだろうか。他方，インドは，明らかにグローバルなステータスを強く求めている。そのデーバナーガリー文字の入力の諸問題（Joshi et al. 2004 は，その規模について触れている）は，わずかにタイ国の難題ほどではないとしても，インドは，その多様な土着語のため問題がさらに難しくなるのでそれにも対処しなければならない。そのためインドではかつて弾圧者の言語だった英語を「都会の貧困者たちのグローバル経済への参加を可能にする脱植民地主義の媒介」（Vaish 2005）とみなす者が出てきたのも驚きではない。世界一インターネット接続が広まっているといわれている韓国は，たぶんダイグラフィアを取り入れることを考えないだろう。タイ語の文字のばあいとは違い，韓国の文字のハングルは，それをコンピューター上で扱うのに必要な算法がシンプルで，文字の種類が少ないので正確なタッチタイプができ，その文字データのソートと順並べのための堅実な基礎も存在するからである。（そのうえ，韓国人のハングルを自分たちの発明だとする誇りは強烈である。）中国と台湾には日本と規模が似た文字問題が存在するが，中国語を話す世界は，人口が多いので，じゅうぶん自給自足の情報環境を作ることができる。言い換えれば，わずかの外国人しか中国語をマスターしないとしても，外国語ができる中国人がたぶん十分にいて，半永久的に外の世界の通訳・翻訳の需要を充たすことができるだろう。

5.1 日本のダイグラフィア導入への展望

　日本を知る者は，時折日本人論熱が沸騰し，同和問題の解決が難航するというような日本の社会的保守性の強さが，ダイグラフィアの実現を程遠いものにしてしまうと反論してくるかもしれない。しかし，日本史に詳しい者は，日本が外国の文化を積極的に受け入れた時期（唐の影響を受けた飛鳥・奈良時代と新仏教が起こった鎌倉時代とキリシタンが訪れた戦国時代と洋学が盛んだった明治維新以後）を合計すると，それらの時期に挟まれた比較的孤立していた時期（江戸幕府が強制した鎖国の時代など）の合計を上回っている事実を無視しないはずである。

とはいえ，そういう楽観者たちさえ，文字改革者たちが20世紀半ばに良いチャンスがあったがそれをまったく生かさずに終わってしまったと言うかもしれない。これは，史実に近いとは言えるが，本章執筆者から見ると，それは，以下の理由で先見の明に欠けていると感じられる。

第1に，事実は，かな書き正書法もローマ字書き正書法も，（法的に正式に承認されず，国民全体にも広がったりしなかったのはたしかだが），第2次大戦以前には，一部で驚くほど受け入れられていたからである。当時，日本の多くのビジネスマンは，外国の競争相手が活用していたタイプライターの計り知れないほど貴重な恩恵を知っていて，かな文字書きの後押しをして，目的がビジネスならけっこう漢字なしでもいいとしていた。他方，当時の芸術家や科学者は，教科書や雑誌にローマ字書きを誇り高く使い，そちらの選択に傾いていた。その後の占領時代，連合国軍総司令部（GHQ）の係官の中にローマ字書きは戦後日本に適切だろうと思っていた者もいた。しかし，上官たちは，改革者を，信用するには政治的に極左すぎか極右すぎるとして，疑いの目でみていた。そのせいで，連合国軍総司令部（GHQ）は日本人と協力して大々的な読み書き能力調査を行うには行ったが，結局，文部省にいた保科孝一の指導のもとで，かなつづりの規則の改革と一般使用の漢字数の制限とそこで選択された漢字の多くにあるまれな読みの廃止とその字形の控えめな簡略化に過ぎない一番穏当な改革が実施されだけになった。

第2に，事実は，ダイグラフィアの採用に関連した背景が，過去70年の間に大きく変わっていて，日本は，日本語の将来と国としてアジアで果たす役割について決断を迫られている。今は，タイプライターの代わりにコンピューターを使って，紙なしでしかも安く文字を通して世界中と連絡しあえる。日本は，昔のように，人口統計的・文化的に同質でもなく経済的に孤立しているわけでもなくなった。したがって，日本は，国内の対話にだれを入れるか（移民なども入れるか入れないか），世界の指導国のひとつとしてどんな役割を果たすのかを決めざるを得なくなっている。中国は発展したが国内問題（地方主義・人口過剰・公害・貧富の差・政治腐敗・

法律への冷めた目)をかかえ，近国の日本は，ますます危機感を募らせている。アジアのリーダー役を務めることは日本の利益になるが，本当にリーダーになる気があるのだろうか。日本語を近隣国の者が容易に使えるように努力しないままなら，もしその地位につけば，現在ほぼ真の国際通貨だとみなされている英語を使うか，それとも多数あるアジアの各言語の高度な専門的知識を駆使してその役を務めなければならないが，それができるだろうか。それが日本にとっての課題である。

　伝統主義者の中には，日本・韓国・中国(香港と台湾を含めて)で共通の漢字使用を大いに活用すれば，事実上のグローバル英語の世界と効果的に競うことができる，大きくて豊かな東アジア文化圏を作れるではないか，と言う者がいるが，国によって漢字の形を変えていること(あるいは，その形に固執していること)が，地域全体の漢字の統一を，不可能だとは言い切れなくても，難しくしているうえ，韓国人たちはベトナム人たちがかつて取ったのと同じような道へますます自覚を持って向かっているという事実から，それはおよそ希望的観測にしか過ぎない。モンゴルやロシアはもちろんのこと，ますます重要性を増している南アジアと東南アジアの諸国とのコミュニケーションのはばを広げたり質を上げるためには，漢字はほとんど役に立たないだろうと思われる。グローバル英語は，疑いなく，大きな役割を演じ続けるだろうが，ほかのアジア人に従来の日本語表記法を使わずに日本語を習ってもらい，新しい媒体を通して日本人ともっと気軽に日本語で連絡し合ってもらえば日本の国際関係を強化できるのは明らかではないだろうか。

6．おわりに

　日本語のダイグラフィア導入という国家政策に対して国民支持を引き出すことは，相当な政治的な説得力はもちろん，並々でない政治的勇気を必要とするだろうと思われる。マクヴェイがJapanesenessのイデオロギーだと解説しているものから離脱するにはどのぐらい努力が必要なのかはわからないが，それを確かめる必要がある。同イデオロギーは，端的に言っ

て，最近来日した移民への教育改善などに対して大きな障害になっている。

　しかし，世論変化は，時には急劇に起こる。例を挙げれば，米国の投票者の大多数が同性結婚も含む平等に賛成していることが2012年に表面化したことには，多数の米国政治アナリストが驚いた。というのは，同性結婚への反対は，ほとんどのばあい米国の多くの地方で原理主義的宗教観が以前より強くなってきたことから来ているからである。振り返れば，その16年前の1996年に民主党中道派のビル・クリントン大統領が署名して立法化されたいわゆる結婚防衛法 がある。同性結婚は過去ほぼ20年間大論争のもとになってきていたのである。今後，歴史学者は，この変心がどの歴史的できごとがきっかけで起こったのか，それは地理的にどこで起こったのか，を見極めなければならないだろうが，このように，世論の変化は，実は，ふつうは国民間の長期にわたる議論および継続的メディア報道があってはじめて起こる。Japaneseness の実質とその潜在の力自体に，米国の同性結婚の合法化のように素早い劇的な変化が起きて，日本の目前の言語関連問題のどれかに決定的なインパクトを与えたりするというチャンスは事実上全くないだろうと本章執筆者には思われる。この見地に立てば，それに代わるダイグラフィア導入という重要な実験を行う以外にそれにインパクトを与える名案はないのではないだろうか。

参考文献

アンガー , J. マーシャル（奥村睦世訳）(1992)『コンピュータ社会と漢字』サイマル出版会.
アンガー , J. マーシャル（奥村睦世訳）(2001)『占領下日本の表記改革――忘れられたローマ字による教育実験――』三元社.
佐藤貢悦・嚴錫仁(2010)『日中韓同字異義小辞典』勉誠出版.
マーティン, S. E.(1985)「日本語の将来」『外から見た日本語，内から見た日本語』国語学会編　武蔵野書院. 9-46 頁
山本有三ほか(1938)『ふりがな廃止論とその反対』白水社.
Bunčić, Daniel, Sandra Lippert, and Achim Rabus. 2011. *Biscriptality: sociolinguistic and cultural scenarios.* Conference at the Heidelberg Academy of Sciences and Humanities, 18–20 September. Accessible at http://biscriptality.org/concept/

DeFrancis, John. 1977. *Colonialism and language policy in Vietnam*. Mouton.

Dehaene, Stanislas. 2009. *Reading in the brain*. Penguin.

Gottlieb, Nanette. 2000. *Word-processing technology in Japan*. Curzon.

Gottlieb, Nanette. 2012. *Language policy in Japan: the challenge of change*. Cambridge University Press.

Joshi, Anirudha, Ashish Ganu, Aditya Chand, Vikram Parmar, and Gaurav Mathur. 2004. Keylekh: a keyboard for text entry in Indic scripts. *CHI'04 extended abstracts on human factors in computing systems*, pp. 928-942. ACM.

Kaplan, Robert B., and Richard B. Baldauf Jr. 2011. North Korea's language revision and some unforeseen consequences. *Handbook of language and ethnic identity: the success-failure continuum in language and ethnic identity efforts*, vol. 2, ed. Joshua Fishman and Ofelia Garcia, pp. 153–67. Oxford University Press.

Koanantakool, Hugh Thaweesak, Theppitak Karoonboonyanan, and Chai Wutiwiwatchai. 2009. Computers and the Thai Language. *IEEE Annals of the History of Computing*, vol. 13 no. 47 pp. 46–61. Accessible at http://lexitron.nectec.or.th/KM_HL5001/file_HL5001/Paper/Inter%20Journal/krrn_52085.pdf

Karoonboonyanan, Theppitak. 1999. Standardization and implementations of Thai language. National Electronics and Computer Center, Bangkok. Accessible at http://www.nectec.or.th/it-standards/thaistd.pdf

Lee, Shin-ying, David H. Uttal, and Chuansheng Chen. 1995. Writing Systems and Acquisition of Reading in American, Chinese, and Japanese First-Graders. *Scripts and literacy: reading and learning to read alphabets, syllabaries, and characters*, ed. Insup Taylor and David R. Olson, 247–63. Kluwer Academic.

Lewis, Geoffrey. 1999. *The Turkish language reform: a catastrophic success*. Oxford University Press.

Mayerson, Arlene B. 1992. *The History of the ADA: a movement perspective*. Disability Rights Education and Defense Fund. Accessible at http://dredf.org/publications/ada_history.shtml

McVeigh, Brian J. 2002. *Japanese higher education as myth*. M. E. Sharpe.

Pupang, Suchat. 2007. Robust Romanized-Thai Interface and Algorithm for Efficient Dictionary and Web Search. M.S. Thesis. Shinawatra University. Accessible at http://dspace.siu.ac.th/bitstream/1532/255/1/SIUTHESOT-MSIT-2007-02.pdf

Rohsenow, John. 1996. The Z.T. experiment in the P.R.C. *Journal of the Chinese Language Teachers' Association* vol. 31 no. 3 pp. 33–44.

Unger, J. Marshall. 1987. *The Fifth Generation fallacy: why Japan is betting its future on

Artificial Intelligence. Oxford University Press.

Unger, J. Marshall. 1996. *Literacy and script reform in Occupation Japan: reading between the lines*. Oxford University Press.

Unger, J. Marshall. 2004. *Ideogram: Chinese characters and the myth of disembodied meaning*. University of Hawai'i Press.

Vaish, Viniti. 2005. A peripherist view of English as a language of decolonization in post-colonial India. *Language Policy* vol. 4 no. 2 pp. 187–206.

Warschauer, Mark, Ghada R. El Said, and Aymand Zohry. 2002. Language choice online: globalization and identity in Egypt. *Journal of Computer-Modulated Communication*. Accessible at http://jcmc.indiana.edu/vol7/issue4/warschauer.html

> ダイグラフィア・国字問題

表記体系併用と二表記併用社会

高取由紀

1. はじめに

　文字に関する調査研究は古くから行なわれているが，その対象は文字体系の内部の構造に限られ，それが使われている社会とのつながりには目が向けられていなかった。文字の研究には言語学者だけでなく人類学者もかかわっていたが，その理由は文字言語が文明社会を未開社会から区別するための基準のひとつとして捉えられていたからだ。その後「近代言語学の父」と呼ばれるソシュールに始まる20世紀の言語学では，文字に対する音声の優位性が強調されてきた。その中で文字言語は音声言語を不完全に表した体系に過ぎないと考えられたため，副次的な存在としての地位しか与えられなかった。当然のことながら文字言語に関する研究は，それ以来音声学や音韻論に比べて遅れをとっていた。それが勢いを取り戻してきたのは最近のことである。

　この章のトピックである「表記体系併用」（digraphia）とは聞きなれない用語かもしれないが，この語は社会言語学者イアン・デールの論文の中で初めて使われた（Dale 1980）。それは同一の言語を二つの文字体系で表記する状態を指す。日本ではあまり馴染みがないかもしれないが，世界に目を向けるとそのような例は枚挙にいとまがない。表記体系併用そのものは古くから存在しているが，その研究者が増えてきたのは社会と結びついた文字研究の意義が日の目を見ることになってきたからだろう。このように二つの表記方法を併用する言語共同体をとりあえず「二表記併用社会」と呼ぶことにして，ここではそれについての先行研究を紹介していきたい。

　現代日本語は漢字と仮名が同時に使われているので表記体系併用を実践

している言語であると考える研究者もいる。しかしこれはアンガーが本書の巻頭論文で述べているように表記体系併用ではなく，従って現在の日本が二表記併用社会であると言うことはできない。二表記併用社会とは，国家による言語政策の結果二つの独立した表記体系が並んで使われる社会である。つまり，日本語が漢字かな交じり書きに加えてラテン文字（ローマ字）で書かれる状態を指す。その実現のために何よりも優先されるべき課題は，個々の音節のつづり方だけでなく，分かち書きや外来語表記の規則も含めたローマ字の正書法を整えることである。日本語については本章の最後で再度触れることにして，まず「ある社会が一つの言語に二つの文字を使う場合，その背後にはどのような言語学的，そして歴史的・政治的な事情があるのだろうか？」という問いに対して大変興味深い回答を数多く提供してくれる旧ユーゴスラビアの言語情勢を概説していきたい。

2. 旧ユーゴスラビア
2.1 セルビアとクロアチア

一つの言語に二つの文字体系を使う代表的な例はキリル文字 <а б в г д> とラテン文字 <a b c d e> が同時に使われていた旧ユーゴスラビア社会主義連邦共和国のセルボクロアチア語であろう。セルボクロアチア語は1991年のユーゴスラビア解体後セルビア語とクロアチア語という別々の言語に分かれ，さらに最近ではボスニア語が分離し「モンテネグロ語」もそれに続こうとしている。これらの言語は系統的にはすべて南スラブ語族に属し相互理解が可能であるため，19世紀の言語学者エルネイ・コピタール（Jernej Kopitar）は「イストリア[1]，クロアチア，ダルマチア，ボスニア，そしてセルビアの言語は，少数の方言を除けば同じである」と宣言した。これは当時から存在していた発音・語彙・文法の地理的な変異を切り捨てた一般化であるが，著名な学者の口から発せられただけにこの発言は，それ以後のこの地域における言語問題の流れの性格を決定的に特徴付けることになった（Butler 1970: pp.13-14）。

---

[1] イストリアとはアドリア海最大の半島で，イタリア，スロベニア，およびクロアチアの三国にまたがっている。

使われている文字であるが,「ロシア文字」とも呼ばれるキリル文字は10世紀の半ば東ローマ帝国テサロニケ出身の聖職者でスラブ民族のための布教に身をささげたキリル(修道請願をする前の名前はコンスタンチヌス)に敬意を表して名づけられた。キリルとその兄メソジウスの兄弟はこれより以前にギリシャ文字をモデルとしてグラゴル文字を考案したものの,それはやがてキリル文字に取って代わられた。伝統的にキリル文字は東方正教会に属するセルビア人によって使われ,一方のラテン文字はカトリック教徒であるクロアチア人によって選択された。従って文字選択の決定には宗教が大きく影響したといえる。東ヨーロッパにおいて「東方正教会＝キリル文字」「カトリック＝ラテン文字」という等式は大雑把ではあるが大抵の場合は通用するといえる[2]。

　文字と宗教は異なってもセルビアとクロアチアの民族と言語は一つであるという認識はまず1850年の「文語体に関する合意書」(Literary Agreement)で,そしてその約一世紀後の1954年に「ノビ・サドの合意書」(Novi Sad Agreement)で再確認された[3]。言語の名称も両方の民族に配慮して「セルボクロアチア語」(Srpskohrvatski)ならびに順番を逆にした「クロアトセルビア語」(Hrvatskosrpski)の二つが使われた。ノビ・サド合意書の中ではラテン文字ならびにキリル文字がどちらも対等の価値を持つことが宣言され,両民族がお互いのアルファベットを学習することを強く勧告している。この二つの文字体系においては個々の文字の間に厳密な一対一の対応関係が成立するように正書法が定めれられている。例えば日本語の「国家の言語」という表現に対応するセルボクロアチア語のキリル文字およびラテン文字表記はそれぞれ <Народни језик><Narodni jezik> であるが,ラテン文字しか知らない人でも機械的に左から順番に数えていけば,どのラテン文字がどのキリル文字と対になっているのかすぐに分かる。

　ユーゴスラビア社会主義連邦共和国になってからも,言語と表記体系に

2　東方正教会が85%以上の多数派であるルーマニアはもともとキリル文字を使っていたが,ルーマニア人がラテン民族としての帰属意識を高めるとラテン文字が使われるようになった。

3　厳密にはモンテネグロも含まれる。

関しては民族間の融和を図るために正書法のほかにさまざまな配慮が施されていた。例えば1922年創刊の共産党機関誌「ボルバ」はキリル文字版とラテン文字版を別々に発行していたが，予算の都合でそれが不可能になっても同じ紙面に両方の文字を使って記事を印刷した（朝日ジャーナル 1991: 66）。しかしながら，南スラブ人は宗教や文字が違っても言語は一つ，民族も一つというスローガンとは裏腹に国民の間の緊張関係は古くから存在していた。上に挙げた「文語体に関する合意書」もセルビアとクロアチアの有力な言語学者の考えがたまたま一致していたから実現したのであり，ある意味で幸運な偶然の産物であった。しかし共産主義政権が登場してからユーゴスラビアは「一つの言語を話す一つの民族」ではなく「一つの言語を話す複数の民族」から構成されると認識されるようになり，この認識は南スラブ人の心理を古くから支配してきた「独自の言語を持たない民族は何かが欠けている」という考え方と相対するようになった（Greenberg 2004, pp.9-10）。1980年にチトー大統領が亡くなった直後から民族主義が堰を切ったように現れ内戦が始まると国内の共和国は次々に独立を宣言し，これまで一つの言語として考えられていたセルボクロアチア語もセルビア語，クロアチア語と呼ばれるようになった。当然のことながら二表記併用社会にも変化が見られるようになった。

　ユーゴスラビア解体後，クロアチア人が90%近くを占めるクロアチア共和国の言語景観(linguistic landscape)はほぼラテン文字一色になり，キリル文字は少数派のセルビア人地区の学校では教えられるもののそれ以外の地域では忌まわしい文字としての不名誉な烙印を押されている。憲法でも公式文字はラテン文字で，キリル文字その他は条件付で使用を認められているに過ぎない[4]。異なる文字体系が共存する社会を放棄する道を選択したのだ。セルビア民族に対する長年の不満を考えるなら当然の成り行きかもしれない。

　一方，旧ユーゴスラビアの実質的な継承国ともいえるセルビア共和国ではキリル文字が公式であるにもかかわらず道路標識などにおいて旧来の表

4　クロアチア共和国憲法第12条(Članak 12, *Ustav Republike Hrvatske*)

記併用の習慣がある程度存続しているが[5]，クロアチア共和国の都市名（たとえばザグレブ）はラテン文字だけを使っていて，ラテン文字書きにこだわる隣国への配慮を見せている。言語景観の中でどちらが全体的に優勢かという問いに対しては統計的な調査もないが，過去においても現在においてもラテン文字の方がよく見られるようだ。まず旧ユーゴ解体前の事情を研究した Magner (1967, p.345) では，当時のユーゴスラビア国内全体ではキリル文字はそれほど広く使われておらず，電話帳をはじめ輸出用の製品の名前はラテン文字であった。キリル文字が優勢なはずの地域でもネオン看板はラテン文字だったという観察もある。

　また，コンピュータを使った交信に関する最近の調査研究では「キリル文字＝東方正教，ラテン文字＝カトリック」という等式は必ずしも成り立たなくなったという結果も出ている。それに代わって現れたのが，「キリル文字＝親ロシア，保守的，国家主義的，反グローバル化」「ラテン文字＝親米・西欧，進歩的，自由主義的」という対立である (Ivković 2013)[6]。つまり文字選択の理由が宗教のように準先天的な属性から政治的な性質のものに移行したわけで，世界情勢が変わる中で今後この二つの文字をめぐってどのような対立の図式が出てくるのか大いに興味深い。

2.2　ボスニア・ヘルツェゴビナ

　ユーゴスラビアから独立したのはこのほかにボスニア・ヘルツェゴビナとモンテネグロがあるが，この二つの国でも非常に興味深い例が見られる。まずボスニア・ヘルツェゴビナだが，国名が複合名称となっていることからも多民族国家であることがすぐ分かる。構成はムスレム人（イスラム教徒）がほぼ半数を占め[7]，それに続くのがセルビア人とクロアチア人である。旧ユーゴスラビアにおける民族間の緊張関係が縮図としてそのま

5　セルビア共和国憲法第 10 条 (Члан 10, Устав Републике Србије)
6　コンピュータによる文書作成においてラテン文字使用者は補助記号を省略し，例えば <ć ś ž> などはそれぞれ <c s dz> とつづっている。
7　セルビア人クロアチア人と同じく南スラブの民族だが，オスマン帝国時代にイスラム教に改宗した。

ま引き継がれたといってもいいだろう。違っているのは多数派がセルビア人ではないということだ。とはいえ言語政策ではすべての民族を満足させるためにボスニア語（ムスレム人の言語で表記はラテン文字），セルビア語ならびにクロアチア語が三つの独立した公用語と定められ，キリル文字・ラテン文字の同時使用も憲法で保障されている。例えば硬貨には国名が両方の文字で刻まれている。

ボスニア・ヘルツェゴビナの硬貨に刻まれたキリル文字とラテン文字

特筆すべきは，二表記併用社会に至った道のりである。独立直後の規程では，ボスニア語とクロアチア語だけが公用語とされ，公式文字もラテン文字だけだった。つまりクロアチア共和国の場合と同じくキリル文字を排除して単一の文字体系を使用する社会に一度は移行した[8]。しかし2002年に修正条項が加えられ，セルビア語とキリル文字が加えられ公式な地位を確立し，二表記併用社会が復活したのである[9]。

ところがそれによって思わぬ問題が生じた。自動車のナンバープレートの表記である。その管轄は国連のボスニア・ヘルツェゴビナ上級代表事務所であったが[10]，キリル文字を使ったナンバープレートについて意外にもセルビア人自身が抗議の声を上げた。たとえばセルビア人居住地域の中心都市バニャ・ルカ <Бања Лука>（ラテン文字表記は <Banja Luka>）で発行されたプレートだったら頭文字を取って <БЛ> という組み合わせが使われるはずだが，このようなナンバープレートをつけた車に乗ってムスレム人またはクロアチア人が多く住む「ラテン文字地区」を運転していると余計な注意を引くことになり，車上荒らしなど嫌がらせ行為の対象となる可能

8　ボスニア・ヘルツェゴビナ憲法第1章6条。
9　Decision on Constitutional Amendments in the Federation (*Amendment* XXIX).
10　ボスニア・ヘルツェゴビナの内戦は1995年のデイトン合意によって終結したが，この合意を民事の面で遂行すべく設けられた事務所。代表はヨーロッパ連合加盟国から選ばれている。

性が出てくるからである。その結果，全ての自動車登録番号はラテン文字・キリル文字両方に共通する＜ＡＥＪＫＭＴ＞の中から任意に選んだ文字とアラビア数字とを組み合わせて決めるという折衷案を上級代表事務所が考案し，問題は収まった（Magner 2001, pp. 21-23）[11]。少数派のセルビア人にとってキリル文字が母語の正統な文字であるという信条は変わらないが，自分たちに必ずしも好意的でない人々に囲まれた場所で，好むと好まざるとにかかわらず，まるで「私はセルビア人です」と宣言するがごとくキリル文字の標識を掲げて運転しなければならないのは身の危険を感じるから御免被りたいというわけである。

　ここで参考のために，ボスニア・ヘルツェゴビナのすべての言語はクロアチア語も含めてただ一つと考えるべきだと訴えている人々も少なからず存在していることを付け加えておく[12]。その中の１人によって書かれた「I dalje jedan jezik」（それでも言葉は一つ）という論文（ラテン文字）によると，ボスニア人，セルビア人，クロアチア人が同じ言語を話すという主張は国家と国民にとって脅威にはならないと力説している（Kordić 2005: 87）。この著者はまた別の論文の中で，言語学的には一つの言語しか存在しないのに異なる名称を使うと複数の言語が存在しているかのような錯覚を生じさせるからという理由で１世紀半以上使われてきた「セルボクロアチア語」の使用を推奨しているが，その論文はキリル文字を使用して書かれている（Kordić 2008）。バルカン半島の南スラブ民族は宗教や文字の違いを超えて団結するべきだという19世紀の言語学者コピタールや旧ユーゴスラビアの大統領チトーの主張をほうふつさせる。ちなみにこの論文が掲載されている雑誌はボスニア・ヘルツェゴビナで発行されているが，その中ではどちらの文字も使われ表紙の雑誌名は公用語のボスニア語，クロアチア語，セルビア語だけでなくスロベニア語とマケドニア語でも書かれている[13]。

11　www.mkt.gov.ba/bos/dokumenti/zakoni/?id=274
12　ちなみにアメリカ国内の大学のスラブ言語学科では「セルボクロアチア語」の名称が今でも多く使われている。
13　http://sveske.ba/en/issues

2.3 モンテネグロ

　ラテン語で「黒い山」を意味するモンテネグロは2006年に独立を果たした新しい国で，歴史的にはセルビアと深いつながりを持っている。旧ユーゴスラビア崩壊後もセルビアと歩調をあわせ共に離脱を行わず2003年セルビア・モンテネグロという国家連合として新生した。その3年後国民投票によって正式に独立国家モンテネグロが誕生したが，国家連合を維持するべきだという独立反対派との差はわずかに10%という接戦で，改めてセルビア民族との深いきずなが確認された。人口分布に関する国勢調査によるとモンテネグロ人とセルビア人で国民全体の75%近くが占められており，宗教も国民の4分の3が東方正教会に属している。言語およびその表記をめぐるこの国の事情を見てみると，ボスニア・ヘルツェゴビナと同様に複雑な様相を呈している。

　伝統的にモンテネグロの言語は実質的にセルビア語の方言であると考えられ（Comrie 1990, pp. 394-396, The Permanent Committee on Geographical Names: 2006, October），別々の言語だという認識は強くなかった。共産党政権時代にセルボクロアチア語であった公用語が1992年の旧憲法でセルビア語になり2007年の新憲法では「モンテネグロ語」に代わったが，過去の国勢調査でも自分たちの母語はセルビア語（またはセルボクロアチア語）という回答がモンテネグロ人の間では常に80%から90%を占めていた。一方，「ノビ・サドの合意書」はモンテネグロ民族に言及していたもののその言語は蚊帳の外に置いたため，個別の言語としての承認に対する思い入れも彼らの間には存在していた。使用言語に関する一番最近の調査は2011年6月にモンテネグロ民族の帰属意識を確立するために活動している団体が実施したが，その中で「あなたは何語で話しますか？」の問いに「モンテネグロ語」と回答したのは38.2%で，セルビア語を選んだ41.5%に負けているのは皮肉なことである[14]。こういった事情もあって特にセルビア系の人々を中心として「モンテネグロ語」という独立した言語を認める考えは必ずしも積極的な支持を受けているわけではない。モンテネ

---

14 http://www.blic.rs/Vesti/Drustvo/196544/Matica-CG-Crnogorskim-jezikom-govori-382-odsto-gradjana（セルビア語）

グロ大学のセルビア文学の教授は BBC のインタビューに答え「言語の目的は意思疎通を図るためなのに，新しい言語を作れば私たちの間に障壁を設けることになってしまいます」と述べている[15]。本章で「モンテネグロ語」という名称を留保の意味を含んだかぎカッコに入れて使っているのはこのような理由による[16]。現在までにセルボクロアチア語からはクロアチア語，セルビア語，そしてボスニア語が分離しているが，もし近い将来正式な「モンテネグロ語」が誕生したら，その日はセルボクロアチア語の解体が完全に終了した日でもある (Greenberg 2004, p.90)。

　使用する文字についてだが，憲法によってキリル文字とラテン文字には対等の位置が保証されている。しかしよく考えてみると，この国が二表記併用社会を維持するのは一見すると不可解である。80%から90%がカトリックであるクロアチア共和国がラテン文字だけを公式な文字として制定したのと同様に，東方正教会の信者が国民全体の74%弱を占めるモンテネグロではキリル文字だけを選択しても不思議ではないはずだからだ。にもかかわらず「モンテネグロ語」，特にアドリア海の沿岸地方で歴史的に使われているのはラテン文字だった (ibid., p.88)[17]。ではキリル文字とラテン文字は現在この国のどこで使われているのだろうか？「Pravopis」と呼ばれる正書法の手引きは両方の文字で発行されている。政府の公式ウェブサイトも両方使っているが[18]，パスポートはラテン文字のみである。硬貨は製造していない。モンテネグロ言語文化研究所のゴラン・シグリッチ教授によると，国内の6つの日刊紙の中でキリル文字で発行されているのは1つだけで，主としてセルビア共和国とのつながりを強く感じている人々によって読まれているという。しかしながら本家セルビア共和国の状況はといえば，若年層を中心としてラテン文字使用が優勢になってきているのだからまことに皮肉なことだと同教授は著者へのメールの中で述べている。今日の文書作

---

15 http://news.bbc.co.uk/2/hi/8520466.stm
16 http://news.bbc.co.uk/2/hi/europe/5007364.stm
17 この点については北海道学園大学の寺田吉孝先生に情報を提供していただいた。
18 http://www.gov.me/naslovna?alphabet=lat ならびに http://www.gov.me/naslovna?alphabet=cyr

成と通信の手段はコンピュータが世界の趨勢だが，そこで使われるのは圧倒的にラテン文字であり，しかも補助記号は使えない場合が多い。2014年8月5日にはグーグルの電子メールサービスがラテン文字以外の文字および補助記号に対応する決定を発表しているが，おそらく世界を席巻するローマ字の勢いはセルビアでもモンテネグロでも止めることはできないだろう。

3. 日本における二表記併用社会の可能性

　二表記併用社会に関する旧ユーゴスラビアの例を概観してみると，文字の選択は単なる言語表記の問題にとどまらず民族の帰属意識と強く結びついていることが分かる。それは歴史的，地政学的，そして宗教的問題に深くかかわっており，むしろ言語学的な要因はそれほど重要性を帯びていない。文字をめぐる政策と紛争を純粋に言語学的観点から考察することは難しいのである(松尾雅嗣2000)。

　ではここで日本での二表記併用社会の可能性について考えてみたい。変化する日本社会が抱える問題の解決策の一つとしてアンガーは日常生活においてラテン文字，いわゆるローマ字表記をもっと活用していくことを本書の巻頭論文で提案し，結論では表記併用を導入してみる以外に代替案はないと断言している。もし日本でローマ字・漢字仮名併用の二表記併用社会が実現したなら，それは文字研究の分野で珍しい例を提供してくれることになる。なぜなら，日本の場合，二表記併用社会への移行を動機付ける要因が主として言語学的なものであって，宗教や民族の対立はもちろんのこと歴史も政治も関連性がそれほど大きくないからである。要するに現在の漢字仮名交じり書きは難しすぎて使いにくいのだ[19]。

　まず日本語と同じく表語文字と音節文字の組み合わせを採用している表記体系は地球上でほかに存在しない。というか，もっと正確にいうなら「現在は」存在しないというべきであろう。なぜなら今をさかのぼること約4600年前のメソポタミア地方では，表語文字と音声文字を併用したと

---

19 日本語ほど複雑ではないアラビア語でも，インフォーマルな交信ではローマ字版アラビア語が使われているという (Warshauer et al. 2002)。

いう点において日本語に酷似した文字言語が存在していたからだ。それはセム語族のアッカド語という言語で、くさび形文字を使って書かれていたが、アッカド帝国がペルシャに滅ぼされると言語も途絶えてしまった。その複雑な表記体系を継承した言語はない。というわけで日本語と同じ種類の文字言語はほかに見当たらない。世界に一つだけの誇るべき文化だなどと喜んでいる場合ではない。日本研究者の間ではすこぶる評判が悪いのだ。歴史家ジョージ・サンソムの「これより劣っている表記体系はない」(Sansom 1928, p. 44)というよく知られたコメントのほかにも、言語学者ロイ・アンドルー・ミラーが「今日の日本社会では文字言語を何とかしようと真剣に考える人はたとえ物好きの中にも存在」しているとはいえず、ほとんどの日本人は母語の表記が「いかに難解でバカげているとしても、それは日本人にとって文化の中で欠かせない部分であり、従ってその代償がどんなに大きくても保存していく価値があると考えているようだ」と皮肉を交えて批評している(Miller 1967, pp. 134, 138)。

　漢字の引き起こす問題が日本人の会話力、思考力にも及んでいる可能性についてはアンガーの章で説明されているが、さらに過去において言語改革が叫ばれた時代には予想できなかった難解な問題ともかかわっている。それは海外からの労働者とその子供たちの日本語習得の問題である。もしその解決策として表記併用案が考慮されるなら、それを実行に移す前にローマ字正書法の確立が緊急の課題となる。まずどの方式を使うかという問いに対しては、アンガーも主張しているように国際的に承認されている訓令式ローマ字を使うと回答するのが正論であろう。

　しかし一般的に正書法というものは個々の音節のつづり方を示した表だけで構成されているのではない。たとえばクロアチアでは正書法マニュアル(pravopis)は合計44ページ、ボスニア・ヘルツェゴビナはその3倍以上の153ページ、独立した言語としての地位に格別の思い入れがある「モンテネグロ語」に至っては語彙の一覧表も含めるとなんと296ページからなる長大な文書で、大文字・小文字の使い方、人名・地名の書き方、複合語の扱い方、外来語およびそれが格変化したときの語尾の処理など文書

作成に必要な情報がほぼすべて網羅されている。

　ローマ字書き日本語の場合も，正書法を確立するなら分かち書きや外来語の表記は避けて通ることができない。特に外来語と外国の地名・人名の表記は一筋縄ではいかないだろう。<John> という名前を例に取ると，仮名を使ったら<ジョン>だが，ラテン文字文書の中ではそれを転写して <Zyon> と書くのかそれとも原語のままのつづりをイタリックにした <John> を使うべきなのか。ここでも旧ユーゴスラビアから独立した国々の正書法マニュアルが役に立ちそうな先例を提供してくれているので簡単に紹介したい。クロアチアでは英語のつづりをそのまま使っている。一方セルビアではキリル文字の場合 <Џон>，ラテン文字の場合 <Džon> と自国語の発音を反映している。基本的にセルビアと同様の立場を取っているのがモンテネグロの正書法マニュアルで，外国の地名・人名は「モンテネグロ語」で発音される通りに書くのが原則であると説明している。しかし時には原語でのつづり方に焦点を当てる必要があるとの但し書きが添えられ，その場合は < Džon (John)> のように二通りの書き方を例示している。このような表示は，原語での表記と自国語の正書法に基づいた表記の間に大きな隔たりがある場合，または別の言語を経由して入ってきた地名の場合には便利である。そのいい例がオーストリアの首都ウィーンで，<Wien> という表記に慣れている人にとって「モンテネグロ語」での名称 <Beč>（ハンガリー語またはトルコ語由来）はしっくりこないだろう。このモンテネグロ方式は，日本語も大いに参考にするべきである。なぜなら日本語の音韻は母音の数が少なく，かつ異なる子音の連鎖を許さないため多くの地名・人名がオリジナルと比べると大きく変化しているからである。

　外来語の表記以上にやっかいなのが分かち書きの規則である。日本の伝統的な表記方法ではすべての語が続けて書かれるため，一般的な日本人は文がどのような単位から構成されているのかについては無頓着である。文をどこで区切るか注意を払うのはワープロで入力するときぐらいだろう。しかし分かち書きの規則についてはローマ字論者の間で古くからいくつかの方式が考案されており（田丸卓郎 1981, pp. 96-180），遅ればせながら国

立国会図書館も 2008 年に書誌データの表記や分類のために分かち書きの基準を作成しているから、全くのゼロから始める訳ではない[20]。にもかかわらず多くの日本人にとって分かち書きはやはり未知の分野に属するだろう。しかし現行の表記方法が原因で生じている問題の深刻さに鑑みると、そしてその難題がローマ字の採用によってどれだけ解消されるか、反対にもしそれが解決されなかった場合の顛末を考えるなら、ローマ字との併記という思い切った政策は今すぐ検討するべき選択肢だろう。

参考文献

(国際標準に合わせて日本人の著者名もローマ字表記し、まとめて ABC 順に配列した。)

Asahi Zyaanaru（朝日ジャーナル）. (1991).『世界のことば』[*Languages of the world*], Tōkyō: Asahi Shinbunsha.

Butler, T. (1970). The origins of the war for a Serbian language and orthography. *Harvrd Slavic Studies 5*, pp. 1-80.

Comrie, B. (Ed.). (1990). *The World's Major Languages*, New York: Oxford University Press.

Dale, I. R. (1980). Digraphia. *International Journal of Socioloty of Language 26*, pp. 5-13.

Greenberg, R. D. (2004). *Language and identity in the Balkans*, Oxford: Oxford University Press.

Ivković, D. (2013). Pragmatics meets ideology: digraphia and non-standard orthographic practices in Sebian online news forum. *Journal of Language and Politics 12*(3), pp. 335-356.

Kordić, S. (2005). I dalje jedan jezik. Sarajevske sveske 10, pp. 83-89. Retrieved from www.sveske.ba/files/brojevi/Sarajevske%20sveske%2010.pdf

Kordić, S. (2008). Crnogorska standardna varijanta policentričnog standardnog jezika. *Језичка ситуација у Црној Гори--норма и стандардизација: радови са међународног научног скупа, Подгорица, 24. и 25. мај 2007. године* (pp. 35-47). Podgorica: Crnogorska akademija nauka i umjetnosti.

Magner, T. F. (1967). Language and Nationalism in Yugoslavia. *Canadian Slavic Studies 1*(3), pp. 333-347.

Magner, T. F. (2001). Digraphia in the territories of the Croats and Serbs. *International Journal of the Sociology of Language 150*, pp. 11-26.

Matsuo, M.（松尾雅嗣）(2000). 表記体系をめぐる紛争：文字紛争論争序説 [Conflicts

---

20 http://www.ndl.go.jp/jp/library/data/wakati2008.html

over the Writing System: Toward a Theory of Script Conflict]. *Hiroshima Peace Science 22*, pp. 75-114.

Miller, R. A. (1967). *The Japanese Language.* Chicago: University of Chicago Press.

Sansom, G. (1928). *An Historical Grammar of Japanese*, Oxford: The Clarendon Press.

Tamaru, T. (田丸卓郎)(1981). 『ローマ字文の研究』 [*A Study of Roman Alphabet Writing*], Tōkyō: Nippon no Rōmazisya.

The Permanent Committee on Geographical Names. (2006, October). A brief note on the effect of Montenegrin Independence on Language. Retrieved 16 July 2014, from webarchive.nationalarchives.gov.uk/20140402150947/http://www.pcgn.org.uk/Montenegro2.pdf

The Permanent Committee on Geographical Names. (2006, August). Language evolution in Bosnia. Retrieved from webarchive.nationalarchives.gov.uk/20140402150947/http://www.pcgn.org.uk/Bosnia-Aug06.pdf

Warschauer, M., El Said, G. R., & Zohry, A. (2002). Language choice online: globalization and identity in Egypt. *Journal of Computer-Mediated Communication*. Retrieved August 15, 2014, from http://jcmc.indiana.edu/vol7/issue4/warschauer.html

この章を書き上げるに当たっては多くの方々にお世話になったが、どの方も日本語話者ではないためこの場を借りて英語で謝辞を述べたい。

Behind every successful publication, there are always research assistants, and I have the best in the staff of the office of Interlibrary Loan (ILL) at Georgia State University. Headed by Sheryl Williams and consisting of four assistants, Mary Ann Barfield, Brenda Mitchell, Melissa Perez, and Jena Powell, this army of library scientists never failed to impress me in their efficiency to find the research materials our libraries do not have. If the information I provide is not adequate because of the obscurity of the item I am looking for, they have a knack for hunting it down and delivering it to me in a timely manner; when they experience difficulty in finding a lending library willing to loan the item requested, they keep me informed every step of the process. Without their expertise, this chapter would have been just a sketchy introduction, projecting a deceptively simple image of what is really a profound and complex issue.

I would also like to thank Professor Goran Drincić of the Institute for Montenegrin Language and Literature in Podgorica for patiently answering my questions regarding the current linguistic situation in Montenegro, and Dijan Milaković of Georgia State University for obtaining documents and photographs related to digraphia in the former Yugoslavia.

ダイグラフィア・国字問題

国字問題と日本語ローマ字表記
―戦前の動向を中心に―

茅島　篤

1. はじめに

　日本語の表記法は独特かつ複雑多様である。その昔，日本には固有の文字がなかった。言語学上類縁関係のない中国語の表記に用いられていた文字（漢字）が4世紀から5世紀にかけて大陸から渡来し，これを採り入れて日本のことばを表記するようになった。その後，先人は漢字から日本語の音韻に合った仮名（カタカナ，ひらがな）を創成し，表意文字としての漢字と表音文字としての仮名を併用して表記するようになった。この点，同じ漢字文化圏にあったベトナムや韓国とは異なる。

　現代日本では日本語を表す文字として，漢字・ひらがなを中心に，カタカナ・ローマ字，それに数字は漢数字・算用（インド，アラビア）数字・ローマ数字等が使われている。日本語は仮名またはローマ字だけでも書けるが，一般に漢字かな交じり文（主客を変えて，かな漢字交じり文とも）が用いられている。漢字は一度記憶されたら利便性も高く，仮名交じりの表記法はすぐれた発明であるといえる。だが，この表記法を習得するには日本語母語話者にとっても長年の訓練を要する。一方，母語形成期以後に日本語を第2言語として習得する日本語非母語話者（または，日本語学習者）（ノンネイティブ）にとって，日本語の読み書きを不自由なくできるまでになるのは難しい。とりわけ日本の文字の根本をなす漢字は，字数・字画の多さやその繁簡のみでなく，一つの漢字に対し，字音（古音・呉音・漢音・唐音等で異なる）・字訓（熟字訓もある）が複数あって使い分けられているので，とくに習得困難である。

　わが国では近代の黎明期以降，国語国字問題が再三議論に上ってきたが，これは一言でいえば漢字への対応の問題であった。漢字節減（制限）の考え

茅島　篤

が主流であったが，社会の指導者層の一部や，文字運動団体ほかからは，日用文字としての漢字廃止，漢字かな交じり文の廃止を意図した考えが唱道された。個人では，駿河藩の前島来輔(らいすけ)(後，密(ひそか))が慶應2年12月，徳川将軍慶喜に「漢字御廃止之議」を建白したのを先駆とする。明治33年2月には，帝国議会貴族院と衆議院において「国字国語国文ノ改良ニ関スル建議案」が可決した。戦前・戦後を通じてこの分野での唯一の国会決議である。昭和6年6月18日，昭和天皇は宮中御学問所で国語国字問題を御聴講された。翌19日付「東京朝日新聞」の見出しに「「詔勅は難しく思はぬか」聖上陛下から御下問　保科氏から国字問題を御進講　いと御熱心に御聴取」[1]とある。この空前絶後の御聴講に文部当局が感激したと伝えられる。

　国の最初の国語調査委員会調査方針と対日米国教育使節団勧告は特記に値しよう。前者は明治35年3月，官制の調査機関として設置された。同会は同年7月4日に「調査委員会決議事項」を発表した。決議した調査方針の冒頭1項には「文字ハ音韻文字(「フォノグラム」)ヲ採用スルコト、シ仮名羅馬字(ローマジ)等ノ得失ヲ調査スルコト」(官報)と謳い，漢字廃止を調査の前提とした。後者の米国教育使節団は，戦後，昭和21年3月，連合国軍最高司令官マッカーサー元帥の招聘で来日し調査研究等を行い，同30日に「国字ローマ字採用」勧告を含む報告書をマッカーサーに提出した。

　当時，漢字かな交じり文が廃止に向かう動きはなかったわけだが，戦後の国語改革の見直しが言われはじめたなかの昭和37年12月13日の国語審議会総会において吉田富三委員(国立癌研究所所長)から，国語審議会の審議する「国語」を規定しこれを公表せよ，との提案が出され，これが方向を示すきっかけとなった。昭和41年6月13日に開催された第8期国語審議会初回の当日には，文部大臣・中村梅吉が国語審議会に「国語施策の改善の具体策について」を諮問し，挨拶のなかで「今後のご審議にあたりましては，当然のことながら国語の表記は，漢字かなまじり文によることを前提とし，」と発言するに至った。

　筆者に課せられたテーマは，ローマ字文主張の背景にあった国語国字問

1　11頁。同新聞13日付にも関連記事がある。

題とは何かを説明すること，またそれを囲繞する事柄を素描し紹介することである。小論では，近代以降のわが国の国字問題を歴史的文脈のなかで扱い，漢字問題，日本語ローマ字とその運動にアクセントを置きエピソードを交えて述べる。戦後のこの問題は巷間に比較的知られ，浅学の筆者も何度かこの問題を論じてきた。[2] 以下，それらに基づいて，戦前を中心に振り返り考察を加える。便宜的に分けた9つの観点を通して，問題の所在が那辺に在るのか，今の我々に何を問いかけているのか探究するきっかけになれば望外の幸せである。

2．多様な文字表記の一背景

　漢字と仮名につき強いて呼称を記し特徴づけて一言ふれておく。漢字は「真名」「本字」「男手（男文字）」という。漢字の簡略体である仮名は「かんな」「かりな」という仮字(かりじ)であった。カタカナはとくに平安時代の僧侶たちが経文の読み方を傍らに記す（漢文訓点）のに用いたもので，当時カタカナのみで文章をつづることはなかった。

　「男仮名」は漢字を借りて日本語の音を表し字義を捨象した万葉仮名のことで，真仮名ともいう。一方，「女仮名」は漢字の草体から発達したひらがなを指し，これをはじめに使ったのは平安時代の女性たちであった。草仮名をさらに簡略化した文字で婦女子が読んだことから女文字，女手ともいう。ひらがなと呼ばれるようになったのは江戸時代にはいってからである。

　まなぶみ（真名文），かなぶみ（仮名文）ということばは，漢字で書かれた文・漢文（変体漢文も）と，仮名で書かれた文を分けた言い方である。奈良時代の『万葉集』は漢字のみで書かれている。その後女性によって，『源氏物語』『枕草子』などひらがなで書かれた仮名文学が生まれすぐれた古典となった。一方，男性のそれは，歌人の紀貫之が女性に仮託して記した「をとこもすなる日記といふものををんなもしてみむとてするなり」[3] では

2　たとえば，茅島（2005b，2009，2010，2012，2015，2016a）を参照。
3　『土左日記』の藤原為家による写本（1236），重要文化財。（文化遺産オンライン http://bunka.nii.ac.jp/heritages/detail/38211/4　平成28年11月15日閲覧）「紀貫之による自筆原本を，仮名の字体や文章の表記等を含めて忠実に書写したものだと説明されている。」

じまるわが国最初の仮名日記『土左日記』にみられる。

　表意文字の「漢字」と音節文字の「かな」を組み合わせて書くことを行ったことが，完全な二つの表記をもつ社会にしなかったと言えよう。時を経て，『平家物語』のような和漢混交文に基づく文が日本語の主流になるにつれて，漢字と仮名の交ぜ書きが主流となった。

　一方，ローマ字が日本に渡ってきたのは，天文18(1549)年スペイン人のイエズス会宣教師フランシスコ・ザビエルが鹿児島に上陸したときとされる。イタリア人アレッサンドロ・ワリニャーニが天正18(1590)年にローマ字活字と印刷機をもたらした。現存する最古のローマ字書き日本語本は，16世紀末のキリシタン教義，使徒行伝，肥前加津佐本『SANCTOS NO GOSAGVEO NO VCHI NVQIGAQI（サントスの御作業の内抜書）』(天正19(1591)年)で，のち天草本『平家物語』(文禄2(1593)年)，『伊曾保物語』(同)など日本の読みもの，長崎本『日葡辞書』(慶長8(1603)年)がだされた。単音文字アルファベットを使ったローマ字文で，このころのつづり方はポルトガル式・イスパニア式での転写法であった。

　わが国では，これらいわゆるキリシタン版ローマ字書きのローマ字本にたいして，それらを漢字かな交じり文にした本を国字本といった。

3. 近代の国語国字問題の発生

　国語国字論争は明治になって突如起きたものでない。遡れば，徳川時代，新井白石は『西洋紀聞』(三巻，正徳5(1715)年頃)のなかでアルファベットの簡便と漢字の複雑さを比較して「漢の文字万有余，強識の人に非ずしては暗記す可からず」と述べた。加茂真淵は『国意考』(文化3(1806)年)を著し，そのなかで，「天竺(筆者付記：インドの古称)には五十字もて五千余巻の仏語を書き伝へたり(中略)おらんだにては廿五字とか」(宮崎1930，2-3頁)と記したが，漢学者ならずとも驚きであったろう。漢字の繁簡のみでなく漢学観を述べたものに杉田玄白『蘭学事始』(文化12(1815)年)などがある。これらのなかに，後の国字論争の萌芽が散見される。

　国語国字問題は国字問題，国語問題ともいい，話しことばとしての標準

語問題，言文一致の問題，文法問題など国字問題以外も含んでいる。しかし，明治以降，国民の国語問題といえばその中心は国字問題，なかでも漢字の問題であったといえる。

　この国語国字問題は，日本の近代の黎明期に漢文・漢字への対策として生まれた。これに対する抜本的な解決策には，日用に漢字を使用しない，かな専用論，ローマ字専用論，そして新字論まであったが，なかには英語を国語に採用するという邦語（日本語）廃止英語採用論まであった。漢字即廃止の考えから，漢字節減（制限）を手段とした漢字廃止論，漢字節減論そのもの，それにもちろん漢字尊重・擁護論もあった。

　漢字全廃後の対応には，大きく2つがあった。日用語としての漢字を廃止して，「かな（カナ）専用」にするか「ローマ字専用」にするかであった。漢文を正則とした表記法の改革であり，表音文字の採用を意図したものであった。しかし，仮名の場合「ひらがなかカタカナか」「歴史的仮名遣いか表音式仮名遣いか」，またローマ字の場合「英語式のヘボン式（標準式）か五十音図式の日本式か」「転写法か正書法か」といった課題があった。このような議論の盛衰は繰り返されてきたが，国語施策の実際としては，漢字制限と表音仮名遣い改革を柱に，言文一致，「漢字かな交じり文」の簡易化の方向ですすめられた。

　新国字論は平岩愃保「日本文字の論」『六号雑誌』（明治18年1・2月），児島一謄『日本新字』（明治19年）が早い段階のもので新字論にもいろいろあった。

　次節に入る前に，漢字尊重・擁護論，つまり国語国字改良論批判に個人・機関とも多くあったことにふれておく。個人では，後述の西村茂樹，三宅雪嶺「漢字利導説」『太陽』（明治28年8月），重野安繹「常用漢字文」『東京学士会院雑誌』（明治32年5〜6月，5610字に漢字節減），井上圓了『漢字不可廃論』（明治33年）など，機関誌ではたとえば昭和12年には，大東文化協会『大東文化』の漢字廃止説反撃（7月），斯文会『斯文』の漢字廃止論批判（10月）ほか，『日本及び日本人』が漢字廃止論駁撃（7・8月）の特集が組まれた。

4. かな専用論とローマ字専用論

漢字廃止によって用いる日用の文字としては，かな専用かローマ字専用かが議論の中心であった。

4.1 かな専用論

近代以降の国語国字改良論の先駆は前島来輔の上記慶應2年の「漢字御廃止ノ議」であり，漢字廃止，音符字の採用，かな専用論，言文一致を主張した。前島密のこの説の直接のきっかけは，C・M・ウイリアムズ(聖公会宣教師)に示唆されての漢字廃止であった。これは「国民教育」「国語」を意識した改良論，専用論のさきがけである。

この建白書の呼称は，前島が後年委員を務めた国語調査委員会編纂の『國字國語改良論説年表』にも「前島密，國字國文改良ノ議ヲ将軍徳川慶喜ニ上ル」(日本書籍，明治37年，1頁)と記されているところ，後年「漢字御廃止ノ議」と呼ばれるようになったものである。筆者の見解では，時局は急転中で将軍には届いておらず，また当該建白書は発見されていない。この2年後(明治元年か2年)に作られたほぼ同様の内容と見られる「廃漢字献言」(来助の字)は現存し，これは財団法人無窮会に所蔵されている。[4]

前島は，開国進取の御一新後の明治2年5月「国文教育之儀ニ付建議」「廃漢字私見書」等を議政機関集議院に提出，前者のなかで「漢字ヲ廃シ假名字(平假名字)ヲ以テ國字と定メ」[5]と具体的にひらがな専用であった。

前島は，また世の中の出来事をひらがなのみで伝える日刊紙『まいにち ひらかな 志んぶん志』を明治6年2月から翌5月まで発行した。これは後に，かなのくわいや，羅馬字会などの雑誌の全文かな書き，ローマ字書き，文芸本，学術書等にひろがりをみた。

ひらがな専用説は，明治7年5月に「平仮名ノ説」『明六雑誌』を発表した清水卯三郎，明治14年12月に「これもまたくちよくいふべくして，そのことばおこなはれかたきのせつ」『東京学士会院雑誌』を発表した伊

---

[4] 詳しくは，茅島(2011，2016b)，町(2007)を参照されたい。
[5] 小西信八編『前島密君　国字国文改良建議書』国立国会図書館所蔵，明治32年，26頁。

藤圭介らにつながった。かなは、ひらがな専用できたが、鈴木辰梅は明治17年5月に「謹デ仮名ノ会員ニ告謀ル」『東洋学芸雑誌』でカタカナ専用、漢字廃止を唱えた。

4.2　ローマ字専用論

　ローマ字国字論は、明治2年5月、南部義壽(よしかず)が全文漢文の「修国語論」を大学頭(だいがくのかみ)山内容堂侯に建白したのを嚆(こう)矢とする。漢字を廃止して西洋文字を国字に採用し、国語の独立と発達を説いたものである。南部は明治4年8月に再度「修国語論」を文部省に建白し、翌5年4月には「文字ヲ改換スルノ儀」を同省へすすめた。漢文全盛の時代にアルファベットの便利さに気づかされたのが動機であった。

　上記の南部以来、明治7年3月に西周が「洋字ヲ以テ国語ヲ書スルノ論」『明六雑誌』を、そして明治15年4月と5月に矢田部良吉が「羅馬字ヲ以テ日本語ヲ綴ルノ説」『東洋学芸雑誌』を発表した。

　西の「洋字ヲ以テ国語ヲ書スルノ論」はカタカナ交じりの漢文調ではあったがローマ字の言文一致の主張として最も早かった。なお、明治18年6月以降に刊行された羅馬字會の機関誌『RŌMAJI ZASSHI』にローマ字で書かれていた文章は、雅文調文語体であったことを付言しておく。西は、このなかで漢字節減論とかな専用を不可として、洋字を国字にする十利三害を挙げている。本格的に国字ローマ字論を主張した西は、明治13年3月に文部省編輯局局長に就任、後に学士院長、元老参議官を務めた。

　ローマ字と仮名を比較して、ローマ字を主張したものとしては、明治12年11月の南部義壽の「以羅馬字写国語並盛正則漢字論」『洋々社談』を嚆矢とする。

　ここで早稲田大学総長・枢密顧問官・総理大臣を務めた大隈重信のローマ字専用論を少しくみておこう。

　『讀賣新聞』の明治41年1月30日付けの見出しに、「昨夜の羅馬字會―大隈伯の演説―西園寺會頭の意見―田中館博士の演説」とある。西園寺とは、当時の首相でろーま字擴め會会頭で文部大臣も務めた西園寺公望で

ある。田中館は日本式ローマ字の鼻祖・田中館愛橘である。当日の司会は，後に同会会頭，慶應義塾大学塾長，文部大臣を務めたローマ字論者の鎌田栄吉であった。同会の名誉会頭であった大隈は，「根本的に言へば，不便なる漢字は明治維新の際既に廃止すべきものであったのである。五條の御誓文の中に『陋習を破り天地の公道に基く可し』といふ一ヶ條がある。(中略)明治の初年に於て，既に漢字は日用語―文学としては別論―より排斥さるべき定まつて居た」(1頁，ママ)と述べている。

大隈は，『萬朝報』の明治45年6月13日付けの教員学力問題についての諸家の意見を蒐集した教員學力問題(七)のなかで「亡国悪魔の文字」「羅馬字あるのみ」「首相一断を下せ」(2頁)と述べ，『東京朝日新聞』の明治45年7月10日付けの羅馬字実施策(二)のなかでは「文字は符牒だ(中略)先ず小学校生徒に羅馬字を課して行くのが一番良い方法と思ふ(中略)而して大なる部分は勅令で行き小なる部分は文部省令で行けば雑作もなく羅馬字の日本ができるのである。」(4頁)と述べている。大隈のローマ字主張は，「漢字亡国論」『極東』(第16号，極東社，明治45年7月)，早稲田大学公認の早稲田ローマ字会(『早稲田學報』第297號，大正8年11月，25頁)による大隈重信侯爵生誕百年記念出版『文字の維新革命　大隈重信』(昭和12年，小冊子，版元同会)などにみられる。

付言すれば，早稲田大学の前身の東京専門学校長前島密，前島を岳父とする後述の大学総長高田早苗ら，早稲田大学の主要な人物にローマ字主張を行った人物が多いにもかかわらず，早稲田大学大学史編集所編『早稲田大学百年史』(全七巻，早稲田大学出版部)には，その記載は絶無である。

4.3　かな論からローマ字論へ　英語採用論からローマ字論へ　英語・フランス語を国語に

ローマ字専用の前に先ずかなもじ専用を主張したものとして，西村茂樹が明治7年3月に発表した「開化ノ度ニ因テ改文字ヲ発スベキノ論」『明六雑誌』がある。「かなのくわい」会員であった外山正一(後，帝国大学文

科大学長・文相)、後藤牧太(福澤諭吉の門下)も同じであった。ローマ字自体(アルファベット)を知る人口がほとんどいなかった文明開化前後のころである。外山は明治17年6月に発表した「漢字を廢し英語を熾に興すは今日の急務なり」『東洋學藝雑誌』のなかで、「国字として羅馬字最も可なれども、賛成者少なきを以て暫く仮名説に従う」との考えを有した。彼は、ローマ字論者に団結を呼びかけローマ字会を作るべきことを主張した。この考えの根本には、「国字の漢字ははやく廃止しなければますます漢字を止めるのが困難になる。漢字は大敵であるから、漢字廃止の目的に向かって団体同士が協力していこう」というものであった。彼は後藤とともに羅馬字會設立時の委員に就任した。

前島密にあっては、漢字廃止のためなら、ひらがなだけでなく、カタカナ論、新字論も視野にあった。しかし最終的には熱心なローマ字論者になった。

英語採用論からローマ字採用論に主張を変えた人に、文部大臣時の高田早苗、文相経験者の尾崎行雄があった。

高田早苗は、明治18年7月、横浜攻学会の招聘にこたえて伊勢崎町の蔦座で「英語ヲ以テ日本ノ邦語ト為ス可キ」と題した講演を行った。彼は、そのなかで「国字を改革して仮名かローマ字を用いるようにすることが今日の急務であるが、さらに進んで言語を改革する必要がある。(中略)この世界共通語としての英語を、日本が世界に先がけて採用し、順次他の国が日本を手本として従ってゆけばよい。」(川澄1978、28-29頁)とする考えを述べていた。しかし、高田は、その後、主張を変えている。彼は、文相在任中の大正5年元旦には、『東京朝日新聞』に文部大臣・法学博士の肩書きで「国字国文改良の急務」を発表し、そのなかで「国語国字の罪」に触れ、「我輩(わがはい)は元来(がんらい)ローマ字採用(じさいよう)には大賛成(だいさんせい)である。」(4頁)、と唱導した。また大正15年11月21日のローマ字擴め會20周年記念講演会では、早稲田大学総長の肩書きで国字ローマ字採用を主張している。[6]

「憲政の神様」といわれる尾崎行雄は、戦前は『改造』の昭和8年4月

---

6 「Rōmaji Hirome no Kyūmu」『RŌMAJI』Taishō 15n.3gt.2-3頁、原文ローマ字。

号の「墓標の代わりに」のなかで漢字を全廃し英語採用を，そして戦後は『毎日新聞』(昭和25年6月12日)の「日本人よ，もっと冷静に‐治安維持米軍に頼め‐」のなかでも「今の國語を思ひ切つて英語にした方がよい」と主張していたが，昭和26年の『わが遺言』(国民図書刊行会)のなかでは，漢字全廃を主張したうえ「たとえかなの方に多少の長所があっても，世界的に通用するローマ字を採用する方が，将来のためによかろうと思う。」(125頁)と述べている。彼は文相に就任したとき，学生時代の家庭教師でもあったカナダ人牧師レロイ・ランシング・ジェーンスからローマ字化を勧められていたという。彼はそのことを振り返り，「殊にジェーンス師のローマ字採用の意見書提出といふ絶好のチャンスを恵まれた私が，むざむざこれを逸して，爾来約半世紀，依然として虚偽と迷信の迷路をうろつき廻つてゐたことは，誠に慚愧悔恨の至りである。」(川澄1978, 812頁)と述べている。

　ちなみに，上記の「邦語廃止英語採用論」は初代文部大臣となる前の森有礼が主張したことで有名である。彼より意見を求められた米国の言語学者W・D・ホイットニーは，英語採用論を否定，日本のローマ字化を勧めている。森が米国より招聘した文部省顧問のデビット・モルレーは，国語での教育を行うべきと披瀝していた(「モルレー申報」)ことを考えると皮肉である。「小説の神様」といわれる志賀直哉は『改造』の昭和21年4月号の「國語問題」のなかで，フランス語を国語に採用してはどうかと考へている，と述べている。志賀のこの発言については，国語研究者の土屋道雄が志賀の当該「國語問題」を『國語國字教育‐史料総攬』へ掲載したいと許可を求められたところ，彼は，「あれは一時の迷ひで本意でないからと，どうしても掲載を承知されなかった」(土屋1992, 8-9頁)という。

5. 文字運動団体 ― ローマ字運動団体を中心に

　おおよそ社会に何かを拡めん，制度化させんとするときはその道の運動団体による機関誌ほかを通じた活動は原動力となる。

　音文字の運動団体では，仮名団体の方がローマ字団体より設立は早い。

かなもじ運動団体は，明治15年に「いろはくわい」，「いろはぶんくわい」と設立されたが，明治16年7月には大同団結して「專ラ假名ノミヲ用ヒテ文章ヲ記ス方法ヲ研究シコレヲ世ニ擴メントスルニアリ」（規則第1条）を目的に「かなのくわい」（会長，有栖川宮威仁親王）を設立した。この団体は主義によって雪・月・花の3つに分かれた。しかし「かなのくわい」は，明治18年7月に，歴史的仮名遣いの「もとのもと」と表音式仮名遣いの「かきかた　かいりょうぶ」の二部にわかれた。大正9年11月1日には山下芳太郎らが横書き・分かち書きを主張する假名文字協会を設立し，大正11年カナモジカイと改めた。財団法人カナモジカイ設立時の理事で文部大臣になった人に『漢字廃止論』（カナモジカイ，昭和5年）の著者・平生釟三郎があった。同会は機関誌『カナ　ノ　ヒカリ』を発行してきたが平成25年に解散した。現在，法人格のカナ文字団体はない。

　ローマ字団体は綴り方の違いによって大きく2つに分けられる。羅馬字會は羅馬字会式（いわゆるヘボン式綴り字），それを受けた，ろーま字擴め會（後，拔め會，ひろめ会）は大日本標準式（標準式，修正ヘボン式ともいう）を主張した。同会重鎮で文相になった人に井上毅ほかがあった。一方の羅馬字新誌社，それを淵源とする日本のろーま字社（後，日本のローマ字社）と日本ローマ字会は日本式綴り字（後の訓令式とほぼ同じ）を主張した。この綴り方は田中館愛橘が明治18年8月に発表した「本會雜誌ヲ羅馬字ニテ發兌スルノ發議及ヒ羅馬字用法意見」『理学協会雑誌』に基づくが，日本式と命名したのは同郷岩手出身の高弟・田丸卓郎帝国大学理科大学教授であった。

　先ず前者の流れをみよう。

　わが国最初のローマ字団体である羅馬字会は明治18年1月17日に創立会開催，同日議定の第1条で「本會ハ日本語ヲ書クニ是迄用ヒ来レル文字ヲ廃シ，羅馬字ヲ以テ之ニ代ヘンコトヲ目的トス」と謳った。同年6月10日に機関誌『RŌMAJI ZASSHI』を発行したが約8年後の明治25年12月の91号の発行を最後に中断した。この中断していた羅馬字會を引き受けた形で，今度は異なる綴り方を認めて大同団結して設立されたのが明治

38年に設立のろーま字擴め會(会頭西園寺公望・名誉会頭大隈重信)である。同会は「日本語をローマ字で書くことを擴める」ことを目的とし，機関誌『RŌMAJI』を発行した。ローマ字ひろめ会の方は，その後，大阪に財団法人の帝国ローマ字クラブ(大正10年3月15日)と標準ローマ字会(昭和13年2月19日，機関誌『標準ローマ字会会報』発行)，そして社団法人のローマ字ひろめ会(昭和25年10月13日)を設立した。(社)ローマ字ひろめ会は，平成4年4月3日の官報(第880号)で「法人設立許可取消処分広告」[7]になったことで法人格をもつヘボン式団体はなくなった。

次に後者の流れをみよう。

物理学者の田中館愛橘らはローマ字の綴り方の違いから上記羅馬字を脱会して明治19年5月10日に羅馬字新誌社を設立し，同月から『Rômazi Sinsi』を発刊したが明治21年3月の18号をもって中断した。その後，異なる綴り方も認めて大同団結した上記のろーま字擴め會に参画した。しかし同会は明治41年5月22日に羅馬字会式(ヘボン式とも)を一部修正して正式綴り字と決定した。これにより，田中館愛橘・芳賀矢一・田丸卓郎らは明治42年7月10日に日本式綴り字による図書出版を目的とする「日本のろーま字社」(後，財団法人日本のローマ字社，現公益財団法人)を設立した。日本式綴り字 RÔMAZI SINBUN，そしてそれを改題した Rômazi Sekai もそれまで擴め會から発行していたが，明治45年4月に日本式綴りの田中館・田丸らは同会を脱会，Rômazi Sekai 6月号以降は日本のろーま字社から発行するようになった。ローマ字社は主に出版活動を行うこととし，その後大正3年9月14日に同社の運動団体として設立されたのが東京ローマ字会(土岐善麿代表)で，後の社団法人日本ローマ字会(現公益社団法人)であった。機関誌は前者が『Rômazi no Nippon』(当初は『Rômazi Sekai』も)，後者が『Rômazi Sekai』を現在も発行している。

上記の脱会を機に両派は袂を分かち，その後ローマ字綴り方問題で全国の大学，高校のローマ字会も巻き込んだきびしい対立関係となったことは不幸なことであった。これが頂点に達したのが，ローマ字綴り方の統一は

---

[7] 文化庁国語課の国語調査官・武田康宏氏のご教示による。記して感謝する。

国際関係上，教育上，学術上等から必要であったため，「国語ローマ字綴り方」を調査することを目的に昭和5年11月25日設置された臨時ローマ字調査会においてであった。[8] 同会は昭和11年6月26日総会で第3次主査委員会の原案，主として日本式のジヂ・ズヅを認めない点のヘボン式をとった両派の妥協案で日本式に近いのを承認決定して，同月30日に廃止された。翌12年9月21日総理大臣近衛文麿により内閣訓令3号でいわゆる訓令式ローマ字が公布された。

6. 漢字節減等　福澤諭吉・原敬

　歴史的には全文漢文であったのが，明治の初め国是を示した「五箇条ノ御誓文（ごかじょうのごせいもん）」をはじめとした詔勅文，大日本帝国憲法など法文は，漢文訓読の文体で句読点や濁点を使わない漢字カタカナ交じりを旨とした。

　明治5年7月，文部卿大木喬任が漢字節減の目的で田中義廉，大槻修二らに命じて『新撰字書（しんせん）』を編集させた。これが文部省の最初の漢字節減案である。同年8月には「学制」が発布され，「自今以後一般の人民　華士族農工商及婦女子　必ず邑（むら）に不学の戸なく家に不学の人なからしめん事を期す」との仰出書が発布された。明治6年には福澤諭吉が『文字之教』（三冊）を著し漢字節減論を主張，矢野文雄の『日本文體文字新論』（明治19年，漢字3,000字への節減主張）ほかがこれにつづいた。

　表記については，明治14年の改正「教育令」による「小学校教則綱領」に「仮名交り文」とでてくるが，内閣制度が出来た翌年明治19年の「小学校令」に伴う「小学校ノ学科及其程度」には「漢字交り文」が登場する。明治33年の「小学校令」改正に伴って「小学校令施行規則」に国語が入り，「普通文」となった（倉島2002，169-180頁）。この施行規則で，仮名字体を定め（変体仮名の廃止），字音仮名遣いの改定（表音式に改め長音符号を採用），尋常小学校4年間の漢字数を1,200字に制限した。文体の呼称には変化をみたが漢字かな交じり文である。漢字尊重論者の市村瓚次郎は明治33年7月「文字と漢字の関係」『言語学雑誌』を発表，「漢字

8　詳しくは茅島（2005a，207-240頁）を参照されたい。

仮名交じり文」の合理さを唱えた。

　原敬は大正7年9月本格的な政党内閣の総理となり，文部大臣に大阪商船社長を務めた中橋徳五郎を迎え，文相は文部次官に南弘を迎えた。原は大正10年6月に臨時国語調査会を設置して，戦後の国字改革の基礎をつくった。原は大阪毎日新聞社長時代の明治33年1月2日から10日と2月5日から7日に『大阪毎日新聞』で漢字節減から漢字廃止に至らせる主張の「漢字減少論」を発表していた。同4月には同紙上で「ふり仮名改革論」も発表していた。中橋文相も南次官も漢字節減論者で口語文論者であった。ここで漢字制限を挙げると，臨時国語調査会は大正12年5月「常用漢字表」（この言葉をはじめて使用）1,962字を発表，政党政治に影響を与える有力新聞社の常用漢字表を適用する共同宣言，世論の賛成を得て政府が実行にとりかかったが，9月1日の関東大震災で実行不能となった。昭和6年5月には先の常用漢字表を修正し1,858字と決め翌3月に発表（昭和21年公布「当用漢字表」は1,850字）した。公用文の口語体[9]については南次官の大正8年4月の「次官通牒」，中橋文相の同年7・8・9月の「文部省訓令」で実行されたことは特記できよう。

　ここで福澤と原の漢字についての考えをみておこう。

　福澤諭吉は『第一文字之教』の「端書」で「一　日本ニ仮名ノ文字アリナガラ漢字ヲ交ヘ用ルハ甚タ不都合ナレドモ（中略）漢字ヲ全ク廢スルノ説ハ願フ可クシテ俄ニ行ハレ難キコトナリ。此説ヲ行ハントスルニハ時節ヲ待ツヨリ外ニ手段ナカル可シ。一　時節ヲ待ツトテ唯手ヲ空フシテ待ツ可キニモ非ザレバ，今ヨリ次第ニ漢字ヲ廢スルノ用意専一ナル可シ。其用意トハ文章ヲ書クニ，ムツカシキ漢字ヲバ成ル丈ケ用ヒザルヤウ心掛ルコトナリ。（後略）」（吉田・井之口1950，46頁。読みやすく一部翻刻）と述べ，2,000か3,000にて沢山なる可し，と節減を主張し，この3冊で実際に実行した最初である。実学を重んじた彼らしい漢字節減であった。

　原敬は明治33年1月に「吾輩の漢字減少を主張するは，漢字減少だけを以て満足する訳ではない。終局の目的は漢字全廃にあるのである。シカ

9　文化庁(2006)，176-178頁。

シながら漢字を全廃することは何十年の後に成功するか，殆んどその期限を予知すること能はざる次第であるから，今日に於ては漢字減少を唱ふるに過ぎない。」[10] と述べている。

　福澤がかなだけを用いて門下の先の後藤牧太宛へ書いた手紙文は存在する（慶應義塾2001，107頁・116頁）。だが，福澤，原を，かなないしローマ字論者などと判断できる史料は管見のかぎり見当たらない。

　上記の漢字制限は戦後の漢字制限と関係するので，その後について触れておこう。臨時国語審議会にかわってできた国語審議会は昭和17年3月の総会で「標準漢字表」の中間発表（常用漢字1,112字を決定）したが，賛否両論激しかった。同年6月国語審議会は「標準漢字表」（常用漢字1,134字，準常用漢字1,320字，特別漢字74字，計2,528字）を議決，文相に答申した。しかし，文部省は同年12月先の「常用漢字表」につき各省庁からの回答を入れて修正（先の三種の区別廃止して）計2,666字に増やして発表した。軍国主義・超国家主義の思想との衝突を避けるため漢字の制限を緩和していったのである。

7. 国語調査委員会の調査方針「文字ハ音韻文字ヲ採用スルコトヽシ」

　帝国教育会の請願書にもとづき，明治33年2月貴衆両院において「国字国語国文ノ改良ニ関スル建議案」が上程可決され，調査会設置，文章は言文一致の方針をとること，となった。これこそが，帝国議会において，国語国字問題に関して唯一決定された事柄である。

　明治33年4月文部省内に国語調査委員がおかれ，国語の調査方針の大体を定める予備調査が命じられた。委員長前島密のほか7委員で組織されたが，委員全員が表音文字唱道者であった。この7委員のうち上田萬年（かずとし），三宅雄一郎，徳富猪一郎，朝日奈知泉の4人はローマ字論者，前島はローマ字・かなの何れにも与していた。この予備調査が明治35年2月におわ

10　原敬全集刊行会『原敬全集（全二巻）上巻』所収，原書房（復刻原本昭和4年）昭和53年，547頁。原敬記念館の主任学芸員・田崎農巳氏から文献の提供をいただいた。記して感謝する。

り，その翌月3月24日に「国語ニ関スル事項ヲ調査」を目的に国語調査委員会が官制公布され文部省に設けられた。

国語調査委員会は同年7月4日，官報で次のように発表した。「国語調査委員会ハ本年四月ヨリ同六月ニ渉リテ九回委員会ヲ開キ其調査方針ニ就キテ左ノ如ク決議セリ(文部省)
　一　文字ハ音韻文字(フォノグラム)ヲ採用スルコトヽシ，仮名羅馬字等ノ得失ヲ調査スルコト
　二　文章ハ言文一致体ヲ採用スルコトヽトシ是ニ関スル調査ヲ為スコト
　三　国語ノ音韻組織ヲ調査スルコト
　四　方言ノ調査シテ標準語ヲ選定スルコト

本会ハ以上四件ヲ以テ向後調査スヘキ主要ナル事業トス然レトモ普通教育ニ於ケル目下ノ急ニ応センカタメニ左ノ事項ニ就キテ別ニ調査スル所アラントス」として，次の6事項すなわち「漢字節減」「現行普通文体ノ整理」「書簡文其他日常慣用スル特殊ノ文体」「国語仮名遣」「字音仮名遣」「外国語ノ写シ方」を挙げた。

同年4月11日任命の当初委員は加藤弘之委員長(帝国学士院院長，帝国大学総長を経て当時貴族院議員)以下，嘉納治五郎，井上哲次郎，沢柳政太郎，上田萬年，三上参次，高楠順次郎，重野安繹，徳富猪一郎，木村正辞，大槻文彦，前島密それに文部書記官渡部董之助を含めた委員12名であった。嘉納，井上，加藤は「国字改良会」発起人であり，「九名が「言文一致會」(明治三三年発足)の会員に名を連ねている」(文化庁2006，115頁)という。三上・大槻・前島(この前後にローマ字論も主張)はカナ論，加藤，嘉納，沢柳・上田・高楠・徳富はローマ字論主張していた。嘉納がローマ字論者であったことは『国語施策百年史』にも記されてないが，彼は「日本の教育の効率を減殺する漢字の弊害を痛感し，(中略)かくて，後にはローマ字論者となった。」(『嘉納治五郎』講道館，昭和39年，54頁)と述べている。上田は文部省専門学務局長，沢柳も同省普通局長にあり両者は親しい仲であった。

このときの文部大臣は菊池大麓，委員長加藤弘之，主事と主査委員(主

査委員は大槻も）を兼務し委員会で中心的役割を果たした上田，それに嘱託員のひとり保科孝一の当時の観察をみておこう。保科は上田の門下で補助委員，その後，臨時国語調査会委員，戦後昭和 24 年の改組前の国語審議会幹事長等として 50 年国語問題と取り組むことになった（保科 1949）。

　菊池大麓は漢字を障壁と認識しており，彼は明治 17 年 6 月「理學ノ説」『東洋学芸雑誌』のなかで「漢字を廃するがために漢学を廃すべし」の考えを示していた。菊池は明治 45 年 7 月 31 日の東京朝日新聞で「（前略）今強いて急に改め無くても自然の趨勢が追々と羅馬字に向ひつゝあるのでは無いかと私などは思ふ（中略）明治二十年に文部省から私の幾何学教科書を発刊した時に（中略）文部大臣に向つて羅馬字か横書か何方か許して貰ひたい云つて交渉した結果横書にして出した。」（7 頁）[11]と述べている。

　加藤弘之は「国語調査に就て」（明治 35 年 7 月）のなかで「将来準拠すべき調査の大方針を定めた（中略）以上四件の中で確定して居る事項は，音韻文字を採用すること，文章は言文一致体を採用することとの二件で，この決定は将来動かさぬのである。（後略）」（文化庁 2006，117 頁）と述べている。文語文体の排斥の考えは，明治 3 年に出版した『真政大意』では談話調の「デゴザル」と書くなど口語体をすすめていたことからもわかる。彼は明治 45 年 7 月 14 日の「東京朝日新聞」のなかでは，「漢字くらい無益に精神を疲らすものはない　斯様なものを何時までも使って居る訳にはいかぬ（中略）早晩羅馬字にしなければならぬ事は決つて居るが唯急激にやつては困る（中略）近頃田丸君が小学校で試みて居るさうだが大に好いと思ふ　綴りは英語綴りは始めての者にはチト六つかしいから矢張り日本綴りに依ったが宣らう」（4 頁）と述べている。

　上田萬年は帝国大学文科大学での英国人言語学者 B・H・チャンブレンの高弟であり，文科大学長・外山正一，加藤弘之の勧めを得て明治 27 年，博言学研究のため主にドイツに 3 年間留学したのち明治 30 年に同大学に国語研究室を創設した。上田は川副佳一郎著『日本ローマ字史』（岡村書店，大正 11 年）の序のなかで「所で，文字学の上から見て，ローマ字の

---

11 漢字は総ルビである。菊池の肩書は枢密院顧問官男爵。

優れて居ることは茲に申述ぶるまでもない。ローマ字の必要も亦，私共の目から見れば，既に議論の時代を過ぎ去つて居る。(中略)昨年来一部社会の注視の的となつて居た衆議院議員ローマ字投票問題に関する大審院の判決文などは，ローマ字が既に国民必須の文字として認められた何より確かな例証と見て差支えはない。」(3頁)と述べている。上田は「日本語を世界的の言語にしやうと決心したのは(中略)漢字と云ふ阿片の魔酔に罹つた人々の惰眠を覚ますのだと云つて宜しからう。」(70頁)と述べている。

保科孝一は，「国語調査委員会決議事項について」(『言語学雑誌』第2巻第2号，明治35年7月)と題した解説のなかで，自分の所見と断った上で，次のように述べている。

「この調査会の設立された動機わ，漢字の負担に苦しんで，一日もはやくこれお免れよー，とゆー点にあるのである。(中略)国語調査委員会わ，絶対的に漢字お廃止して，将来仮名と羅馬字との，いづれかお採用しよー，としていることが分かる。この方針わ，つまり社会の世論に鑑み，あるいわ，教育上・学術上の諸点に照らして，立てたものであろー，と思われる。今日においてこそ，漢字の廃止に，多少の反対もあろーが，将来の国民わ，かならずこれお感謝するに違いない。」(82頁)，「すでに漢字廃止の旗織お樹てた以上わ，漢字節減について，特に調査する必要わない。」(84頁)と述べている。

上記の国語調査委員会は大正2年6月，財政再建，行政整理のため官制廃止となった。しかし上記の調査方針一の「文字ハ音韻文字(フォノグラム)ヲ採用スルコトヽシ」に関しては，その後文部省に同10年6月設置の臨時国語調査会(国語調査委員会廃止)，昭和9年12月設置の国語審議会(臨時国語調査会廃止)等からも，戦後の国語改革の見直しがはじまる昭和40年に森戸辰男国語審議会会長が否定する発言をするまで，払拭する発言はなかった(後述)。

ところで，本節の冒頭，帝国教育会の請願書にもとづく「国字国語国文ノ改良ニ関スル建議案」と記した。衆議院では強い反対意見もあったが，貴衆両院はでは調査の末これを可決した。久保田譲委員長(後，文相)，上

田萬年政府委員答弁者の発言はめだった。

　非改良派の井上圓了は『國語改良異見』(自治館出版，明治33年)に漢字不可廃論のもと文章を載せている。彼は「(前略)帝国教育会の決議の如き決して恐るゝに及ばぬ唯国字改変に関し意見ある者のみ相集りて，決議を為したるのみ，余輩の如き国字改変の必要を見ざるものは，全く関り知らざる所である。」「(前略)辻会長より上下両院へ国字国語国文の改良に関する請願書を提出する様になり，改良論者は意気揚々として得意の様子に見え世間も其論を賛成して居る様に見えますが，これは実に奇怪千万であります。(後略)」「余は斯る仲間に加はり居るは自ら屑しとせざるところなれば，速に教育会を脱会しました。」(143-149頁)と述べている。

8. 戦後の国語改革

　太平洋戦争はわが国が「ポツダム宣言」を受託，昭和天皇の昭和20年8月15日の玉音放送(終戦の詔書)によって終局した。日本は翌9月2日に降伏文書調印，その後サンフランシスコ平和条約が発効する昭和27年4月28日まで連合国軍の占領下にあった。

　占領下の日本の政策は，モスクワ協定による極東委員会(在ワシントン)とその下部組織である対日理事会(在東京)で決定するとされたが，実質的に米国の占領であり，その政策は同年10月2日に設置された連合国軍総司令部(GHQ)で決定された。占領の基本方針は「ポツダム宣言」と「降伏後ニ於ケル米国ノ初期ノ対日方針」で示された。日本は間接統治のもと，民主化と非軍国化の方向ですすむことになった。

　占領期間中に，国語としての国字問題，漢字制限，仮名遣い改革，国語ローマ字教育に関してGHQや民間情報教育局(CI&E)が組織決定した指令を発したり，指示文書をだしたりしたことはなかった。昭和23年8月にCI&E教育課の協力を得て全国規模で実施された「日本人の読み書き能力調査」についても，たとえ，その結果，識字率が低かったとしても，CI&Eが，ローマ字化を提案する考えは無かったのである。

8.1　戦後最初の国語審議会と内閣訓令・告示公布

　戦後最初の国語審議会は昭和20年11月27日に開催された。当日，前田多門文部大臣は挨拶で「本会に対しては，かねて国語の統制に関する件，漢字の調査に関する件，かなづかいの改定に関する件，文体の改善に関する件の4件について，諮問いたしておりましたところ，今日までにすでに漢字字体整理案，標準漢字表，新字音かなづかい表，国語の横書きに関する件について答申を得ており，各位の御努力により相当の成績を収めておりますことは，喜びにたえぬところであります。今や新生日本再建の時に当りまして，国内のあらゆる方面に徹底的改革を必要とすることは多言を要しませぬ。しこうして国語問題の解決は，これらすべての改革の前提をなし，基礎をなすものであると信じます。（中略）ことにわが国においては，漢字が複雑かつ無統制に使用されているために，文化の進展に大いなる妨げとなっているのでありまして，文字改革の必要は特に大きいものであります。本日の議題たる標準漢字表の再検討も，またこの要請に応ずるものであります。」（代理大村次官代読）（文部省1952，32-33頁）と述べている。大村次官は「わが国は，連合軍の進駐下にあらゆる行政が行われているが，内政上の点について，文部省としては極力自主性を保って行きたい。この点占領軍当局も同意を表して干渉をさけ不必要な指令は発しないと言明したゆえに，わが国は自主的に改むべきは改めてゆきたい。」（34-35頁）と述べた。

　前田の挨拶の最後にある「本日の議題たる標準漢字表の再検討も」とは，上記6節のおわりに言及した国語審議会昭和17年の「標準漢字表」のことであり，これは戦後に新しく諮問したものでも，また占領軍からの指令や指示で始めたものでもなかった。事実，前田文相が述べたここでの4件は，直接的には，昭和10年3月25日に松田源治文部大臣が国語審議会に諮問した「国語ノ統制ニ関スル件，漢字ノ調査ニ関スル件，仮名遣ノ改定ニ関スル件，文体ノ改善ニ関スル件」の4件まで遡り，このときも漢字の調査から着手すること，漢字字体整理主査委員会を設置することを決定していた。ちなみに，国語審議会が昭和12年7月の総会で決議し文

部大臣に答申した「漢字字体整理案」は，昭和6年5月に臨時国語調査会発表の「常用漢字表」1,858字を第一種と第二種の文字に整理したものであった。

先の「標準漢字表」は戦時中の昭和17年6月17日の国語審議会総会で議決，文部大臣に答申した「標準漢字表」(常用漢字1,134字・準常用漢字1,320字・特別漢字74字，計2,528字)が告示にいたらなかったものである。戦後の国語審議会ではこの「標準漢字表」のなかの「常用漢字」の検討からはいることになった。

戦後第1回の上記の会議で南弘国語審議会長(当時，枢密顧問官，前文部次官)は「ついてはまず，標準漢字表の再検討につき，主査委員会を設けて実行に進みたい。」(文部省1952，34頁)と述べた。この南会長こそ，漢字制限を意図しながら軍国・国家主義の影響を受け漢字を増やしたときの会長であったゆえ，漢字制限は当然のこと，表音式仮名遣い改革，公用文の口語化にひと際熱心であった(南は改革を見届けることなく，昭和21年2月9日事故で亡くなった。)保科孝一幹事長は「ことに連合軍司令部から文部当局に対し教科書の漢字数を1500字ぐらいにせよとの申入れがあった由であるが，その申入れにしぶしぶ応ずるのは当方としては不見識であると思う。よろしく独自の立場から1200字ぐらいにしたいと考える。この外，かなづかいの改定，法令文の口語化，国語の浄化，同音異義語の整理等についてもなすべきことは多く，(後略)」(文部省1952，34頁)と発言した。ちなみに，ここの1,200字は先6節で見た明治33年の尋常小学校の漢字数1,200字と同じである。

戦後の国語改革の内閣訓令・告示をみよう。次の内で戦前，内閣からだされたのは「ローマ字のつづり方」のみであった。占領開始から約1年2か月後の昭和21年11月3日に日本国憲法が公布され，同16日に現代表記のもととなる「当用漢字表」(漢字制限，1,850字)と「現代かなづかい」(新かな)が公布された。憲法と国語という国家の基本というべきものが占領下であったゆえに短日月に決まった。新憲法に使用の漢字はすべて「当用漢字表」の範囲内である。

「当用漢字表」に関しては，その数の制限のみでは不十分であり，昭和23年2月16日に「当用漢字別表」（義務教育期間に読み書き指導すべき教育漢字881字）と「当用漢字音訓表」（音訓の使用範囲）が，そして翌24年4月28日には「当用漢字字体表」が公布された。他には26年5月25日に「人名用漢字別表」，29年12月9日に「ローマ字のつづり方」が，そして改革派と非改革派の争いがピークに達することになった昭和34年7月11日の「送りがなのつけ方」までの13年間を，戦後国語改革の一区切りにできる。

上記の「ローマ字のつづり方」（第1表と第2表がある）の公布によって，それまで昭和12年9月21日の「国語ノローマ字綴方ニ関スル件」内閣訓令3号の公布で統一されていた訓令式ローマ字つづり方，それ以外のヘボン式（標準式）・日本式つづりが，第2表に載り使えるようになった。ここで3つのローマ字つづり方が認められたことが，今日でも国内外で問題としてのこっている（茅島2012，82-84頁）。

9. 米国教育使節団と国字ローマ字採用勧告　「漢字かな交じり」廃止

対日教育使節団はマッカーサー元帥が，「日本の教育に関する諸問題につき，総司令部ならびに日本の教育者に助言を与えかつ協議する」ことを目的に，総司令部民間情報教育局での人選を経て，米国陸軍省に派遣を要請したものである。陸軍省は団員の最終的な人選を国務省に依頼した。[12]

第一次教育使節団（総勢27名，2回来日したため一次を付記）は，昭和21年3月5日と7日に分かれて来日し同30日に全6章からなる報告書をマッカーサーに提出した。

使節団は国語改革を提言するにあたって，トルコや中国の文字改革の動向も踏まえてはいたが，戦前のわが国の文字と表記法の簡易化の歴史を踏まえたものであった。当然に，明治35年の国語調査委員会の「文字ハ音韻文字ヲ採用スルコト」を知る団員もいた。この意味ではまったく新奇な

---

12 使節団の全体については藤本・茅島・加賀屋・三輪(1995)を参照されたい。和訳も一部使用した。

提言ではなかった。

　第一次使節団報告書は第1章「教育の目的」に続いて，第2章に「国語改革」を配してその重要性を示した。このなかで，「日本の国字は学習の恐るべき障害になっている。」「いずれの近代国家にかようなむづかしい時間のかかる表現と伝達の，ぜいたくな手段を用いる余裕があるだろうか。」等と述べ，使節団は「音声表記の採用」，そして「ローマ字の方がかな文字よりはるかに利点が多い」と判断して，国字ローマ字採用を勧告した。つまり漢字かな交じり文の廃止である。勧告は6項目であるがはじめの2つを挙げる。

1. 　ある形のローマ字をぜひとも一般に採用すること。
2. 　選ぶべき特殊の形のローマ字は，日本の学者，教育権威者，および政治家よりなる委員会がこれを決定すること。（文部省1959，23頁）

「ある形のローマ字」とはローマ字のいずれかのつづり方のことである。

　第二次教育使節団（総勢5名，全員1次参加者）は「1946年に行った勧告事項の進捗状況と成果を研究するため」昭和25年8月27日に来日し翌9月22日に報告書を提出した。

　報告書は全7章からなり，国語改革は第6章である。同使節団は「現在の改革は，国語そのものの真の簡易化，合理化には触れないで，かなや漢字文の簡易化に終ろうとしている」と述べている。勧告は4項目であるがはじめの2つを挙げる。

1. 　一つのローマ字方式が最もたやすく一般に用いられうる手段を研究すること。
2. 　小学校の正規の教育課程の中にローマ字教育を加えること。
　　　大学程度において，ローマ字研究を行い，それによつて教師がローマ字に関する問題と方法とを教師養成の課程として研究すること。（文部省1959，92-93頁）

小学校でのローマ字教育の必修化を勧告した。

9.1 ローマ字教育の制度的導入

戦後昭和22年4月から義務教育に国語ローマ字教育が制度的に選択導入され，小学校は昭和36年4月から，中学校は翌37年4月から必修になった。学習指導要領等で，高い目標を掲げ，漢字かな交じり文と同様の読み書きが期待され，年40時間以上ではじまったが，特にローマ字教育が選択科目から必修科目となって急にしぼんでしまった。現行の平成23年度から施行の「小学校学習指導要領」では小学3年生に，学習内容は「日常使われている簡単な単語について，ローマ字で書いてあるものを読み，またローマ字で書くこと」となり，指導時間数も決められていない（年間3時間のところもある）。かつて指導された，「ローマ字文の分ち書き学習」や「自分の考えをローマ字で書き表す能力を養う」ことがなくなった。

筆者はこの分野でたとえば，戦後の「義務教育への国語ローマ字教育の導入―回顧と展望」と題して『日本語表記の新地平―漢字の未来・ローマ字の可能性』（くろしお出版，2012）で詳しく述べているので，ここでは繰り返さない。

10. 変わらなかった漢字かな交じり文の再確認と戦後の国語改革見直し

占領開始から4カ月目の昭和21年元日の昭和天皇の詔書（いわゆる「人間宣言」）は文語体のカタカナ交じり文であったが，用語・用字に変化がみられ，「終戦の詔書」と比べかなり易しくなり画期的なものとなった。

同年3月6日の憲法改正初案は「文語体カタカナ交じり文」であったが，4月17日の改正案では「口語体ひらがな交じり文」となり，正式法文平易化の先駆となった。翌18日の次官会議では「各官庁における文書の文体等に関する件」（漢字平仮名交じりの口語体を採用）を決定した。この日の次官会議では，進駐軍関係及び鉄道駅名等地名のローマ字表記は標準式（修正ヘボン式）とし国民関係は訓令式とすることを報告した。5月7日の第90回帝国議会招集の詔書は「口語体ひらがな交じり文」となり，現代表記の方向は確実に定まった。

10.1 国語白書にはどのように書いてあるか

　昭和24年5月の文部省設置法公布に伴って国語審議会が改組された。改組後の国語審議会は昭和25年6月12日に「国語問題要領」(国語白書)を可決し，文部大臣に提出した。

　このなかに「(6)表記法」がある。それは，「国語の表記法はきわめて複雑である。」ではじまる。(イ)「現在わが国で広く行われている文字は，漢字・ひらがな・かたかな，および，ローマ字の4種である。」(ロ)「国語の表記法としてもっとも広く行われているのは，漢字かなまじり文である。かなは，普通には，ひらがなが用いられている。」(ハ)「(前略)国語の表記法としてかたかなだけを採用しているものもある。」(ニ)「(前略)一方，国語表記の方法としてローマ字だけを採用しているのもあり，義務教育期間中には，ローマ字の学習や，ローマ字による教科指導も行われている。いま，一般に通用しているローマ字のつづりかたにも，いわゆる訓令式・日本式・標準式(筆者付記：ヘボン式)の3種がある。」(文部省1952，309-310頁)

10.2 改組後の国語審議会での動向等　戦後国語改革の見直し

　改組後の国語審議会第1期から昭和36年3月の第5期終了まで会長を務めたのは土岐善麿であった。彼は，戦前から田中館愛橘と共にローマ字運動に携わったローマ字運動の重鎮で，昭和21年4月に設立された「ローマ字運動本部」の委員長，義務教育に国語ローマ字教育の導入の方向性を決めた同年6月設置のローマ字教育協議会の議長を務めた人物であった。

　第5期に土岐会長のもと同副会長を務めたのが東京大学教授の倉石武四郎で，彼は昭和27年に刊行した著書のなかで「最後に日本の漢字は中国の漢字とその運命をともにするであろうか。いかにも漢字そのものの性格として近代化に抵抗し封建制を擁護するものを含む以上，それは世界史の大勢からいってついに亡び去るものと思われる。(中略)たゞ問題はそれがいつ亡びるか，またどちらが先に亡びるかである」[13]と書いている，ロー

13『漢字の運命』岩波書店，昭和27年，182頁。

マ字論者であった。当時の国語審議会の委員は団体の推薦制であり、委員にローマ字論者・カナモジ論者がすくなからずいたのである。国語審議会では表音文字主義者の発言が強くなったという意見があった。

昭和33年4月には衆参両議院の有志と学識経験者によって表音派が多く占める「言語政策をはなしあう会」(会長：片山哲)(後、「言語政策の会」)が設立され、翌34年には福田恒存、宇野精一ら表意派の「国語問題協議会」が設立された。

カナモジカイの松阪忠則委員は昭和34年4月17日の国語審議会第5期の総会において、「最も強く希望することは、今日の世界情勢から見て、日本も漢字を全廃するという方向を示すことが必要であると思う。」(野村 2006, 150-151頁)等発言している。

金田一京助は、昭和35年2月29日の『朝日新聞』上で、国語改革の問題に触れ、「(前略)国語審議会の会長の土岐君が、いずれは漢字をなくして、日本語を表音化の方向に持ってゆく、という意味のことをいったのはまずかったですね。少し反対派を刺激しすぎた言葉だ、と土岐君にもつい先日いっておいたんですが(後略)」(金田一 1960, 3頁)と語っている。

昭和36年3月22日には国語審議会で表意派といわれた舟橋聖一ら5人が退場、脱会する事件がおきた。これは昭和37年4月に国語審議会令改正につながったひとつの理由であり、審議会は建議機関から諮問機関にもどり、委員は任命制となった。

昭和37年の12月13日の国語審議会総会では、審議会が審議する「国語」を規定して公表されたいとの提案がだされた。

国語審議会会長の意見表明としては、森戸辰男が昭和40年12月9日開催の第7期の最後の総会において、(吉田富三委員)提案の「漢字仮名交じりを以て、その表記の正則とする」に関して、「わたしがこれまでに二度文部大臣を勤めた経験からいっても、今日、文部省が漢字全廃ということを基本方針としていることは考えられない。」「明治三五年国語調査委員会の方針が現在も生きていると考えるかたは、文部省のなかにもいないと思う。わたし自身、過去に文部大臣として、そういう方針を受け継いだこと

のないことを，責任をもって明言する。」と発言した。総会は吉田提案を，当然のこととした。審議の結果，総会の意見を国語審議会会長　森戸辰男名で新聞発表した。内容は「国語審議会においては，今日まで漢字かなまじり文を対象としてきているので，漢字廃止ということは考えられません。」（野村 2006, 145-146 頁）彼は社会党の片山内閣と自由党の芦田内閣で昭和 22 年 6 月から翌 23 年 10 月まで文相を務めた人物である。

　森戸会長のあとを受けた第 8 期国語審議会の初回の総会は昭和 41 年 6 月 13 日に開催された。当日，中村梅吉文部大臣は国語審議会に「国語施策の改善の具体策について」を諮問したが，文相は挨拶のことばのなかで「今後のご審議にあたりましては，当然のことながら国語の表記は，漢字かなまじり文によることを前提とし，」と発言した。この諮問を受けて戦後改革の見直しが本格的にはじまった。以降，ひと言で言えば制限色の濃いものから目安へとなっていった。

　文部大臣によって，明治 35 年の国語調査委員会の調査方針「文字ハ音韻文字（フォノグラム）ヲ採用スルコトヽシ」から 60 余年後，戦後昭和 21 年の米国教育使節団がマッカーサーに提出した（第一次報告書）「漢字かな交じり文の破棄・国字ローマ字採用」勧告，同 25 年の（第二次報告書）「かなや漢字文の簡易化に終ろうとしている」としたローマ字勧告などにより，何となく伏流にあった漢字廃止が中村文相の先の発言で否定されたのである。

　昭和 36 年に舟橋聖一ら 5 人が国語審議会を脱会したときのひとり宇野精一（当時東京大学教授，後年「国語問題協議会」会長）は，雑誌の聞き取りに応じている。そのなかで「漢字をなくすという動きはいつなくなったのですか」との質問に，「（前略）文部大臣が諮問しますが，その諮問のなかに『申すまでもなく国語は漢字仮名まじり文でありまして』という一句が入った。（中略）今の人が何の意識もなく聞いていれば聞き流すようなことですが，『あー，これでやっと決まった』と思ったものです。明治三十五年の国語審議会の方針がやっと否定されたわけです。正面切って明治三十五年のものを否定するというのは言わない。」（宇野 2002, 327-328 頁）と語っている。

昭和41年の中村文相の諮問を受けて、審議会は昭和47年6月28日の総会で「当用漢字改定音訓表」、および「改定送り仮名の付け方」を議決し、高見三郎文相に答申した。前者の答申の前文では「我が国では、漢字と仮名とを交えて文章を書くのが明治時代以来一般的になっている。（中略）漢字仮名交じり文は、ある程度を超えて漢字使用を制限すると、その利点を失うものである。」（野村2006, 164頁）と述べている。

　昭和56年の「常用漢字表」答申の前文には、審議会としての不動の姿勢が記されている。曰く「言うまでもなく、わが国の表記法として広く行われている漢字かな交じり文は、わが国の社会や文化にとって有効適切なものであり、今後ともその機能の充実を図っていく必要がある。」と。

　先にみたように、昭和21年11月に「当用漢字表」（1,850字、音訓計3,122）が公布されて、日常使用する漢字の範囲を1,850字に制限した。その「当用漢字表」は「まえがき」で「使用上の注意事項」を述べているが、その一番目で「イ、この表の漢字で書きあらわせないことばは、別のことばにかえるか、または、かな書きにする」としていた。だが、昭和56年10月に公布された「常用漢字表」（内閣告示第一号、同訓令第一号）では「当用漢字表」に95字を加えて計1,945字（音訓計4,087）にし、漢字使用の「目安」となった。現行の「改定常用漢字表」は計2,136字（音訓計4,388）である。

参考文献

宇野精一(2002)「すべては日本語に在り」『正論』産経新聞社.

金田謙(編)(1900)『國語改良異見』自治館出版.

茅島篤(2002)「「字をziに」唱えた学者——日本語のローマ字表記に情熱、田中館愛橘——」『日本経済新聞』文化欄、平成14年12月6日44頁.

茅島篤(2005a)「臨時ローマ字調査会」文化庁『国語施策百年史』207-240頁、ぎょうせい.

茅島篤(2005b)「ローマ字問題と読み書き能力調査」文化庁『国語施策百年史』345-369頁、ぎょうせい.

茅島篤(2009)『国字ローマ字化の研究　改訂版——占領下日本の国内的・国際的要因の解明——』風間書房.

茅島篤(2010)「国字改革・日本語ローマ字をめぐる動向と考察——昭和20年8月の敗戦以降——」『Rômazi no Nippon』654, 1-23頁.

茅島篤(2011)「前島密と国字ローマ字」『Rômazi no Nippon』655, 42-51頁.

茅島篤(編)(2012)『日本語表記の新地平——漢字の未来・ローマ字の可能性——』くろしお出版.

茅島篤(2015)「占領軍, 文部省, 国語審議会に「漢字廃止・ローマ字化」の方針は存在したか(上)——「当用漢字表」・「日本人の読み書き能力調査」を背景に——」『ことばと文字』4, 173-183頁.

茅島篤(2016a)「占領軍, 文部省, 国語審議会に「漢字廃止・ローマ字化」の方針は存在したか(下)——「当用漢字表」・「日本人の読み書き能力調査」を背景に——」『ことばと文字』5, 141-150頁.

茅島篤(2016b)「前島密」『日本語学』35-4, 84-87頁.

川澄哲夫(編)(1978)『資料日本英学史②英語教育論争史』大修館書店.

川副佳一郎(1922)『日本ローマ字史』岡村書店.

菊池大麓(1884)「理學ノ説」『東洋学芸雑誌』.

金田一京助(1960)「金田一京助氏の近ごろ」『朝日新聞』昭和35年2月29日付.

倉石武四郎(1952)『漢字の運命』岩波書店.

倉島長正(2002)『国語一〇〇年　二〇世紀, 日本語はどのような道を歩んできたか』小学館.

慶應義塾(2001)『福澤諭吉書簡集』第4巻, 岩波書店.

嘉納先生伝記編纂会(1964)『嘉納治五郎』講道館.

土屋道雄(1992)『日本語よどこへ行く』日本教文社.

野村俊夫(2006)『国語施策の戦後史』大修館書店.

藤本昌司・茅島篤・加賀屋俊二・三輪建二訳(1995)『戦後教育の原像——日本・ドイツに対するアメリカ教育使節団報告書——』鳳書房.

文化庁(2006)『国語施策百年史』ぎょうせい.

保科孝一(1902)「国語調査委員会決議事項について」(『言語学雑誌』第2巻第2号, 82-84頁.

保科孝一(1949)『國語問題五十年』三養書房.

町泉寿郎(2007)「無窮会所蔵・前島密『廃漢字建言』の解題と翻刻」『東洋文化』復刻第99号, 1-14頁.

宮崎静二(1930)『ローマ字綴り方論』ローマ字ひろめ会・ローマ字同志社.

文部省(1952)『国語審議会の記録1952』文部省.

文部省(1959)『米国教育使節団報告書　全』文部省調査局.

吉田澄夫・井之口有一(1950)『國字問題論集』冨山房.

日本語教育とローマ字

「本物」であれば認める複数表記
──日本語教育の現場から──

西原鈴子

　今日の日本語教育の実践現場では，言語教育界の世界的な潮流を反映して，「教室を外の世界へ，外の世界を教室へ」のモットーの下，日本語社会のコミュニケーションの現実を教室活動に取り入れることが推奨されている。「話す」「聞く」活動はもとより，「読む」「書く」活動も然りである。本章はまず初めにその潮流を支えた研究動向や社会的状況を概観し，日常生活の中で目にする文字の現実を踏まえた上で，文字教育の在り方を検討することにしたい。

1. 言語教育界のパラダイム・シフト

　20世紀後半から21世紀初頭にかけて，言語教育界は大きなパラダイム・シフトを経験した。言語習得の目標が「言語知識の獲得」から「言語運用の充実」へ，「ことばについて何を知っているか」から「ことばを使って何ができるか」へ，すなわち，「分かる」を超えて「できる」までを達成する方向へと転換し，新しい潮流を創ったのである。社会が大きく変わる時には常にそうであるが，言語教育の場合にも，関連する多くの領域の発展と連動する形で大きなうねりが生まれ，現在に至っている。文字・表記の学習・教育も例外ではない。この節ではまず，そのパラダイム・シフトを支えた研究動向と社会の動きを概観し，次節以下で文字表記教育の状況について検討する。

1.1　パラダイム・シフトを支えた研究動向（1）：知識の獲得

　外国語あるいは第二言語としてことばを学習する課程の理解に関して，大きく貢献したのは，認知心理学の発展であった。とりわけ「記憶」につ

いての研究成果は、ことばの習得過程について重要な知見をもたらした。一般的に、知識は長期記憶として貯蔵されているとされる。知識はさらに、宣言的知識と手続き的知識に分類される。宣言的知識は、命題として定義できるような種類の知識である意味的知識(論理知)と、時空間的な出来事として記憶されているエピソード的知識(体験知)から構成されているとされる。一方手続き的知識は、長期間にわたる認知的および運動的な技能訓練を経て体得し、自動化された知識であり、自転車の乗り方や水泳の仕方のように、命題として定義できるようなものではない(海保博之・柏崎秀子 2002, pp.3-5)。宣言的知識は、何を知っているかに関わり、手続き的知識はどのようにことを行うかに関わっている。

　知識の獲得に関する研究成果が学習の過程を理解するためにもたらした重要な知見は、体系的、分析的に整理された形で記憶されている意味的知識だけが知識を形成するのではなく、体験の積み重ねによって形成される出来事の記憶であるエピソード的知識、体得され自動化されたノウハウの記憶である手続き的知識も同様に知識の重要な構成要素なのだということである。また、意味的知識が論理知として普遍的命題の獲得という結果になるのに対して、エピソード的知識も手続き的知識も社会文化的環境のなかで獲得される知識であり、その内容も社会文化的要素を多く含むことになるということである。

1.2　パラダイム・シフトを支えた研究動向(2)：認知的徒弟制度

　認知心理学が言語教育界にもたらしたもう一つの重要な知見は、学習が他者との関わりにおいて生じる社会文化的な現象という側面を持っているという認識であった。知識の獲得過程における熟達の方法についての概念構築は、個人認知的熟達に関するものであったが、学習の環境と学習獲得に関わる現場の熟達者(エキスパート)との関係に着目した社会的実践の構造を「正統的周辺参加」と呼んだレイヴとヴェンガー(Lave & Wenger 1991)は、学習する者が実践共同体の正式のメンバーとして実際の活動に参加し、熟達者との接触の経験を通して共同体の活動を理解し、共同体の

中での自分の位置を確認しつつアイデンティティを構築していくのだという。この考え方によれば，学習は文化的共同体の実践に参加することを通じて潜在的になされ，それゆえに単なる知識や技能の習得過程なのではなく，共同体の成員として一人前になる過程なのだという。学習者と教育者の間には明確な区別があるのではなく，新参者もやがては古参者になっていく。したがって，学習の指導は認知的徒弟モデルと呼ばれており，現在広く実践されている参加型学習の基礎概念となっている。

1.3　パラダイム・シフトを支えた研究動向（3）：コミュニケーション能力

　認知心理学研究と同時期に大きく発展した第二言語習得研究の成果のうち，ことばができること，すなわちコミュニケーション能力を総合的に追求したカナル＆スウェインの研究を紹介する(Canale & Swain 1980, Canale 1983)。彼等はコミュニケーション能力測定の目的で4つの能力に注目した。第一は言語的能力であり，文法や語彙の力がこれにあたる。第二は社会言語的能力で，異なった社会的状況の中で適切にことばを使う能力である。第三は，談話能力である。長い会話に参加したり，かなりの量の書かれたテクストを読んだりする能力を指す。最後に，方略能力と名付けられた，限られた知識を最大限に生かす言語能力で，特にコミュニケーションが困難な時になんとか切り抜ける能力が挙げられている。言語教育では，伝統的には言語的能力のみが重要視されてきたが，そのほかの三つも同様に，あるいはそれ以上に重要であるという提案は，その後の言語教育実践に大きな影響を与えた。ことばができるということが，言語知識と運用の正確さを重視することから，社会文化的環境での適切な運用へと目標を変えるきっかけを作ったからである。

1.4　パラダイム・シフトを支えた社会的状況：CEFR

　第二次世界大戦後から21世紀の欧州連合に至るヨーロッパ社会の統合の動きの中で，言語政策に関連して際立って重要視されるのが1997年に試行版が刊行され，以降改訂され続けたCEFR(Common European

Framework of References for Languages: Learning, teaching, assessment ＝外国語の学習，教授，評価のためのヨーロッパ共通参照枠）である。ヨーロッパ市民社会において人口移動と共同作業が要求される中で，教育・文化・科学の領域に加えて商工業の領域においても対応する能力を育てる必要性が叫ばれ，それらを実現するために効果的な国際コミュニケーションが必要であり，言語および文化的差異を越えたコミュニケーション能力を高めることがヨーロッパの将来のために不可欠であるという認識が高まったところにヨーロッパ協議会によってまとめられたのが CEFR であった。

　CEFR は 1.1 ～ 1.3 で紹介した研究動向の基礎の上に立ち，言語学習者の目標として，ことばの何を知っているかではなく，ことばを使って何ができるかに焦点を当てた能力記述を充実させ，自己評価を含む複数の評価方法で熟達度を測定することを提案している。レベル設定は 6 段階に分けられ，A(基礎段階)，B(自立段階)，C(熟達段階)がそれぞれ 1 及び 2 に分けられ，合計 6 段階に位置付けられている。

　この考え方は，ヨーロッパ以外の多言語化・多文化化が進む地域でも広く注目され，積極的に取り入れられてきた。グローバルな規模で人々が移動する現代にあって，学習者を取り巻く社会やそこに属する教育機関が社会構成員の言語能力について理論的に妥当な共通の指標をもつことができ，熟達度のレベルが能力記述によって定義づけられていれば，人々の転校や転職に際して本人と関係者との間で情報を共有し，調整が可視化できることになる。日本でも，国際交流基金が 2010 年に「JF 日本語教育スタンダード」(以下 JF スタンダード)を発表し，日本語教育の世界的広がりの中で世界各地の日本語教育関係者・学習者間で共有されることを前提に，CEFR に準拠した共通参照枠を設定している。

2. 日本語教育の現場における文字の位置付け
2.1　CEFR の枠組み

　前述のようなパラダイム・シフトの結果，日本語教育の実践現場においても，現実の社会のコミュニケーションを教育内容に反映し，体験を重視した活動ベースのカリキュラムを採用する動きが活発になっている。各熟達レベルの目標設定も当然「～できる」という能力記述が基本となる。例えば CEFR の A レベル（基礎段階）の読むこと，書くことの能力記述(can-do statement）は以下のようになっている。

　　A1 レベル
　　　読むこと：例えば，掲示やポスター，カタログの中のよく知っている名前，単語，単純な文を理解できる。
　　　書くこと：新年の挨拶など短い簡単な葉書を書くことができる。例えばホテルの宿帳に名前，国籍や住所といった個人のデータを書き込むことができる。
　　A2 レベル
　　　読むこと：ごく短い簡単なテクストなら理解できる。広告や内容紹介のパンフレット，メニュー，予定表のようなものの中から日常の単純な具体的に予測がつく情報を取り出せる。簡単で短い個人的な手紙は理解できる。
　　　書くこと：直接必要のある領域での事柄なら簡単に短いメモやメッセージを書くことができる。短い個人的な手紙なら書くことができる。例えば礼状など。

2.2　JF スタンダードの能力記述

　JF 日本語教育スタンダードの能力記述は，原則的に CEFR に準拠している。能力記述の特徴一覧に記されている内容は以下のとおりである。

表1 JF スタンダード A レベル「読む」の能力記述

	話題・場面	対象	行動
A1	・日常のよくある状況	・非常に短い簡単なテクスト ・簡単な提示中の身近な名前，語，基本的な表現	・一文一節ずつ理解することができる。 ・概要を把握することができる
A2	・具体的で身近な事柄 ・予測可能な日常の事柄	・手紙やファックス（照会，注文，確認） ・短い個人の手紙 ・日常の看板や提示（道路，レストラン，鉄道の駅の看板，指示，危険警告などの提示） ・日常の簡単な資料（広告，メニュー，時刻表） ・日常の簡単なテクスト（手紙，パンフレット，短い新聞記事）	・具体的な必要を満たす程度に理解できる。 ・内容を大まかに理解できる。 ・話題が理解できる。 ・要点が理解できる。 ・必要な情報が取り出せる。

表2 JF スタンダード A レベル「書く」の能力記述

	話題・場面	対象	行動
A1	・人物や場所について ・自分や想像上の人々について（どこに住んでいるか，何をしているか）	・簡単な表現，句や文	・単独に書くことができる。
A2	・毎日の生活に直接関係する話題 ・計画，準備，習慣，日々の仕事，過去の活動や個人の経験 ・家族，住居環境，学歴現在やごく最近までしていた仕事	・単純な記述	・簡単な句や文を連ねて書くことができる。 ・簡単な接続詞（「そして」，「しかし」，「なぜなら」など）でつなげて書くことができる。

・人物や，生活，職場環境，日課，好き嫌い ・予測可能で身近な内容		

2.3　カリキュラム案の能力記述

　CEFR や JF 日本語教育スタンダードのような熟達度のレベル分けはしていないが，文化庁文化審議会国語分科会は，日本在住の日本語を母語としない住民に対する施策検討の必要性を踏まえて「生活者としての外国人」が地域社会の一員として社会参加するために必要な日本語教育のカリキュラムを策定し，「「生活者としての外国人」に対する日本語教育の標準的なカリキュラム案」（以下カリキュラム案）として公表している。その中で，外国人が日本語で意思疎通を図り生活できるようになることを目的として，①健康かつ安全に，②自立した生活を送り，③社会の一員として生活し，④文化的な生活を送ることを目標に，生活上の行為を日本語習得に生かす能力記述としてリスト・アップしている。このカリキュラム案に掲載されている生活上の行為はいわば，市民生活入門のためのリストである。基本的な能力記述のうち「読む」と「書く」に関するものを取り出し，生活基盤の形成に不可欠な小項目である★印付のものを選んで例示する。

　★初診受付で手続きをする
　　　問診票などに氏名，症状などを記入できる。
　★食品や飲料水の安全情報を理解する
　　　表示やラベルなどが確認できる。
　★商品の表示を読む
　　　食品に書かれた材料，産地，賞味期限などが確認できる。
　★電車，バス，飛行機，船などの発車時刻やかかる時間を尋ねる
　　　駅名，行き先などの表示が理解できる。
　★住居表示，交差点名，町の案内地図などを読む
　　　地名などの漢字を読むことができる。

★居住地域のゴミ出しについて理解できる
  生活情報パンフレット，広報，掲示などを読んで理解できる。
★災害時に身を守る
  身の守り方について説明を読んで理解できる。
★電子メールを書く
  メールを作成することができる。
★テレビ番組を見る
  番組表から，見たい番組を探すことができる。
★公共施設を利用する
  掲示を読んで理解することができる。

3. 日常見られる文字表記

　以上，本章で取り上げた，CEFR，JFスタンダード，カリキュラム案に見られるように，日本語教育の実践現場では，文字表記を含めて日本社会の日常的コミュニケーションの実態を反映した内容を取り入れた教室活動を行うことを強く推奨している。では，この三つのカリキュラムに挙げられている能力記述中の文字表記は，私たちの日常生活の中でどのような姿で見ることができるのだろうか。

　日本では，2002年に開催されたサッカーワールドカップの共同開催国となった時点で，交通機関等の案内標記を複数言語化する運動が活発になり，今回は2020年の東京開催が決定したオリンピックを目指してその傾向に拍車がかかった観がある。観光庁は2014年度末に，公共交通機関における外国語等による情報提供に関して，外国人観光旅客の旅行の容易化等の促進による国際観光の促進に関する法律に準拠して，概ね以下の要領により，公共交通事業者等に対し，外国語等による情報提供を行うことを求めていると発表している。

表3　観光庁の表示指針

場所	旅客施設内および車両等(改札口，構内案内図，運賃表，行先，次停車駅名等)
内容	外国語等による情報提供(方向指示情報，位置表示情報，利用案内情報，規制情報等)
手段	文字・図記号または音声による情報提供(案内表示，パンフレット等)
言語	日本語に加え英と及びピクトグラム使用が基本(加えて地域特性に応じ中国語，韓国語等)

以下に，2014年10月1日現在で，筆者の観察し得る範囲で見られる複数文字表記を例示する。

表4　観察された複数文字表記の例

Can-doの項目	場所	伝達内容	文字の種類(註)
交通機関の利用 電車の利用	駅前	小田急永山駅	漢字(日本語) ローマ字(英語) 簡体字(中国語) ハングル(韓国語)
	車内	優先席	漢字・英語 中国語・韓国語
	車内	ドアに注意	漢字かな・英語 中国語・韓国語
	車内	多目的室	日本語・英語
	駅構内	非常時のご案内	日本語・英語
交通機関の利用 道路標識	道路上	山下町	漢字・ローマ字
	道路上	空港中央	漢字・英語
	道路上	花園トンネル	漢字かな・英語
	道路上	非常口	漢字・英語
交通機関の利用 飛行機の利用	空港内	出発口	漢字・英語 中国語・韓国語

		空港内	手荷物受取場案内	漢字・英語 中国語・韓国語
		空港内	モノレール・京急	漢字かな・英語 中国語・韓国語
消費活動 　看板を読む		街中	企業名： 　TOYOTA 　SONY 　Seven & i Holdings	ローマ字・英語
消費活動 　看板を読む		街中	店舗名： 　カラオケ BIG ECHO 　トヨペット U-Car センター 　吉野家 YOSHINOYA	漢字かな＋英語 漢字＋ローマ字
消費活動 　買物をする		店内	商品名： 　Post-it ふせんハーフ 　エリエール Cute 　Dove ボディウォッシュ 　ブルドッグ Bull-Dog 　Stona ストナプラス	英語＋かな
情報収集発信 　インターネット 　を利用する		パソコン上	MS 明朝 Microsoft Office 　ドキュメントを開く 　新しいウェブルート 　Keycode	漢字かな＋英語

（註）「ローマ字」「簡体字」「ハングル」は日本語音をそのまま文字化した場合。
　　　「英語」「中国語」「韓国語」は日本語を英語に翻訳した場合。

4．日本語教育実践現場におけるカリキュラム作成と文字の選択

　表4に例示したように，私たちの日常生活の中にも複数文字併用例が多く見られるようになってきている。日本語教育実践現場においては，前述のように，現実の社会のさまざまな風物をそのまま活用して学習教材化し，学習者が目標とする Can-do ベースの能力記述を組み入れ，学習者の学習目標に併せて具体的なカリキュラムを設定することになる。
　前述の JF スタンダード，カリキュラム案ともに，実際のカリキュラム

設定の手順を示すガイドブックを提供している。JFスタンダードのガイドブックは,「実践編：コースをデザインする」においてコースデザインの全体像を提示している。踏むべき手順は以下のとおりである。

(1) コースの方針，目標を考える
　　・コースの目標の設定
　　・目標レベルの設定
　　（作成する資料：自己評価チェックリスト）
(2) 目標に合った学習内容を考える
　　・各授業の配置
　　・各授業の学習目標設定
　　・学習内容の検討
　　（作成する資料：学習目標一覧）　　　　　　　　　（以下省略）

文化庁のカリキュラム案も手順は基本的に共通である。

(1) 域内の外国人の状況・ニーズ，地域のリソース等の把握
　　・学習者の属性や数の把握
　　・生活課題の把握
　　・地域のリソースの把握
(2) 日本語教育の目的や設置場所等についての検討
　　・日本語教室の目的設定
　　・学習者のニーズ・地域のリソースに基づいた教室の設置
(3) 具体的な日本語教育プログラムの作成
　　・学習内容についての検討
　　・学習順序についての検討
　　・学習時間についての検討
　　・指導者・協力者についての検討
　　・教室活動についての検討　　　　　　　　　　　（以下省略）

いずれの提案も，具体的なプログラムの設定にあたって学習者のニーズを最優先することを推奨している。文字表記の取り扱いに関しては，文化庁のガイドブックでは，具体的な日本語教育プログラムの作成に関して，「地域・学習者に応じた教育内容の選択と工夫」の項を設け，特に「文字や発音，基礎的な文法事項などは各地域において日本語教育の具体的な内容を検討する際に必要に応じて取り扱う」ことを想定している。この記述の意図は，文字表記に関して，文字そのものを文脈から独立して学習項目とするのではなく，また画数の少ないものから複雑なものへと文字の構造を判断基準として考えるのでもなく，あくまでも学習者の学習目標（何ができるようになりたいのか）に向かう活動ベースの学習計画の一部分として，活動の目的，活動の起きる文脈，関係する人物，交される会話，使われる資料を考慮に入れながら，自然発生的な出来事として文字表記を扱うべきであるということである。

5．「読む」，「書く」の教育実践現場

以上のような考え方で行われる日本語教育実践においては，文字表記の学習活動が起こるのは学習者が読んで行動する，または，書いて行動するような状況を含むCan-do目標を学習する場合である。例えば，病院などの初診受付で手続きをする場合，まずすることになるのは，診察申し込みである。そこで手渡される申込書や，次に渡される問診票などに必要事項を記入するためには，まず記入するべき事柄がなんであるかを「読み」，その後自分の答えを「書く」ことになる。あるいは買物をするには，商品名，価格，消費期限，内容量，などのうち，自分の目的に合った商品について「読んで」選ぶことが求められる。そのような場合に教材となるのは，現実の社会で用いられる「本物」の文字表記情報である。

教育支援者側が予め準備するのは，動画，写真，イラストなどの視覚資料はもちろん，病院が実際使う問診票，商品に貼ってあるラベルなどの大量の現物（レアリア）である。学習の場に臨場感をもたせ，実際に役立つ能力記述目標が達成できることによって，学習の動機を高め，維持する効果

を生むことが予測される。またそれはとりもなおさず、本稿の冒頭に紹介した「エピソード記憶」・「手続き的記憶」の活性化であり、「正統的周辺参加」の活動となる。

　以上のような学習活動を通して、学習者は、文字表記を一つ一つの文字の学習ではなく、それが実際に使われている環境と社会生活の営みをある時には教室外で体験しながら、またある時には教室内の疑似的体験を通して体得し、総合的なコミュニケーションを学んでいく。そして、体験の積み重ねとして蓄積されるエピソード記憶、手続き的記憶から、自らの分析能力を駆使して文字表記に関する意味記憶を構築していく。そこに至ってはじめて、文字表記体系の点検・総まとめの理論的解説も意味を持ってくるのであるが、現在の言語教育における基本的アプローチは活動ベースの段階を踏むということになる。

参考文献

海保博之・柏崎秀子(編著)(2002)『日本語教育のための心理学』新曜社．
海保博之・加藤隆(1999)『認知研究の技法』福村出版．
国際交流基金(2010)『JF 日本語教育スタンダード　2010』．
国際交流基金(2010)『JF 日本語教育スタンダード　2010 利用者ガイドブック』．
迫田久美子(2002)『日本語教育に生かす第二言語習得研究』アルク．
波多野誼余夫(編)(1999)『認知心理学5　学習と発達』東京大学出版会．
文化審議会国語分科会(2010)『「生活者としての外国人」に対する日本語教育の標準的カリキュラム案について』．
文化審議会国語分科会(2011)『「生活者としての外国人」に対する日本語教育の標準的なカリキュラム案活用のためのガイドブック』．
縫部義憲(監修)・迫田久美子(編)(2006)『講座・日本語教育学　3　言語学習の心理』スリーエーネットワーク．
Canale, M.（1983）Program evaluation: where do we go from here? Plenary address at the TESOL summer meeting Toronto.
Canale, M. & Swain, M.（1980）Theoretical bases of communicative approaches to second language teaching and testing. *Applied Linguistics* 1. pp.1-47.
Lave, J. & Wenger, E.（1991）*Situated learning: Legitimate peripheral participation.* Cambridge University Press. 佐伯胖(訳)(1993)『状況に埋め込まれた学習——正

統的周辺参加——』産業図書.

Trim, J., North, B. & Coste, D.（2002）*European Framework of Reference of Languages: Learning, teaching, assessment.* 3rd printing. Cambridge University Press.（吉島茂・大橋理枝（訳・編）(2004)『外国語の学習，教授，評価のためのヨーロッパ共通参照枠』朝日出版社.）

観光庁ウェブサイト［http://www.mlit.go.jp/kankocho/shisaku/kankochi/（2016年12月1日閲覧）

国際交流基金JFスタンダードウェブサイト［http://jfstandard.jp/summary/ja/render.do

文化庁国語課生活者としての外国人に対する日本語語教育のカリキュラム案ウェブサイト［http://www.bunka.go.jp/seisaku/kokugo_nihongo/kyoiku/nihongo_curriculum/pdf/curriculum_ver09.pdf］（2016年12月1日閲覧）

ローマ字日本語人とはだれか
―― 日本語教科書の調査から ――

角　知行

1. はじめに

　日本語の表記方法は，漢字かなまじりだけではない。ひらがな(のみ)，ローマ字(のみ)，点字などいろいろな手段がある。インターネットをみると，そうした表記によるサイトを発見できる。たとえば，ブルガリア出身の琴欧洲(現，鳴戸親方)は，2014年3月25日のブログに，引退時の感謝のきもちを，ひらがなでつづっている(http://kotooshu.aspota.jp，アクセス：2016.12.14)。

　　みなさん　いままで　ありがとうございました
　　かんしゃ　で　いっぱい　です
　　なんかい　も　けが　しても　がんばった　から　くい　ない　です
　　もう　からだ　きもち　げんかい

　これにつづく文中には，「日本」「相撲」といった漢字もふくまれているが，それでもひらがなが主である。外国人力士の日本語のはなしことばが流暢であることはよくしられている。しかし，かきことばは，かならずしもそうではない。このブログからは，ファンへの感謝のきもちが切々とつたわってくる。ネットでは「あらためてファンになった」とか「かわいい」といった反響がよせられていた。

　外国人のなかには，ローマ字でブログをつづるタレントもいる。コスギ・ケインは，ロサンゼルス出身の日系アメリカ人。映画とともに，日本のテレビにもよく出演している(番組では「筋肉番付」，ＣＭでは「リポビタンＤ」や「センチュリー21」が有名)。かれのブログはローマ字日

本語である。2014年3月4日は、リポビタンDのCM撮影からかえってきた時の話ではじまる。(http://kanekosugi.com/wp_diary/，アクセス：2014.5.20。残念ながら、現在このブログは閉鎖され、インスタグラムにとってかわられている。)

  Lipo D no satsuei kara kaettekimashita!!
  Tenki mo hontou ni yokatta node satsuei wa junchou ni ikimashita.
  Daibu hiyake shita :)
  Shibaraku Nihon ni imasu.
  Raigetsu wa mata kaigai ni iku kamo shirenai node sore made ippai
    Nihon shoku tabetai to omoimasu :)
  Fight!! Ippatsu!!!!

　文章は、平易でよみやすい。ネットで、「簡単に英語がよめる」と話題になったことがある(実はローマ字日本語だが)。なかには「Fight」と、英語でつづられている単語もみられる。ブログは、最初はすべて英語だったが、徐々にローマ字日本語にかえてきたそうだ。そのなごりであろうか。
　このように、日本語は漢字のニュアンスなどを考慮しなければ、ひらがなやローマ字だけで十分に伝達可能である。日本語をはなす人を日本語人、主に使用する表記方法をその前につけるならば、「漢字／かな日本語人」のほかに、「ひらがな日本語人」「ローマ字日本語人」「点字日本語人」などがいることになる。数こそ圧倒的な差があるものの、日本語の世界が「二表記(多表記)社会」であることはまぎれもない事実だ。
　本章では、このうち、ローマ字日本語人をとりあげる。ほとんどしられていないが、ローマ字で日本語の学習や情報伝達をしている人たちがいる。いったいどのような人たちなのか、日本で販売されているローマ字日本語教科書を手がかりにして、その一端をさぐってみたい。

2. ローマ字日本語教科書とは

　日本でくらす外国人は，2015年末の統計によれば，223万人に達している(法務省2015「平成27年末現在における在留外国人数について(確定値)」による)。国籍・地域別にみると，中国67万人(30%)，韓国／朝鮮49万人(22%)，フィリピン23万人(10%)，ブラジル17万人(8%)の順におおい。ベトナム，ネパール，米国がこれにつづく。

　日本語教育では，漢字圏／非漢字圏という分類がなされる。この区分は，文字の習得において漢字文化でそだった学習者とそうでない学習者のあいだに差があり，教育方法を別にかんがえる必要があることに由来する。台湾出身者は5万人(2%)なので，中国，韓国／朝鮮，台湾をあわせた漢字圏は121万人(54%)，それ以外の非漢字圏は102万人(46%)。おおざっぱにいえば，在日外国人223万人の半数強が漢字圏出身者，半数弱が非漢字圏出身者ということになる。いずれも100万人をこえる。

　非漢字圏出身者は，漢字習得において困難があり，漢字圏出身者と同等には論じられないという点では共通するものの，言語も文字もさまざまであり，一括して論じるのは困難である。ただし文字についていえば，ローマ字を使用する言語が，非漢字圏の上位にある。そうでない国でも，英語教育が実施されている国がおおい。漢字よりもローマ字に識字適性をもっているとかんがえてよいであろう。以下で対象とするのは，こうした非漢字圏出身の在日外国人である。

　かれら／かのじょらは，あらたに漢字やかなを学習するよりも，既習文字であるローマ字をつかえば，より簡単に日本語をまなべる。そのためであろうか，日本語教科書をみると，意外におおくのローマ字教科書をみつけられる。わたしはかつてローマ字日本語教科書についての調査をおこない，その結果を報告書にまとめたことがある(前田均／堤智子／角知行2005年『短期留学生およびローマ字日本語教科書の調査研究』。以下では『05年調査』と略記)。調査では凡人社の発行している『日本語教材リスト』等によって，すこしでもローマ字を使用している日本語教科書の収集をおこない，全部で35冊をあつめた。教科書の執筆者や編集者にもアン

ケート調査を実施し，あわせて 16 名から回答をえた。今回，『日本語教材リスト(2013/2014 年版)』によって，その後に刊行されたローマ字教科書 11 冊も収集し，あわせて 46 冊を確認した。なかには同一の内容で各国版がでているものもある。たとえば『新装版　はじめのいっぽ』という教科書には，英語版のほかに，ポルトガル語版やスペイン語版がある。これらも別物としてカウントすれば，ローマ字日本語教科書の総数はさらにふえることになる。

　『05 年調査』で収集した教科書を表記方式からみると，ヘボン式がほとんどで，訓令式は一書(ジョーデン・エレノア『BEGINNING JAPANESE』)だけであった。長音表記は統一されておらず，マクロン(「¯」)と母音字かさね(「aa」「ii」など)が半分ずつ。曲折アクセント符号(「＾」)は 1 点だけであった。わかちがきは，大半が単語によるわかちがき。少数ながら，助詞を「-」でつなぐ事例(moshi ame-ga)や，語幹と語尾を「・」でつなぐ事例(akaru・i)などもあった。このように表記方式は，公的な基準である訓令式に統一されておらずバラバラである。いずれ，なんらかの機関において，統一にむけたはなしあいや指導がなされるべきだという印象をもった。

　さて，本章でとくにとりあげるのは表記方式ではなく，これらの教科書の利用者である。『05 年調査』や在日外国人の言語生活調査などを参照しながら，ローマ字日本語教科書のニーズの所在をみていきたい。

3. ローマ字日本語教科書の利用者

　教科書は，はしがきにおもな対象者がかかれていることがおおい。それは，目次の構成からも推測できる。ローマ字日本語教科書が利用者として想定しているのは，つぎの人たちである。①旅行者／短期滞在者，②ビジネスパーソン，③研修生／労働者，④理工系留学生，⑤青少年(学生)，⑥生活者。以下では紙幅の関係で，ビジネスパーソン，理工系留学生，生活者の三者だけをとりあげる。

3.1 ビジネスパーソン

　日本でビジネスに従事する外国人のビジネスパーソン（ビジネスピープル）は，社内での日常会話や会議などにおいて，日本語の会話能力がもとめられる。しかしその一方で，よみかき能力はそれほど要求されない。外資系企業と日本企業にわけて，外国人社員への日本語能力の要求をしらべた調査がある（島田めぐみ／澁川晶 1998）。それによると，日本語の文書がよめることをもとめているのは，日本企業で64%，外資系企業で14%，文書をかくことについては，日本企業で27%，外資系企業は，なしという結果がでている。いずれも，それほどたかくない。とくに外資系企業では，日本語のよみかきがほとんどもとめられていないことがわかる。

　こうした事情を反映しているのか，ビジネスパーソンむけの日本語教科書には，ローマ字表記がおおくみられる。それは導入のための一時的なものではなく，最後まで一貫した使用がほとんどだ。媒介語（解説言語）としては英語が圧倒的である。

　一例として，大手町ランゲージグループ『Basic Japanese for Expats: A Practical Course in Business Japanese まるごとビジネス日本語初級 Book 1』をみてみよう。第1課は，こんな対話ではじまる。

> Ryuzo Kawashima and David Thompson introduce themselves to each other. They work for different companies.
> Kawashima: QQ kagaku no Kawashima desu.
> Tonpuson: Hajimemashite, YY ginkōno Dēbiddo Tonpuson desu. Dōzo yoroshiku. Dēbiddo to Yonde kudasai.
> Kawashima: Hajimemashite, kochira koso yoroshiku onegaishimasu.

　対話には漢字かなまじりの日本文が併記されるが，あとのドリル，文法解説，語彙説明などはすべて英語とローマ字日本語だけである。

　学習者のなかには，漢字やひらがなの習得をこころざす人もいる。しかし，あきらめるケースもあるようだ。『05年調査』には，教科書執筆者か

らつぎのような回答があった(同書 p. 127)。

> 私の知人が個人レッスンをしていたある外資系企業のビジネスパーソンは日本滞在が4,5年で流暢な日本語を話し会議やちょっとした商談も日本語でこなしていたそうです。ですが,仮名と漢字はまったく読めなかったそうです。すべてローマ字表記で日本語を学び,メモをとっていました。ただひとつ困るのは仕事上の書類やレターが読めないことだったそうですが,それは秘書に読んでもらい,それを聞くことによって大体理解できたそうです。その人は文字の学習を始めたのだそうですが,…漢字を約 2000 知らないと新聞も読めないと知ってあきらめたそうです。

このように,ビジネスパーソンにあっては,日本語のよみかきの必要性がひくいこと,また文字習得に時間がかかることなどから,日本語表記としてローマ字がえらばれている。

なお,非漢字圏からの研修生や労働者についても,類似した事情がみられる。ビジネスパーソンほど一般的ではないが,会話力に重点をおいて日本語の育成をはかる場合,あるいは仕事をはじめたあとで日本語を学習する場合,ローマ字教科書がつかわれることがある。代表的な日本語教科書である海外技術者研修協会『新日本語の基礎』やスリーエーネットワーク『みんなの日本語』は,技術研修生のためのテキストとして作成された。当初は漢字かなまじりだけであったが,両書とも本冊をすべてローマ字表記にかえたローマ字版が,のちに刊行されている。文型,例文,会話,練習など,すべてがローマ字日本語で表記されていて,一見すると英語のテキストのようだ。ともに版をかさねている。いまでも一定のニーズがあるのであろう。

3.2　理工系留学生

日本にやってくる留学生のうち,文科系であれば漢字かなまじりの習得

は必須である。教科書や文献の読解に日本語が必要不可欠だからだ。一方，理工系の留学生，とくに大学院生にあっては，そうではない。研究室や日常生活での会話とちがい，論文やレポートの読解，執筆に，日本語はかならずしも必要ではない。

　理工系大学の教官に対して，留学生がレポートや論文をかくときに日本語でかかせるかどうかを質問したアンケート調査がある。(仁科喜久子／武田明子 1991)。それによると「日本語」49%，「英語」6%，「どちらでもよい」43% となっている。「日本語」が最もおおいが，「どちらでもよい」も拮抗している。この背景には，教官も英語ができるため，媒介語として英語が機能しているということがある。

　理工系留学生に特化した日本語教科書はすくない。そのひとつに山崎佳子／土井みつる『新装版 Basic Japanese for Students はかせ 1　留学生の日本語初級 45 時間』がある。これは東京工業大学留学生センターの監修により出版されたものだ。対象は大学院生，大学生，研究生など。はしがきには「学習の負担を軽減するために，日本語表記にローマ字を併記させています」と記されている。教科書は 2 巻にわかれている。最後までローマ字がつけられ，学習者への配慮がみられる。たとえば，第 10 章のタイトルはこうなっている。

　　日本へロボットの研究に来ました。
　　Nihon e robotto no kenkyū ni kimashita.
　　I CAME TO JAPAN TO STUDY ROBOTS.

　理工系留学生は，日本語を学習する時間があれば漢字やかなをまなぶのであろうが，その時間がないという指摘がある。教科書執筆者のひとりはつぎのようにのべる(『05 年調査』p. 116)。

　　理工系大学院生の日本語学習環境と関係があるのですが，日本語学習のモティベーションはあるのですが，勉強する時間がないことが

最大の問題です。研究が最優先で、研究には日本語がほとんど必要ではなく、従って、研究の合間を縫って日本語クラスに通うという状況です。また予習、復習の時間はほとんどないと思います。研究会、ゼミ、実験、論文資料収集、学会出席などで欠席がちなので、1回完結式のシラバスにしてあります。日本語のニーズとしては口頭コミュニケーションが最も高く、読み書きは低い。

研究のために日本語のよみかきの必要はなく、学習の時間もないという事情が、ビジネスパーソンとおなじく、理工系留学生にローマ字をえらばせている。

3.3　生活者

　日本でのサバイバル(生存)や生活に主眼をおいて作成された日本語教科書がある。その対象を生活者とよぶことにする。こうした教科書にもローマ字がみられる。ある執筆者は、表記としてローマ字を採用した理由をつぎのようにのべている(『05年調査』p. 118)。

漢字仮名交じりだけだと、仮名が読めない学習者は使えなくなるからです。私が関わっていた日本語教室は日本人と結婚したフィリピン人が多かったのですが、彼女たちは最初は仮名が読めませんでした。クラスでは仮名学習もしていましたが、実際に読めるようになるのは1, 2か月たってからです。1, 2か月たってもスラスラと読めない学習者もいました。
仮名は中国などの漢字圏学習者にはそれほど困難ではありませんが、非漢字圏学習者にとってはかなりの負担になります。そこで日本語を読みとることが容易なローマ字が必要であると考えたのです。…遅くとも教科書の第10課までには仮名を習得してほしいという願いからローマ字版は第10課まで作成しました。

ここでかたられているのは，ひらがなといえども非漢字圏学習者には習得が決して容易ではないということ，導入の文字としてローマ字が有効であるということだ。

　近年，生活者の視点にたったローマ字教科書がふえてきている。一例として春原憲一郎／谷口すみ子／萬浪絵理／稲子あゆみ／萩原弘毅『新装版 First Steps in Japanese はじめのいっぽ(英語版)』をみてみよう。はしがきには，日本には日本語をまなびたくてもまなべない人がおおぜいいる，そうした人たちが対象であると記されている。教科書は，日常生活で直面するような諸場面からなる。「紹介する」「買う」「かいもの」「食べる」「話す」「電話する」といった具合だ。

　たとえば，第10課「銀行」には，つぎのような例文がある。

　　Ginkooin: Irasshaimase.
　　Ari: Sumimasen. O-kane o kaetai'n desu ga.
　　Ginkooin: Gaika desuka.
　　Ari: Hai, doru o en ni kaetai'n desuga.
　　Ginkooin: Dewa, o-2-kai ni narimasu node, achira kara o-agari kudasai.

　例文や問題文にはローマ字のほかに，ふりがなのついた漢字かなまじりと英語訳もある。解説は英語。『はじめのいっぽ』には，その後，ポルトガル語版とスペイン語版が追加された。これらは，英語の部分が，ポルトガル語とスペイン語にいれかわったものだ。在日外国人には，ポルトガル語やスペイン語を母語とする者もおおい。今後，英語以外の媒介語によるローマ字日本語教科書がふえていくものと予想される。

4．ローマ字日本語人①：学習者における

　今回，収集した46冊のローマ字日本語教科書のなかには，第2分冊以降へつづいていくものもある。しかし一応すべてが1冊で完結しているとみなして，そのなかでローマ字がどのように出現するのかを分類すると，

つぎのようになった。

　まずa.「日本語の表記としてローマ字しか登場しないもの」。これには英語などの媒介語とローマ字日本語から紙面が構成されているものや，解説の日本語もふくめてすべてがローマ字で表記されているものがふくまれる。合計すると17冊(37%)であった。つぎにb.「日本語の表記としてひらがなとローマ字が最後まで併記されているもの」。漢字は一切つかわれず，ひらがなだけで表記され，ローマ字も併存する。これは8冊(17%)。そしてc.「漢字かなまじりとローマ字が最後まで併記されているもの」。漢字にはルビ(ふりがな)がつけてあるのが一般的であり，その意味ではbにちかいともいえる。これに該当するのは14冊(30%)。最後にd.「ローマ字が登場するのは最初だけで，次第に漢字かなまじりに移行していくもの」もある。ローマ字は日本語学習の導入用の文字として最初の数章だけ使用され，途中できえてしまう。これは7冊(15%)であった。

　これらの日本語教科書を通じて，学習者は日本語の会話能力をたかめていく。しかし日本語のよみかき能力についていえば，aの場合はローマ字にとどまる。bやcは，初級の漢字／かなのよみかき能力もつくが，ローマ字に依拠する学習者もおおいことだろう。dの場合は，大半の学習者が漢字かなまじりに移行する。ただし，途中で学習を放棄したり，その後に漢字かなまじりに日々ふれる環境がなくてローマ字にもどったりする者もいるかもしれない。

　このようにローマ字日本語教科書におけるローマ字の出現様式はさまざまであるが，学習者のうちに一定の割合でローマ字を日本語の主たる文字とする者がいることはたしかである。かれら／かのじょらは，単に日本語の学習だけでなく，メモやメールといった簡単な日常生活にもローマ字を利用することになる。資料がないため正確な数字はわからないが，そうした在日外国人はかなりいるはずだ。ローマ字日本語教科書がしめすのは，ローマ字を文字としてもちいる日本語話者，つまりローマ字日本語人の存在である。前節でみたように，その背景には，日本語のニーズが会話中心であること，英語などの媒介語が機能していること，仕事，研究，生活に

いそがしく漢字／かな学習の時間がとれないこと，などの事情がある。

5. ローマ字日本語人②：未学習者における

ここまで，教科書で日本語をまなぶ学習者をとりあげてきた。しかし日本語を学習したことのない人たち（「未学習者」とよぶことにする）のなかにも，ローマ字日本語人は存在する。

調査によれば，在日外国人における未学習者の割合はかなりたかい。独立行政法人・国立国語研究所(2009)が全国20地域を対象にした調査によれば，母国での日本語学習体験について，「特に学んでいない」が33%となっている。ニューカマーがおおい地域では，この数字はさらにたかくなる。名古屋大学・留学生センターが，ブラジル人集住地区のある愛知県豊田市で，外国籍住民を対象にして実施した調査がある（国立大学法人・名古屋大学・留学生センター 2008）。「日本語を勉強したことがありますか」という設問に対して，「はい」が55%，「いいえ」が45%と，学習未経験者が半数ちかくにのぼる。「現在，日本語の勉強をしていますか」に対しては，「はい」が37%，「いいえ」が63%である。日本語の漢字／かなの自然習得はむずかしく，教育機関での集中的な学習が必要になる。ニューカマーにおける日本語の非識字率はかなりたかいと予想される。

具体的な事例をみてみよう。内海由美子／澤恩嬉(2013)は，幼稚園／保育園での連絡帳のやりとりから，在日外国人の母親のよみかき能力をしらべている。対象になった非漢字圏出身者の母親11人のうち教育機関での日本語学習歴のあった2人は，家族にてつだってもらって通常の伝達事項は自分でかいていた。しかし学習歴のない9人のうち，4人は連絡帳をまったくかけず，5人はローマ字，ひらがな，カタカナのいずれかで必要最低限の事項をかくにとどまっていたという（同書p.56）。そして，日本の生活が軌道にのってしまうと仕事や子育てが優先されて日本語の学習がむずかしくなること，漢字圏／非漢字圏をとわず，入園時に教育機関での日本語学習歴があるかどうかが決定的に重要なことをあきらかにしている（同書 p. 62）。

教育機関での学習機会を逸した場合，日本語は会話が中心になり，文字伝達が必要なときは，既習文字のローマ字をつかわざるをえなくなる。富谷玲子／内海由美子／斉藤祐美(2009)は，結婚移住女性の言語生活を調査し，いくつかの事例を報告している。そのひとりの女性Mは，アジアの非漢字圏出身。14歳で来日し，26歳までタレントとして日本国内の十数か所で仕事をした。日本人男性と結婚し，子どもをもうけたがその後に離婚，という経歴のもちぬしである。日常生活や経験談は日本語でつたえられる。「話しことばの文法」はほぼ正確で混乱はみられない。しかしMは日本語の漢字かなまじりをつかうことはできない。学習経験がないからだ。情報伝達が必要な場合はローマ字でおこなっている。ひらがなはよみの能力だけあり，携帯メールでひらがなをうつことはできる。したがって，子どもがかよう学校とのやりとりはローマ字で，いまの婚約者とのメールのやりとりはひらがなで，おこなっているという。現在の生活状況では，漢字かなまじりのよみかき能力をつけるのは容易ではない。なぜなら「日本語の読み書きが要らない仕事は低賃金長時間であることが多く，生活環境の面からも日本語を学習するゆとりはない」からである(同書 pp.123-132)。

　こうした事例をふまえるならば，ローマ字日本語人はローマ字日本語教科書の使用者の一部に存在するだけではない。非漢字圏出身で日本語教育をうけたことのない未学習者にも，ローマ字を使用する人たちがいる。かれら／かのじょらは，ローマ字をよみかきする能力はローマ字日本語教科書の学習者よりひくいかもしれないが，必要な場合には，既習文字のローマ字でなんとか日本語の表現や伝達をおこなっているのである。

　識字率が100％ちかいといわれる日本でも，非識字者は存在してきた(角知行 2012，2014)。非識字者は識字社会において，識字作文に表現されているように，情報格差にさらされる。母語のよみかき能力がある在日外国人は，非識字者と同列に論じられないことはいうまでもない。しかし，漢字かなまじりのよみかき能力がない場合には，いくら会話力があっても，標識や文書のよみかきといった日本語の文字文化のなかでは，日本人の非

識字者とおなじ困難な立場にたたされる。そのなかには、ひらがなやローマ字だけをたよりにしている人もいる。識字社会におけるこうした姿はみえづらいが、決してみうしなってはならないはずである。

6. おわりに：日本語教育・情報保障におけるローマ字

最後に2点、ローマ字をみる視点の転換の必要性についてのべておきたい。

漢字かなまじりこそ日本語の正統だとすれば、ローマ字日本語は異端である。日本語学習で使用されるにしても、一時的、便宜的なものであって、一刻もはやく漢字かなまじりに移行すべきだということになる。かつては、こうした論調が支配的であった。すこしふるくなるが、1973年に刊行された日本語教育学会『日本語教育』第18号は、「ローマ字使用」を特集している。日本語教育におけるローマ字使用を肯定的にみる見方もないことはないが、大半は否定的だ。ローマ字による日本語教育は、「漢字感覚の欠如による失敗」につながり、「高度な日本語力の養成には好ましくない」ものであり、たとえていえば「温室栽培のようなもの」であるとされる（同書 pp. 35-40）。

しかし、これはあくまでも教師目線によるのではないか。学習者目線にたてば、ちがう現実がある。みてきたように、非漢字圏出身で、いそがしいビジネスパーソン、理工系留学生、生活者などにおいては、ローマ字こそが日本語学習に適した文字であった。

時代の経過とともに、学習者を重視する見方もあらわれてきた。ある教科書執筆者は、つぎのような回答をよせている（『05年調査』p.127）。

> 学習者が仮名や漢字を学ぶかどうかは基本的には学習者自身が決めることだと考えています。日本語能力試験を受けたいという要望をもっている人や、子どもが幼稚園や学校から持ち帰るお便りが読めるようになりたいという学習者にとっては必須となるでしょう。ですが、日本滞在が短期である人や、本人が学ぶ意思がない場合には無理強いす

ることはできません。

別の執筆者は、こうかたる(同書 p.127)

　日本語を勉強するのだから漢字かなまじりの本をつかうのが当然という意見は多いと思いますが、この教科書の対象者のような学習者には文字指導を含めた日本語指導を柔軟に行うことが望ましいと思います。学習者のニーズを考慮して、教材、指導方針を選ぶことが学習者への本当の意味での支援になると考えます。

　縫部義憲(2001)は、学習者のニーズを2種類にわけている。ひとつは教師や教育機関が設定する「当為のニーズ」。もうひとつは、学習者が現実においてもっている「現実のニーズ」。学習者中心のシラバスやカリキュラムの策定において、後者が重視されなければならないとされる。この区分によるならば、ローマ字をもとめる「現実のニーズ」にこそ立脚すべきである。日本語教育におけるローマ字は過渡的、必要悪的なものではなく、学習者のニーズに根ざした正当なものとして評価されなければならない。それは使用者数や資料蓄積において圧倒的な差をつけられた少数文字ではある。しかし日本語学習においても日常生活においても、立派に役目をはたしている。その資格において、漢字かなまじりと「対等」であり、教育、研究、評価等の独自の対象になる表記法である。

　もう1点、情報保障の問題がある。ローマ字日本語人が、漢字／かなの習得をめざす日本語教育はのぞましいことであり、おおいにすすめられるべきだ。しかし、いそがしい生活のなかで学習を要求することは酷なことでもある。国立大学法人・名古屋大学の調査(2008)によると、現在日本語を学習していない理由(複数回答)には、全員が「勉強する時間がないから」とこたえている。識字日本語教育を唯一の解決策とするのには、限界がある。

　ローマ字日本語人は、漢字やかなよりも、既習文字のローマ字に対応力

をもっている。とすれば，社会の側がローマ字で情報提供をしてもよいのではないのか。近年，文字をよみかきする能力の養成ではなく，文字がよめなくても情報にアクセスできる環境こそ整備すべきだという主張がなされるようになってきた。これは，各人はそれぞれの識字適性に応じた文字やメディアをもとめる権利（識字権）があり，一方，社会は適切な形態で情報を保障する義務がある，という発想にたつ。文字やメディアの多様化は「識字（情報）のユニバーサルデザイン」とよばれる（かどや・ひでのり／あべ・やすし 2010）。こうした観点からは，職場や役所の文書，街中の表示，学校／幼稚園／保育園の連絡帳などのローマ字表記の併用は，おおいに推進されるべきことになる。ローマ字しかしらない非漢字圏出身者にとっては，情報へのアクセスの改善が期待できる。

　この主張は＜やさしい日本語＞論と関連する。＜やさしい日本語＞は，在日外国人にとってもっともよくわかる言語が日本語であるため，日本語の文章や語彙をわかりやすくすることで情報伝達（たとえば行政文書や災害情報など）の質をたかめることをめざす。この趣旨には賛同できる。（その英語版ともいうべき＜やさしい英語（Plain English）＞の展開については，角知行 2015，2016a，2016b で紹介をおこなった。）

　＜やさしい日本語＞の表記についていえば，漢字制限やルビ（ふりがな）の使用が奨励されてきた。佐藤和之（2009）は，「やさしい日本語にするための 11 の規則」を提案している。規則(7)には，使用する漢字や漢字の使用量に注意し漢字をつかったときはルビ（ふりがな）をふる，とある（同趣旨の主張は，佐藤和之 2016 でもみられる）。たしかに漢字にくらべれば，ひらがなはやさしい文字であり，＜やさしい日本語＞のひとつにふさわしいであろう。

　ただしローマ字については，規則(5)に「ローマ字はできるだけ使わない」と記されている。著者の属する弘前大学人文学部社会言語学研究室のホームページ（「増補版『やさしい日本語』作成のためのガイドライン」p. 8）をみると，その理由はつぎのとおり。

(5) ローマ字は使わないでください。ローマ字は駅名や地名などの固有名詞を表記するためのもので，文を書くことには不向きです。ローマ字を使って日本語の文を表記することはしないでください。

　この規則には同意しがたいものがある(ましこ・ひでのり 2012 にも同様の指摘がある)。本章でみてきたように，ローマ字は固有名詞の表記にとどまらず，教科書や日常生活の文章につかわれている。ローマ字教科書で日本語をまなんだり，日本語学習の機会がなかったりする非漢字圏出身者(それはかなりの数に達する)にとって，ひらがなよりもローマ字の方がやさしい文字である。行政文書であれ，災害情報であれ，ローマ字であれば理解できる，ローマ字の方がわかりやすいという人たちもいるのではないか。

　この規則の影響からか，＜やさしい日本語＞論のなかでローマ字は無視ないし軽視されてきた。しかし，ローマ字はひらがなとともに，＜やさしい日本語＞のひとつとして位置づけられるべきであって，排除される文字ではないはずだ。多表記や多言語への展望がなければ，＜やさしい日本語＞は既成の日本語への同化をもとめるだけになってしまうであろう。議論は，漢字かなまじりにとどまるべきではないとおもわれる。

　日本語教育や情報保障において，ローマ字に正当な評価をあたえ，その流通圏を拡大すること，これはきわめて現実的な課題である。二表記社会とは，単にふたつの文字が併存する「状態」をいうのではなく，少数文字をエンパワーしていくための「運動」をいうのでなければならない。ローマ字日本語人にとって(そしてローマ字運動にとって)，この課題は当面する運動目標のひとつになるはずである。

参考文献

内海由美子／澤恩嬉(2013)「外国人の母親に対する読み書き能力支援としてのエンパワーメント──幼稚園・保育園と連携した主体的子育てを目指して──」,『日本語教育』第 155 号, pp. 51-65.

かどや・ひでのり／あべ・やすし(2010)『識字の社会言語学』,生活書院.
国立大学法人・名古屋大学・留学生センター(2008)『外国籍住民の日本語学習における実態等予備調査委託(調査報告書)』〔http://www.toyota-j.com/misc/ja_text_71.pdf〕（アクセス：2016.12.14.）
佐藤和之(2009)「生活者としての外国人へ災害情報を伝えるとき——多言語か『やさしい日本語』か——」,『日本語学』28(6),pp. 173-185.
佐藤和之(2016)「外国人被災者の負担を減らす『やさしい日本語』——在住1年の外国人にもわかる表現で伝える——」野村雅昭／木村義之編『わかりやすい日本語』くろしお出版.
島田めぐみ／澁川晶(1998)「外国人ビジネス関係者の日本語使用——実態と企業からの要望——」,『世界の日本語教育』第8号,pp. 121-140.
角知行(2006)「ローマ字の可能性——日本語教科書調査から——」,『外国語教育——理論と実践——』（天理大学言語教育研究センター）第32号,pp. 111-120.
角知行(2012)『識字神話をよみとく——「識字率99%」の国・日本というイデオロギー——』,明石書店.
角知行(2014)「日本の就学率は世界一だったのか」,『天理大学人権問題研究室紀要』第17号,pp. 19-31.
角知行(2015)「Plain English(やさしい英語)再考——文書平易化運動の観点から——」,『ことばと文字』No.4, pp. 130-138.
角知行(2016a)「イギリスにおける「やさしい英語(Plain English)」運動——その発展の経緯と要因——」,『天理大学人権問題研究室紀要』第19号,pp. 1-16.
角知行(2016b)「アメリカにおける＜やさしい言語(Plain Language)＞運動——連邦政府のとりくみを中心に——」,『社会言語学』第16号,pp. 77-93.
独立行政法人・国立国語研究所・日本語教育基盤情報センター(2009)『「生活のための日本語：全国調査」結果報告〈速報版〉』〔http://www.ninjal.ac.jp/archives/nihongo-syllabus/research/pdf/seika_sokuhou.pdf〕（アクセス：2016.12.14.）
富谷玲子／内海由美子／斉藤祐美(2009)「結婚移住女性の言語生活——自然習得による日本語能力の実態分析——」,『多言語多文化——実践と研究——』No.2, pp. 116-137.
仁科喜久子／武田明子(1991)「理工系留学生の日本語能力に関する教官へのアンケート調査分析」,『人文論叢』（東京工業大学）No.17, pp. 99-107.
日本語教育学会(1973)『日本語教育——特集ローマ字使用について——』（第18号）
縫部義憲(2001)『日本語教師のための外国語教育学——ホリスティック・アプローチとカリキュラム・デザイン——』,風間書房.

弘前大学人文学部社会言語学研究室 (2013)「増補版『やさしい日本語』作成のためのガイドライン」[http://human.cc.hirosaki-u.ac.jp/kokugo/ej-gaidorain.pdf] (アクセス：2016.12.14.)

法務省 (2015)『平成27年末現在における在留外国人数について（確定値）』[http://www.moj.go.jp/nyuukokukanri/kouhou/nyuukokukanri04_00057.html]（アクセス：2016.12.14.)

前田均／堤智子／角知行 (2005)『短期留学生およびローマ字日本語教科書の調査研究（調査報告書）』.

ましこ・ひでのり (2012)「書評『識字の社会言語学』：だれ／なんのための識字——パターナリズムをこえたユニバーサルデザイン／サポート——」,『解放社会学研究』第25号, pp. 149-158.

ローマ字日本語教科書（本文で言及したもの）

大手町ランゲージグループ (2009)『Basic Japanese for Expats : A Practical Course in Business Japanese　まるごとビジネス日本語初級(Book1)』ジャパンタイムズ.

海外技術者研修協会 (1990)『SHIN NIHONGO NO KISO I MAIN TEXTBOOK ROMANIZED EDITION 新日本語の基礎Ⅰ　本冊ローマ字版』スリーエーネットワーク.

ジョーデン・エレノア : Jorden, Eleanor Harz (1974)『BEGINNING JAPANESE(Part 1)』Yale University Press.

スリーエーネットワーク (2000)『Minna no Nihongo I Rōmaji-ban みんなの日本語初級Ⅰ　本冊ローマ字版』スリーエーネットワーク.

春原憲一郎／谷口すみ子／萬浪絵理／稲子あゆみ／萩原弘毅 (2006)『新装版 First Steps in Japanese　はじめのいっぽ（英語版）』スリーエーネットワーク.

山崎佳子／土井みつる (2006)『新装版 Basic Japanese for Students はかせ1　留学生の日本語初級45時間』スリーエーネットワーク.

日本語教育とローマ字

多文化共生社会における
ローマ字表記の必要性

マツォッタ瑞幾

1. はじめに

　長いこと単一民族・文化社会だと言われてきた日本は，近年移民受け入れ時代に移行しつつあり生活者としての外国人との共生という新たな課題を抱えている（富谷玲子 2009）。一般的な日本人に日本が移民を受け入れているという感覚はあまりないかもしれないが，法務省の統計によると2016年6月末の時点で日本国内に住む外国人は230万人を超え，そのうちの136万人を永住者，永住者配偶者，定住者など日本への移民とみなされる外国人が占めているとのことである。また少子化問題を解決できない日本では今後，単純労働や老人介護の分野で移民がますます必要となってくるのではないかと思われる。したがって，外国人居住者を単なるよそ者外国人として扱うのではなく，日本の社会の立派な一員になってもらうこと，つまり外国人居住者との共生が多文化しつつある日本社会の課題となってくるが，それを成功させる為には，こういった人々の言語権を保障する必要がある。言語権という概念は1948年の「世界人権宣言」や1996年の「世界言語権宣言」等を経て普及し，具体的な事柄のひとつに富谷（2009, p. 33）は「移住先の国や地域で広く使われる言語を習得・学習する権利」を挙げている。私は以前，多数の移民がくらすカナダのモントリオールに住んでいたことがあるが，そこでは移民の為のフランス語教室が充実しており，移民がそこで勉強をすると就学手当てのようなものが支払われる制度があった。日本はそれと比べると言語権の保証が随分と遅れているが，ただ単に他国の真似をして日本語教育支援に力を入れれば「言語を習得・学習する権利」の保障ができるかというとそうとは限らない。日本語の書き言葉は非常に複雑で，短期間日本語教室に通ったぐらいでは

非漢字圏出身の外国人には習得できない為，日本語教育支援を少しぐらいしても「習得する権利」を保障したことにはならない。では，どうしたらいいのかというと，まずは世界一難解な日本語の書き言葉は非漢字権出身の移民には長期間の体系的な学習機会がなければ習得できないという現実を直視することである。

　私はアメリカの大学で日本語を教えているので日々痛感しているのだが，外国語として日本語を学ぶ学習者が日本語の話し言葉と書き言葉の両方を習得するのには膨大な時間と努力を要する。では，なぜ日本語習得はそんなに難しいのだろうか。日本語は言語構造からするとやさしい言語だとみなされている（金田一春彦 1957）が，米国国務省（The Foreign Service Institute and Defense Language Institute）では，日本語を最難関のカテゴリー4に分類している（Rifkin 2003）。その根拠は，日本語は印欧語族に属していないため英語と類型的に大きく異なるということもあるが，それ以上に漢字仮名交じりの表記法が複雑だということが考えられる。日本びいきの大学生にとっても困難な漢字仮名交じり表記の習得は，非漢字圏出身の外国人居住者にとっては解決不可能な問題だと研究者の間では解釈されている（村岡英裕 2006）。言語管理の理論では解決不可能な言語問題が存在するということは社会の普遍的な特質だとみなされており（村岡 2006, p.110），解決不可能な言語問題に対しては，解決不可能だということを受け入れ，その問題の解決法を模索するのではなく，問題の負担の軽減方法を考えるべきだとネウストプニー（1995, p. 69）は主張している。私は外国人居住者の非識字問題の負担の軽減には，日本社会が従来からの漢字仮名交じり表記にローマ字表記も加えた二文字併用社会になることが有効かつ現実的だと考える。ちなみに「外国人集住都市会議東京 2008」では，「行政情報の多言語化とあわせ，外国人にもわかりやすい日本語を使用するガイドラインを策定する」との提言を国に示している。「外国人にもわかりやすい日本語」とはどういう日本語なのか考える時に，使用頻度の高い語彙や文法の使用などと並んで，わかりやすい表記法も含まれるだろう。移民にとってやさしいと思われるローマ字表記を漢字仮名交じり表記と併用

すれば、移民は日本語の話し言葉さえ覚えれば非識字状態から抜け出せるので「習得する権利」の保障にもつながり、日本で生活する外国人にとって住みやすい言語環境を作ることができるであろう。

本章では、日本語のローマ字表記と漢字仮名交じり表記の併用がこれからの日本社会にどのようなメリットをもたらすのかを言語学、日本語教育、移民の書き言葉使用の実態、言語とアイデンティティの関係など様々な角度から考察する。

2. 日本語の書記形態について
2.1 世界の言語の書記形態との比較

世界の言語の表記法は、大別すると表意文字を用いるタイプと表音文字を用いるタイプの二種類がある。表意文字というのは、漢字のように書記素（文字の最小単位）が、形態素（意味の最小単位）を表す文字のことである。意味でなく音を表す表音文字には、仮名のようにひとつの文字がひとつの音節を表す音節文字と、ひとつの文字がひとつの音素（子音、母音など音の最小単位）をあらわすアルファベット（alphabetic script）の二種類がある。アルファベット系の言語にはヨーロッパの言語だけでなく、アラビア語や韓国語なども含まれる。世界中の言語はひとつのタイプの文字だけを使う書記形態をとっているが、日本語は音節文字二種類（ひらがな・カタカナ）と表意文字（漢字）が複雑に組み合わさった特異な書記形態をとっている。

2.2 なぜ日本語の書記形態は難しいのか

日本語の書記形態が難しいといわれる理由に、正書法がないことと、漢字に読み方がいくつもあることが挙げられる。近代文明語にはたいてい正書法というものが存在するが、梅棹忠夫(2004)によると日本語にはそれが存在しない[1]。正書法の存在する言語の場合、例えばイタリア語で読み上げられた文を書き取る場合、正しい書き方（正書法）はひとつしかない。それに比べ読み上げられた日本語を書き取るとなると、いくつもの書き方が

---

1 梅棹については、本書167ページにも論考があるので、参照されたい。

ある。人によって漢字を使うか仮名を使うかで分かれ，さらには送りがなにも二種類あったりする（梅棹2004）。漢字を使うにしても，常用漢字のみならず非常用漢字や旧字体も使われていたりするので何とも多くの書き方がありえるのである。日本人は漢字のみを用いる中国語のほうが日本語より難しいという印象を持っているかもしれないが，学習者からみると日本語の書記形態のほうが難しいのではないだろうか。本来の中国語の漢字の原則は1字に1音だが，日本語の漢字の場合，1字が複数の音と対応しており，それが日本語の読解を困難にしている（Unger 2004, p. 62）。複数の読み方があるうえに，音読みと訓読みの使い分けの規則性のない難解な日本語の漢字の実態をアンガー（Unger）はよく知られている重箱読みや湯桶読みのほかに，個々の漢字の読み方を知っていても全体の読み方が分からない語（玄人，気質），漢文式に読み下す語（勿忘草，為替），そしてもともとの音が変化した熟語（反応，素気（ない））などの例を挙げて解説している（Unger 2004, pp. 62-70）。

　読み方の分かりづらい漢字が多いことがなぜ問題なのかというと，文字を読むという認知活動はもっとも基本的なレベルで，書字と音を結び付けることだからである（Perfetti & Dunlap 2008）。したがって，日本語の漢字と音韻が一対一で結び付いていないことはそれだけ書記形態が複雑だということになる。中国語の漢字を読む際に，音韻的処理を介さずに直接，書字から意味を認識できるという説もある（Zhou et al. 1999）が，音韻的処理の重要性を示した研究のほうが主流である（例えば，Chua 1999; Perfetti & Dunlap 2008; Tan, Hoosain, & Siok 1996; Weekes, Chen, & Lin 1998; Xu, Pollatsek, & Potter 1999）。日本人の漢字認知に限っていうと，音読みをすることばは音韻と強く結び付いているという言語心理学の研究結果が報告されている（海保博之・野村幸正 1983; Hirose 1998; Tamaoka 2003）。

　さて，難しいといっても日本人は小学生でも漢字仮名交じり文の読み書きがかなりできる。それがなぜ大人の移民にできないかというと，二つの理由が考えられる。ひとつは第二言語の書記形態の習得には，母語の書記形態の習得時にはない問題が備わっているということであり，もうひとつ

は移民には体系的に長期間日本語を学習する機会に恵まれない人が多いということである。漢字仮名交じり表記を身に付けるのには膨大な時間を要するものであり，その証拠に日本の小学校の国語の時間では漢字の勉強ばかりしなければならず，論旨の組み立て方など国語の時間に勉強すべき内容に重点が置かれていない。ちなみにうちには小学生と高校生の子供がいる為わかっているのだが，アメリカの小学校では2年生から演繹法を使った文章の組み立て方を勉強し始め，3年生から研究論文(research paper)の書き方を勉強する。6年生にもなると研究論文を書いた後で発表も行うので人前で自分の意見を発表する際の基本的な進め方なども学習する。ちょっとした作文とか感想文しか書かない日本の小学生とは大違いである。アメリカの応用言語学会には日本語は論理的な文章が書けない言語だというイメージが少なからずあり，例えばNanri (2001)は，多くの日本の知識人は自らの言語である日本語の文章は論理的に構成されていないと思っていると記述している。国語教育の内容を踏まえて解釈すると，日本語が論理的な文章を構成することのできない言語なのではなく，日本で論理的な文章を書く教育がなされていない証である。その理由のうちの一つとして，筆者の経験と同様，Hatasa (2011)も小学校における「書くこと」の指導で漢字の読み書きに重点が置かれていることを指摘しているが，そこまでしないと日常生活に必要なだけの漢字を覚えることができないのである。大人の外国人居住者にそれと同様の勉強時間などあるはずはないであろう。

3. 第二言語の書記形態の習得について

　ある言語の書記形態を習得するということ，簡単にいうと読み書きができるようになるということは何を習得したことを意味するのだろうか。読みの技能習得に限って言えば，それは目標言語がどのように符号化されているかを学ぶことで(Perfetti & Zhang 1995)，視覚的に入力された情報を音韻的に処理する認知的活動である。子供が母語の書記形態を習得する場合，すでに話し言葉を習得したうえで，一つ一つの書字がどのように話し言葉を表しているのかを学ぶわけだが，第二言語学習者の場合，その言語

自体の習得と同時進行で書記形態も習得しなければならないという点で異なっている。もう一つの重要な違いは，第二言語学習者は母語の書記形態の認知処理プロセスがすでに頭の中で完成しているということである。そして母語の書記形態の認知処理プロセスは，第二言語の書記形態の認知処理プロセスにも転移すると言われている(Wang, Koda, & Perfetti 2003)。この転移は，母語と第二言語の書記形態が似ている場合(例えばアルファベット系の言語である英語とスペイン語)は学習者にとってプラスとなる。したがって英語母語話者がスペイン語の読み書きを習得するのは，スペイン人の子供がゼロから読み書きを習得するのよりもはるかに容易であろう。逆に母語と異なったタイプの書記形態を習得する際にはどうなるのだろうか。やはり母語の読解に用いる認知処理法が第二言語の読解に転移し，この場合，学習者にとって不利に働いてしまうので(Akamatsu 2003; Chikamatsu 1996; Koda 1999)，母語話者のような読解力を習得するのは容易なことではない。英語母語話者が漢字の読解を学ぶケースを例に挙げてみよう。アルファベット系の言語である英語を読む際には，視覚的に入力されたアルファベットの一文字(例：<t>)が音の最小単位である音素(例：/t/)と結び付けられる[2]。この視覚情報と音韻情報の処理法は英語読解に最も適した方法だが，1字に1音素が対応していない漢字の読解には不適切だ。この不適切な処理法が働いてしまうがためにアルファベット系言語を母語とする学習者にとって漢字の読解は日本語母語話者にはない困難をともなうのである。

4. アメリカ人学習者のローマ字表記に対する意見
4.1 日本語学習者の選択

ここまで母語と異なる書記形態習得の困難さを論じてきたが，当事者である日本語学習者は，伝統的な漢字仮名交じり表記とローマ字表記とどちらを使用したいと思っているのだろうか。米国の大学で日本語を勉強する英語母語話者の男女140名を対象に行われた日本語の表記法(ローマ字と

---

2 言語学の慣例に従い文字は< >，音素は / / で囲んで区別した。

漢字仮名交じり表記)に関する意識調査で，初級者ほど日本語のローマ字表記を望んでいることが報告されている(マツォッタ瑞幾 2014)。

　教科書の日本語表記について，「初級者の教科書は漢字仮名交じり表記よりもローマ字表記のほうが効果的に学習できる」との設問に，1年生は65.6%，2年生は55.9%，そして3年生は69.3%が「賛成」「やや賛成」と答えている。反対の割合は極めて少なく，1年生は4.3%，2年生は8.8%，3年生は7.7%だった。この大学では会話力に重きを置くためにローマ字表記の教科書「Japanese: The Spoken Language」を使用しているので，学生たちはローマ字表記の便利性を実感しているのであろう。読み書きは別冊の読み書き専用の教科書で，1学期目にカタカナ，2学期目に平仮名，そして3学期目(2年目)から漢字を勉強している。

　仮名や漢字をどう思っているのかというと，ほとんどの学習者が「漢字や仮名の読み書きを楽しんでいる」との設問に賛成もしくは，やや賛成と答えている(1年生79.6%，2年生94.1%，3年生92.3%)。やや反対・反対を選んだ学習者は，1年生の3人(3.3%)だけだった。学年別の賛成の回答の割合を見ると，1年生では，38.7%，2年生では76.5%，そして3年生になるとまた割合が下がり，30.8%だった。ちなみに，このアンケートを行った時点で，1年生が学習した文字はカタカナのみ，2年生はカタカナと平仮名と簡単な漢字(一，二，三，男，女，月など)を少し，そして3年生は約180字の漢字を学習済みである。このことを考慮して分析すると，1年生は初めて音節文字を勉強するので難しく感じ賛成の回答が約4割，それに比べて，2年生になると音節文字にも慣れ，既習漢字も少ないので賛成の割合が7割強にのぼる。しかし3年生になると漢字の勉強の大変さを感じ始め，賛成の割合が3割と1年生の回答よりも低くなっていると解釈できる。

　仮名や漢字の読み書きを楽しんでいるのなら，ローマ字よりもそちらを使用したいのかというと実はそうではない。「試験や小テストの解答をローマ字で書く選択を与えて欲しい」という設問に1年生の62.4%が賛成・やや賛成と答えている。反対・やや反対は15%だけだった。漢字や

仮名の読み書きを楽しんでいると答えておきながら，実際にそれを試験や小テストでは使いたがらないという結果は矛盾しているように思えるが，日本文化に興味がある学生たちは，自分は漢字や仮名の読み書きが好きだと信じたいが，試験で使いたいかと聞かれて，実は使いたくないという本音が出てきたという解釈ができる。また，別の解釈で，学習者が本当に漢字や仮名が好きだとして，その好きな文字を使いたくないということは，英語を母語とする学習者にとってどれだけ漢字仮名交じり表記の習得が難しいのかを示唆している。どちらにせよ初級者にとってはローマ字表記はありがたい存在なのだ。ちなみに，学年が上がるにつれこの問いに対する賛成・やや賛成の割合が減り，2年生では32.4%，3年生では7.7%だけだった。日本語の勉強を始めてから2，3年が経過すると漢字仮名交じり表記に慣れてくるということであろう。

4.2　日本語学習者と中国語学習者の比較

　前出の意識調査で使用されたアンケート[3]を同大学の英語を母語とする中国語学習者65名に実施したところ，興味深い違いが現れた。「初級者の教科書は漢字仮名交じり表記よりもローマ字表記のほうが効果的に学習できる」との設問に「賛成」「やや賛成」と回答した日本語学習者は全学年あわせて63.3%だったが，中国語学習者はそれを大きく下回る36.9%だった。「試験や小テストの解答をローマ字で書く選択を与えて欲しい」という設問に「賛成」「やや賛成」と答えた日本語学習者は50.0%で，中国語学習者は12.3%だけと日本語学習者のほうがはるかにローマ字使用を必要としていることが明らかになった。この学習者の意見の違いは漢字仮名交じり表記習得の難易度が中国語表記習得の難易度よりも高いことを表していると解釈できる。

5.　外国人居住者のリテラシーと第二言語アイデンティティ

---

[3] アンケートの配布・集計にご協力いただいたLi Shuai先生，伊藤大将先生，柴田勝来先生に感謝いたします。

5.1 外国人の書き言葉使用の実態

　最高学府である大学で体系的に日本語を勉強する機会に恵まれた学生にとっても困難である漢字仮名交じり表記の習得は、日本の外国人居住者にとっても困難なことが指摘されている。例えば、富谷(2008)の研究によると、日本人男性との結婚により日本に移住したフィリピンやタイ出身女性のほどんどは独学では漢字仮名交じり表記を習得できず、日本滞在期間が10年を超えても日本語非識字状態だそうである。来日後12年と20年の外国人居住者2名の書き言葉使用の実態を詳細に調査した金子信子(2006)の研究では、非漢字圏(コロンビアとフィリピン)出身の外国人居住者は漢字仮名交じり表記の習得をできないとあきらめており、書き言葉の使用が必要な場面では話し言葉によって周りにいる日本人に聞いて助けてもらうというストラテジーを用いていることが明らかにされている。書き言葉が分からないため周りにいる日本人に聞いて助けを求める場面は、ATMの振込み、郵便局で預金を下ろす時、病院の問診表記入、レストランのメニューに写真が載っていない時、食料品の買い物、自宅に届く手紙への対応、子供の小学校からの手紙への対応、職場(精密機器製造会社)でのマニュアルの理解、薬局での薬の選択等多岐にわたっていた。調査対象者2名は漢字仮名交じり表記が読めないために困った時は主に周りにいる人に聞くことによって問題を解決していたが、その他に知らない所に行く時はバスでなくタクシーを使うとか、電車に乗る場合は最低料金の切符を買い降りる時に清算機を使うというように、漢字仮名交じり表記を読むことを避けながら自分の目的を遂行するストラテジーも身に付けていた。在日期間が長い調査対象者は日常生活で頻繁に目にする漢字は認識できていたが、それは視覚的イメージを覚えているというレベルにとどまっており日常生活を通して漢字を学習したとは言い難い。例えば、来日12年になるフィリピン人女性は、「牛乳」の表示を理解して牛乳を購入していたが、「牛」と「乳」にばらして表示すると認識できなかった。

　ローマ字表示に関しての言及もあり、2人ともローマ字表示がある場合は助かると、肯定的な意見であった。20年前に来日したコロンビア出身

の女性は来日当初日本語教室に通い日本語能力試験3級に合格しているにもかかわらず，自ら何かを書かないといけない場合(友人との文通，履歴書)はローマ字を使用していた。仮名を知っているのにローマ字使用を選択するという実態は，マツォッタ(2014)の調査対象の大学生の意見と同じで非常に興味深い。母語話者を基準にして考えると漢字をまだ知らない日本人の子供は仮名で文章を書いているのだから，外国人居住者の為にローマ字でなく仮名表記を普及させればいいようにも思われるが，非漢字圏出身者が選択するのはローマ字表記の日本語なのである。

5.2 外国人の第二言語アイデンティティ

　日本語の読み書きができないということは，ただ生活上不便なだけでなく，第二言語アイデンティティにも大きく影響を及ぼしていると考えられる。一般的にアイデンティティということばは，自我同一性とか，自分はどんな人間なのかという存在意識という意味で使われているが，本章では最近の言語とアイデンティティの関係の研究で用いられているポスト構造主義の定義を用いる。ポスト構造主義の視点からとらえたアイデンティティとは常に構築または再構築されているもので，その構築は主に談話を通して行われるものだと定義づけられている(Swann et al. 2004)。談話の中で，人はことばを通して自己のアイデンティティを相手に表明する。また，ある特定のアイデンティティを持つということはそれが相手にも認識されないと成り立たないため，アイデンティティは自然と個人の意識の中に存在しているものではなく，自分と相手の二者間で構築されるものだとパルトリッジ(Paltridge 2012)は定義づけている。第二言語のアイデンティティに関して，ノートン(Norton 1997, p. 410)は，ある言語の学習者は誰かと話す際に，相手と情報交換をするだけでなく，絶え間なく自分は誰なのかをことばの力により作り上げ，また自分の社会的な位置づけも行っていると述べている。例えば，日本で人気のある俳優が，日本とあまり縁のない外国の片田舎に住むことになったとしよう。すると日本では皆にちやほやされていた俳優は，「僕，俳優の○○です」と言っても，「え，

誰ですか。そんな俳優，聞いたことないねえ」などと言われ，もう誰からもちやほやされない。「日本の人気俳優」というアイデンティティを構築するために，自分は○○という日本で大ヒットした映画の主演男優などと言っても，アジア人＝中国人だと認識している相手からの反応が「そんな中国映画，聞いたこともないよ」だったりすると，この俳優のアイデンティティは「日本の人気俳優」から「誰からも注目されないただのアジア人移民」に変わることであろう。

　では，日本に10年も20年も住んでいるのに非識字状態の外国人居住者はどんなアイデンティティを構築しているのか金子(2006)の調査対象者の2名と調査者との談話から分析してみよう。金子の研究は録音したインタビューから作成した文字化資料を分析したもので，調査対象者2名の発言からもまた金子の分析からも，この2人は日本語の書き言葉の使用が必要な場面では周りにいる日本人に依存しないと目的の行為を遂行できないことがうかがえる。さらに，前述した書き言葉が分からない為に，人に聞かないと目的行為を遂行できない場面が日常生活の中に多々あることを考えると，この二人は書き言葉ができないために困っているように見えるし，インタビューの中で実際に「困る」という表現も使っている。その一例を(3)に示した。

　(3)　　自宅に届く手紙についてのコメント：コロンビア人女性
　　　　「手紙ーくるけどねー。うん，だんないるとーその時はいいけどねー。いないときはー，うんー，ちょっとー困るー。だから誰かー，きくしかないからねー。んー，やっぱりー，全部平仮名片仮名ならー，(・)んー大丈夫けどー，やっぱりー漢字はいってるからー。」
　　　　　　　　　　　　　　　　　　　　　　　　　　（金子 2006, p.18）

　この調査対象者は，手紙が届くとまず夫に依存し，夫がいないと困るとも言っているのだが，いざ調査者から，言語問題があるかと質問されると「ない」と回答している。また調査者から，彼女の夫が人的リソースになっていることを指摘されるとそれを否定する発言をしている((4)の発話)。

　(4)　　夫の人的リソースとしての存在について：コロンビア人女性

「みんなねー，(・)だんなさんもーおかげーというかもー，でも関係ない。いてもいなくても関係ない。ただ自分の努力，自分の努力しなければー。」 （金子 2006, pp. 21-22）

　この調査対象者は単に自分の日常の場面を説明した(3)の発話と矛盾することを(4)で言っているが，これは彼女が「夫に依存してない」「何でも自分でできる」外国人居住者というアイデンティティを談話の中で構築していると分析できる。では，なぜ「夫に依存してない」「何でも自分でできる」外国人居住者というアイデンティティをことばを使って構築しようとするのかというと，それは実際に自立して生活しているとの自信がないことの裏返しだと解釈できる。また周囲からもことばの面で自立した外国人居住者として認識されていない証拠である。日本の人気俳優の例で示したように，ある社会で人気俳優だと認識されている人なら，ことばを用いて「人気俳優」というアイデンティティを構築する必要はない。つまり相手に認識されていないアイデンティティを構築する際にことばを使って自分の社会的な立場を表示することが必要になるのである。もうひとつ例を挙げると，私自身も移民であり，アメリカでくらし始めて9年になるが，もし私がこういったインタビューを受けたとしても，自分から夫に頼らずに生きているなどということは言わないだろうと思う。夫か他の人に聞かないと解決できないような言語問題は私の日常にないので，「言語の面で夫もしくは周囲のアメリカ人に頼らず自立して生活している移民」というアイデンティティを談話の中でことばを用いて構築する必要性を感じていないからである。また自分のくらすコミュニティーでことばに不自由していない移民だと認識されているので，誰かにあなたは夫に依存してくらしているのではないですかと聞かれたら，「そうですね」と答える余裕がある。夫婦として協力し，お互いの足りないところを補いあい，お互いに感謝しながら生活するのは夫婦の健全なありかたのように思われるが，金子の調査した外国人配偶者女性はそれができない境遇にある。夫への言語的依存を否定し，したがって感謝の念もなく，すべて自分の努力だと言う非識字状態の外国人配偶者女性達。夫は「いてもいなくても関係ない。ただ

自分の努力」と言いながら肩肘張って日本で生活しているのではないだろうか。私は，夏に夫の帰省に付き合いイタリアに行く時は1か月以上，イタリア語のあまりできない外国人配偶者として南イタリアでくらすので，金子の研究に現れるような外国人配偶者の気持ちがよく分かる。いわゆる観光客が行くようなところには行かず，夫の田舎で生活者としてくらすので心細く感じたり苦労することがたくさんある。その国の言葉に堪能でない移民はどこの国でもある程度社会的弱者として扱われるかと思うが，イタリア語があまりできない私は，ちょっと食料品を買いに行ってもお釣りをわざと少なく渡されたり，八百屋（日本と違って自分で品物を取ることができない）でわざと質の悪い果物を売られたりしたことが何度もある。短期滞在なのでいつもこの程度の問題にしか遭遇しないが，ことばが不自由だということだけで相手からこのように見くびられるのは非常に不愉快なことであり，イタリア社会からこのような扱いを受けている間は，とても自分はこの社会の一員だとかこの社会に貢献しようなどというアメリカで感じているような思いは生まれてこない。

　私はことばに不自由な移民とことばに困らない移民の生活を交互に送っているので，話し言葉のできる外国人居住者が日本語の書き言葉も使用できるようになったらどれだけ生活の質が向上するだろうかということも予想がつく。もし日本が漢字仮名交じり表記とローマ字表記の二表記併用社会になったらば，金子(2006)の調査対象者のような日本語を話すことができる移民は，非識字状態から抜け出すことができ，彼女たちが望んでいると思われる「自分で」何でもできる自立した移民というアイデンティティを真に確立する一助となることは確実である。

6. 日本語表記は外国人居住者にあわせて変えるべきか

　日本に生活する外国人が日本社会に溶け込み社会の一員になるには日本語の話し言葉と書き言葉ができるようになることは必須であろう。しかし先行研究から明らかになっている通り，漢字仮名交じり表記の習得は，非漢字圏出身の外国人移民にとっては解決のできない問題である。ではどう

したらいいかというと，漢字仮名交じり表記と併せて，日本語のローマ字表記を普及させることである。そもそもローマ字は1937年9月に近衛内閣で訓令式が制定されて以来日本語の正式な表記法であるし，手書きよりも一般化してきたワープロによる文書作成では入力時にローマ字を使うのであるから，日本人がローマ字表記に慣れるのもそれほど難しくはないはずだ。

　一般的な日本人には非母語話者のニーズにあわせて日本語を変えるという発想はないかもしれない。しかし，刻々と変化する現実に対応し，移民受け入れ時代に入ってから生じた新たな問題の解決法を探るうえで，日本が検討すべき大切な問題である。多くの非母語話者によって話されている英語を例にとってみると，英語という言語は誰の所有物なのか，誰に管理する権利があるのかという議論がかなり前から応用言語学者の間でなされているが，英語は標準英語母語話者の専有物ではなく英語を話す人全ての共有物であるべきだとの見解が学者の間に浸透してきている（例えば，Canagarajah 2006; Norton 1997; Widdowson 1994）。またこういった見解を持つ学者達は，ネイティブスピーカーの英語もしくはいわゆる標準英語を基準にすることは，英語が世界共通語として使い続けられるためには望ましくないと提唱している。

　日本語にあてはめてみると，日本語が日本社会の中で共通語として非母語話者にも使われる為には，母語話者基準ではなく非母語話者を視野に入れた言語計画が必要である。非漢字圏出身の外国人居住者は日本語の話し言葉はできるようになるが，書き言葉は10年，20年日本でくらしていてもできるようにならないという実態が先行研究で浮き彫りにされている。それならば，日本語非母語話者にとってやさしく感じられるローマ字表記をもちいればいいのではないか。ここでわれわれ日本人がローマ字表記を読みづらく感じるとか，日本人の子供は皆漢字仮名交じり表記を習得しているのだから外国人居住者も日本にくらすのなら仮名と漢字の読み書きを覚えて当然などという母語話者基準に固執しているようであれば，日本語は世界に開かれた言語にはなれないであろう。移民受け入れ時代にあって

日本語がその時代の変化やニーズに適応できないのであれば、多くの外国人居住者は何年日本にいても文盲で、その結果社会的弱者という立場からぬけだせない。そういう境遇にある外国人居住者に日本社会の一員として社会に貢献してもらうなど無理な話である。行政が外国人居住者という新たな日本語使用者層のニーズを視野に入れた言語政策を行わなければ、日本は多文化共生とは反対の道をたどってしまうことであろう。

7. おわりに

　日本語表記には正書法がない点や、漢字表記に規則性がない点などをこれまで記述してきたが、その目的は漢字仮名交じり表記の批判ではない。私は自分の母国語の表記法に愛着を感じているし、漢字仮名交じり表記は日本の歴史や文化の結晶のようで誇りにも思っている。日本文化といえば、よく外国人から日本人は「規範を重んじる民族」で日本社会は「秩序正しい社会」だと思われるが、漢字仮名交じり表記の特徴について日本語に堪能なイタリア人の大学教授と語り合った際に彼は日本語表記を「アナーキーな表記」と表現した。「日本」と「アナーキー」は意外な組み合わせだと思ったが、娘の名前の漢字表記を思い浮かべて納得した。娘の名前はイタリア語でRosalba(ロサルバ)というのだが日本の出生届けには「露紗」とだけ書いて振り仮名で「ろさるば」と読ませている。正書法がある言語では不可能なこういうことが認められる日本語表記は何とも創造的で私はいいと思うが、非母語話者から見たらやはり無秩序な表記法であろう。だからと言って今さら漢字仮名交じり表記を正書法で縛り付けることなどできないであろうし、日本人がいいと思っているものを他の国の人がどう思っているかに合わせて変えることもない。しかし漢字仮名交じり表記に加えて、近代文明語につきものの正書法を確立することはグローバル化時代の今日、日本社会にとって望ましいことである。その正書法にローマ字表記を用いれば、非漢字圏出身の外国人居住者の言語権の保証にもなり、更には日本語が世界に開かれたことばになることにもつながるであろう。

参考文献

梅棹忠夫(2004)『日本語の将来：ローマ字表記で国際化を』，NHK ブックス．
海保博之・野村幸正(1983)『漢字情報処理の心理学』，秀英出版．
金子信子(2006)「外国人居住者による書き言葉使用場面参加のストラテジー——生活場面インタビューの事例より——」，『千葉大学大学院社会文化科学研究科研究プロジェクト報告書』129，pp. 13-35.
金田一春彦(1957)『日本語』，岩波書店．(1988 年，改訂増補版『日本語』(上・下))
玉岡賀津雄(2005)「命名課題において漢字 1 字の書字と音韻の単位は一致するか」，『認知科学』12-2，pp. 47-73.
富谷玲子(2008)「外国人配偶者(女性)調査」，『平成 19 年度文化庁日本語教育研究委嘱外国人に対する実践的な日本語教育の研究開発(「生活者としての外国人」に対する日本語教育事業)——報告書——』日本語教育学会 60-62，pp. 64-76.
富谷玲子(2009)「ニューカマーとの共生と日本語教育——言語計画からの分析——」，『神奈川大学言語研究』13，pp. 29-48.
ネウストプニー，イルジー・バーツラフ(1995)「日本語教育と言語管理」，『阪大日本語研究』7，pp. 67-82.
法務省ホームページ「在留外国人統計(旧登録外国人統計)統計表」．http://www.moj.go.jp/housei/toukei/toukei_ichiran_touroku.html (2014 年 6 月 29 日現在).
マツォッタ瑞幾(2014)「日本語という「ことば」をローマ字という「文字」で教える——アメリカの日本語教育現場からの視点——」，公益財団法人 日本のローマ字社『ことばと文字』販売元：くろしお出版, 1，pp. 18-27.
村岡英裕(2006)「接触場面における問題の類型」，『千葉大学大学院社会文化科学研究科研究プロジェクト報告集』129，pp. 103-116.
Akamatsu, N. (2003). The effects of first language orthographic features on second language reading in text. *Language Learning, 53*(2), 207-231.
Canagarajah, S. (2006). Changing communicative needs, revised assessment objectives: Testing English as an international language. *Language Assessment Quarterly, 3*(3), 229-242.
Chikamatsu, N. (1996). The effects of L1 orthography on L2 word recognition: A study of American and Chinese learners of Japanese. *Studies in Second Language Acquisition, 18*(4), 403-432.
Chua, F. K. (1999). Phonological recording in Chinese logograph recognition. *Journal of Experimental Psychology: Learning, Memory, and Cognition, 25*(4), 876-891.

Hatasa, Y. A. (2011). L2 Writing instruction in Japanese as a foreign language. In T. Cimasko & M. Reichelt (Eds.), *Foreign language writing instruction: Principles and practices* (pp. 98-117). Anderson, S. C.: Parlor Press.

Hirose, H. (1998). Identifying the on- and kun-readings of Chinese characters: Identification of on versus kun as a strategy-based judgment. *Reading and Writing, 10*(3-5), 375-394.

Koda, K. (1999). Development of L2 intraword orthographic sensitivity and decoding skills. *The Modern Language Journal, 83*(1), 51-64.

Nanri, K. (2001). Logical structures of Japanese texts. *Text & Talk - Interdisciplinary Journal for the Study of Discourse, 21*(3), 373-409.

Norton, B. (1997). Language, identity, and the ownership of English. *TESOL Quarterly, 31*(3), 409-429.

Paltridge, B. (2012). *Discourse analysis: An introduction*. London: Bloomsbury Academic.

Perfetti, C. A., & Dunlap, S. (2008). Learning to read: General principles and writing system variations. In K. Koda & A. M. Zehler (Eds.), *Learning to read across languages: Cross-linguistic relationships in first and second-language literacy development* (pp. 13-38). New York: Routledge.

Perfetti, C. A., & Zhang, S. (1995). Very early phonological activation in Chinese reading. *Journal of Experimental Psychology: Learning, Memory, and Cognition, 21*(1), 24-33.

Rifkin, B. (2003). Oral proficiency learning outcomes and curricular design. *Foreign Language Annals, 36*(4), 582-588.

Swann, J., Deumert, Ana., Mesthrie, R., & Lillis, T. (2004). *A dictionary of sociolinguistics*. Tuscaloosa, AL: University Alabama Press.

Tamaoka, K. (2003). Where do statistically derived indicators and human strategies meet when identifying On- and Kun-readings of Japanese kanji. *Cognitive Studies, 10*, 1-28.

Tan, L. H., Hoosain, R., & Siok, W. W. T. (1996). Activation of phonological codes before access to character meaning in written Chinese. *Journal of Experimental Psychology: Learning, Memory, and Cognition, 22*(4), 865-883.

Unger, J. M. (2004). *Ideogram: Chinese characters and the myth of disembodied meaning*. Honolulu: University of Hawai'i Press.

Wang, M., Koda, K., & Perfetti, C. A. (2003). Alphabetic and nonalphabetic L1 effects in English word identification: A comparison of Korean and Chinese English L2 learners. *Cognition, 87*(2), 129-149.

Weeks, B. S., Chen, M. J., & Lin, Y.-B. (1998). Differential effects of phonological priming on Chinese character recognition. *Reading and Writing, 10* (3-5), 201-221.

Widdowson, H. G. (1994). The ownership of English. *TESOL Quarterly, 28*(2), 377-389.

Xu, Y., Pollatsek, A., & Potter, M. C. (1999). The activation of phonology during silent Chinese word reading. *Journal of Experimental Psychology: Learning, Memory, and Cognition, 25*(4), 838-857.

Zhou, X., Shu, H., Bi, Y., & Shi, D. (1999). Is there phonologically mediated access to lexical semantic in reading Chinese? In J. Wang, A. W. Inhoff, & H. Chen (Eds.), *Reading Chinese script: A cognitive analysis* (pp. 135-171). Mahwah, NJ: Lawrence Erlbaum.

日本語教育におけるローマ字の意味
――英語圏教材を中心に――

シュテファン・カイザー

1. はじめに

本章の主張は、以下のものである。

欧米などの日本語学習者には、漢字リテラシーの習得が非現実と認識されたため、日本語教育では、いわば当然のデフォルトとしてローマ字が使用されてきた（職業上・研究上漢字が必要な専門家は例外扱い）。いわゆるキリシタン世紀の宣教師から21世紀初頭までの間、英米人向けの日本語の記述や学習は主としてローマ字で行われたが、最近は一般成人学者向けの *Teach Yourself* シリーズでさえ日本の文字を扱うようになった。2001年に公開されたヨーロッパ言語共通参照枠（CEFR）の6レベルの詳細な記述により、異なった学習環境で得た外国語運用能力の資格などが比較可能になったが、教材などでも「どのレベルの運用能力が習得できるか」と明記するものが増えている。そうした中で、各レベルの中の読む技能と書く技能では何ができるかという記述（例えば、レベルB2には、「多様な分野について明瞭で詳細なテクストを書くことができ」る、などとある。5.2参照）に合わせるため、カナ・漢字が一般向けの教材でも登場するようになった。しかし、ヨーロッパの言語と違い、文字自体の学習が多大な時間を要する言語をこの共通枠で測るのには無理がある。

また、西洋人向けの本格的な漢字教材を例に取り上げるが、記憶術やサブリミナル効果など新規な発想で習得できると主張する点自体は、スムーズな漢字習得はそもそも見込めないからこその発想といえる。世界的にみて、日本語は中等教育での外国語として学習されている形が圧倒的に多く、その中でつまみ食い程度のカナや少数の漢字は興味を持続させる上ではよいとしても、運用能力を育てるのが目的であるならば、ローマ字での

教育の方が現実的である。

2. キリシタン世紀の日本語教育
2.1 世界最古の日本語教育
　西洋人対象の組織的な日本語教育の始まりは 16 世紀なかばからイエズス会が西日本で行ったものである。目的は無論，イエズス会士の日本語学習で，いわゆる「キリシタン世紀」の間に，複数の日本文典や対訳辞書が作られ，副教材として文学作品なども印刷されたが，ローマ字表記のものが圧倒的に多かった。そうした教材はイエズス会の教育機関で使われたが，彼らの教育方法に関する考察は Rodriguez が国外追放されてからマカオで 1620 年に表した『日本（語）[1] 小文典』で見ることができる。

2.2　2 種類の学習者
　その中の，「日本語の学習と教授にふさわしいと思われる方法について」（池上岑夫 1993，pp. 30-45 [2]）では従来の彼らの学習法とその改善について述べている。Rodriguez は，学習者を学習目的によって二種類に分けているが，日常的な日本語しか必要としない学習者は本人に合った方法で学習すればよいという。一方，自由に説教したり，討論や文書によって異教徒の誤謬や迷信を論破したり，日本語を自然でしかも立派な文章で書き，日本のあらゆる事物について日本人と同じように論じられるようになりたい学習者については，しかるべき教材や方法があるとして，以下のように詳しく取り上げている。

2.3　教養のある母語話者水準をめざせる学習者には生教材
　このような人材を育てるのには，従来の教育の方法と手段が不適切だったと指摘している。教材についていうと，使ってはいけないものとしてあげているのは，翻訳書，会話体，ローマ字などである。つまり，彼らが当

---
[1] 池上（1993）のタイトルには「語」があるが，日埜博司（1993）にはない。
[2] 日埜（1993），pp.32-40 も参照。

時の口語体に書き改めた，ローマ字表記の平家物語やラテン語から翻訳したローマ字表記のイソポ物語などは，以上の翻訳，口語体への翻案，ローマ字使用という条件からして目指すべき日本語のモデルとして使ってはいけないことになる。つまり，学習者がよい文体に触れることがもっとも重要だと強調している。読解に適している書物を4段階の難易度に分けて示しているが，第一段階は「舞」や「草子」から，文体の最高峰の第四段階『太平記』までである。

2.4 日本語文の鏡：太平記

Rodriguez が国外追放されたのは 1610 年だが，タイミング上たいへん興味深いことに，キリシタン版『太平記抜書』が同じころローマ字本ではなくて，国字本として出版された。原著の表題紙がないため，出版年は不明であるが，出版認可文にある人物名などから，高祖敏明(2007)は「解題・解説」(巻第一，pp. 292-293)で 1603-1607 年の間に校閲・認可を受け，1610 年までには出版が完了したと推定している。

この太平記は日本語と日本史の教科書として作成されたと思われる[3]。しかし，高祖(同，p. 297)が推察している，『太平記抜書』が写本として『平家物語』と同じころから使われていた点はどうであろうか。「いつまでもローマ字本の『平家物語』だけに頼っていたのでは不十分であろう」という理由をあげているが，Rodriguez の上記の記述から，むしろ従来の教育の方向転換を象徴するものとして新たに作成された可能性が大と考えられる。会話体・ローマ字書きの『平家物語』のような過去の誤りを改め，正式な漢字カナまじりの軍記ものを模範とすべきだとの反省からこそ，後期キリシタン版として作成されたと考えた方が自然ではないか。

---

3 キリシタン版平家物語のタイトルにある，NIFONNO/COTOBA TO/Historia uo narai xiran to/FOSSURU FITO NO TAME-/NI XEVA NI YAVA RAGUETA-/RU FEIQE NO MONOGATARI. にある「ことばと歴史(Historia)」。

2.5　超級を目指せる学習者には国字本

　上記のように，初期キリシタン版はローマ字表記のものが多かった（一部国字本も印刷されたのは，日本人イルマン（平修道士）などを対象としていたのであろう）。ところで，後期になると国字本が増えたのは，生の日本語に接触することが学習上重視されるようになったと考えられる。ただ，『小文典』の記述からは，これはあくまでも日本語を極めることができそうな才能をもつごく一部のイエズス会士のためのもので，生活日本語や口語，簡単な文章を駆使するにはそこまでは不要だと Rodriguez は述べている。超級を目指す学習者だけは，ローマ字ではなく，国字表記の文章に接する必要があると Rodriguez は考えたが，それ以外のイエズス会士は従来通り，ローマ字表記の日本語で十分ということになる。

　イエズス会以外にも，Collado(1632)や Oyanguren(1738)の文典や辞書が作成されたが，Rodriguez の2つの文典と同様，いずれもローマ字による日本語表記の方法をとっており，日本文字は扱っていない。

3.　幕末・明治の文典や日本語教材
3.1　教材は，ほとんどローマ字表記

　明治のころまでは，日本国内，あるいは海外で作成された英米人による日本語学習書や文典を区別することは困難である。日本で作られたものが上海やローマでなどで印刷されたりもしたし，あるいはイギリスや横浜で同時に出版されたものもある。しかし，1594 年刊の天草版ラテン文典や 1595 年刊の『ラポ日対訳辞書』における日本語記述以来と同様，漢字がなく，ローマ字で表記される点は共通している。Brown(1863, 1878)など一部のものにはカタカナが併記されているが，漢字ひらがな交じりが併記されているのは，Satow(1873)の Kwaiwa Hen の付録(Part III Exercises 15-25，漢字はすべて読みがなつき)くらいである。それ以前の Part III Exercises 1-14 はひらがなのみで書かれている。ただ，本書の PREFACE によると，そもそも作成された目的は，日本に新着の A.B. Mitford という外交官の日本語学習のためであり，その意味では文字使用や内容につい

ては一般向けではない側面が強い[4]。

3.2 漢字学習の非現実感

　西洋人の日本語記述に漢字がなかなかでてこない理由はなんであろうか。Oyanguren(1738, p.1)の文典には漢字ではなくローマ字表記を選択した理由について以下の説明がある。

> ここでは，スペイン人が世界のいろいろな領地に導入した文字であるゴジック文字を使っており，中国と日本の漢字は使わない。なぜなら，それらは何千もの文字からなっており，完全に理解するには人生が短すぎるだけでなく，この選択は，悪魔たちが聖なる福音の伝道者を混乱させ，大きなダメージを与えるためだと思われる[5]。(訳はカイザー)

後半の悪魔たちの話はともかくとして，破格な文字数と，多くの年月を投資してもなかなかものにならない点は当時も現在も有効である。
　他には，印刷上の問題やスペースの有効な使い方も考えられるが，日本語を習得するのは文字抜きでも可能と考えたからでもあろう。

3.3 Rosny の 2 つの日本語

　一方，大学の本格的な日本語コースの始まりはフランス・パリで設立された École Spéciale des Langues Orientales(東洋語学校)で，その日本語コースのために Léon de Rosny が 1850 年代から多くの教材を作成した。

4　例えば，XX. のテーマは「漢字の学習」，XXI. は「外国人領事と日本人官吏による破棄条約に関する話し合い」。

5　Aqui hablamos de las letras gothicas, que fueron las letras, que los Espanoles han introducido en diversos Reinos del Mundo; y no de los caractères Chinicos, y Japones, porque estos son, y se explican por muchos miles de charactères, yo no basta la vida de un hombre para comprehenderlos todos, este arbitrio, discurro fue, conciliabulo de los Demonios para mas confundirlos, y dar mayor molestia â los Ministros del Santo Evangelio. (De la pronunciacion de las letras del Japòn)

日本語コースの紹介も兼ねた Rosny (1856/1872, pp.35-36) には,「日本語の習得法」というセクションがあり,次のような説明がみえる。

> 日本語を習得したい人が最初に決めた方がよいことは,俗語・話し言葉と文章語・学問の言葉を学習したいのか,それともどちらかだけなのか。話し言葉の学習は,…素質があって,努力すれば,1,2年で容易に話すようになれる。一方,文章語の学習は,…長年献身的な努力をしないとマスターできない。3年間の勤勉な努力が終わったころには,大半の学生はさまざまな種類のテキストの解読に入るだろう[6]。
>
> (訳はカイザー)

Rosny (1856/1872) の巻末(pp.61-63)には実践日本語コース(*Cours Pratique de Langue Japonaise*)の学年別教材案内がついているが,一年次の教材は概してローマ字表記によるものである。Rosny (1867) という日本語会話教科書の第2版では,ローマ字表記の会話が番号なしで並んでいるが,その後に Texte Japonais として漢字平仮名混じりで1から119の文が示されている。一方,第3版である Rosny (1883) は 513 の会話文からなる教材に拡大されているが,途中の 371 番目から多少の漢字が(カナに)混じっている程度である。学者を目指すような上級学習者を除いて,日本語文字は負担になりすぎると考えたようである。

---

6 Les personnes qui veulent apprendre la language japonaise feront bien de décider tout d'abord si leur intention est d'étudier la language vulgaire ou parlée, et la langue écrite ou savante, ou seulement l'un de ces deux idioms.

　L'étude de la language parlée, … Une personne intelligente et laborieuse peut aisément parler cette langue en une ou deux années.

　L'étude de la language écrite, au contraire, … il n'est guère possible de se render complétement maître sans s'y consacrer pendant de longues années. … Au bout de trois années d'un travail assidu, la plupart des élèves arrivent cependant à déchiffrer les différents genres de texte.

4. 戦中の日本語教育
4.1 軍の教育も，ローマ字中心

　第二次世界大戦中に英米で軍人に対する日本語教育が行われたが，アメリカのばあい，終戦の年に出版されたBloch & Jorden(1945)によりコースの内容を詳しくみることができる。このコースはローマ字だけで表記されているが，文字はあくまで補助的なものとして扱われ，後のオーディオリンガル法と同様に，母語話者(二世や帰米の日系人)の日本語を聞いたりまねたりするのが中心となっていた(SP盤に吹き込まれた音声も使われた)。

　陸軍・海軍などの語学学校は十数箇所で開かれたが，ミシガン大学のホームページ(http://www.ii.umich.edu/cjs/aboutus/historyofcjs/armysintensivejapaneselanguageschool)で公開されている写真では，Joseph K. Yamagiwaが漢字を黒板に書いている様子がうかがえる(1943年)。また，Dingman (2009, p.14)によると，海軍のコースのあったコロラド大学ボールダー校(当初はハーバード大とカリフォルニア大)では，「よく使われる漢字1600字を含む長沼教科書の5冊目まで最低でも読める」ことを想定していたので，最初から日本文字になれさせる目的があった。こうして，コースによっては文字を教えていたわけである。無論，敵側の暗号解読や情報収集には，文字がこなせる専門家は必要であった。

4.2 英軍もローマ字中心

　イギリスでは，ロンドン大学SOASを中心にコースが組まれていたが，メインテキストとして使われたのは，McGovernのColloquial Japaneseであった。1920年にロンドンで初版が出版されたこのテキストも，ローマ字だけで書いてある。大庭定夫(1988, pp.56-59)によると，戦中に行われた軍の日本語コースでも使われ，この集中コースの30週目まで使われたテキストは，ローマ字表記のものであった。

5. 戦後の日本語教育
5.1 TYJ，50年間はローマ字のみ

　戦後の英語圏における日本語教育はテーマとしては広すぎてカバーしきれないため、その全体の傾向、特に一般学習者向けにおける傾向がある程度把握できる出版物としてTeach Yourself: Japanese (TYJ) シリーズをとりあげる。最初のヴァージョンであるDunn & Yanada (1958) からBallhatchet & Kaiser (1989) とその改訂版であるBallhatchet & Kaiser (2001) にいたるまで、漢字はなく、モデル会話から練習問題まで日本語はすべてローマ字表記で通してきた。Dunn & Yanadaから50年、Gilhooly (2008) ではじめて日本の文字が登場する。さらに、本書はその2年後 (Teach Yourself) Complete Japaneseとして改題された。Completeとは Teach Yourself シリーズの一つの新しいサブシリーズで、表紙にはYOUR COMPLETE SPEAKING, LISTENING READING AND WRITING PACKAGE とうたってあるように、オールラウンドに言語機能のカバーをめざすもので、Ballhatchet & Kaiser (2001) の副題、a complete course in understanding and speaking と比べると、「読み書き」の部分が新たに加わっている。13課からなるこのテキストはあいかわらずローマ字で書かれているが、ひらがなの読みが2-6課で、82の漢字が7-12課で導入されてから、最後のあたりにカタカナが学ばれる設計となっている。6課から語彙の一部だけでなく文や短い会話も多少 Reading Activity として中で登場するが、7課以降は漢字もある程度 Reading Challenge として顔を出す。

5.2 看板に偽り

　このテキストがカバーするレベルはBeginnerからIntermediate Level 4となっている。www.teachyourself.comの情報を参照すると、TY独自のものだということがわかる。Level 4はEverything you need to speak read and writeと宣伝しているが、このレベルは「ヨーロッパ言語共通参照枠 (CEFR : Common European Framework of Reference for Languages) のLevel B2に相当ものとある。このレベルで何ができるか、上記のTY

のページで確認できるが，以下のように記述してある。

> 自分の専門分野での技術的な議論を含めて，抽象的な話題でも具体的な話題でも，複雑な話の要点を理解できる。母語話者との通常のやりとりが，どちらにも緊張をきたさない程度の流暢さと自然さで可能である。<u>多様な分野について明瞭で詳細なテクストを書くことができ</u>，時事話題に関する立場を，いろいろな選択肢の長所と短所をあげながら説明できる[7]。（訳，下線，カイザー）

Complete Japanese の 82 漢字・600 語弱（5.6 参照）の語彙数では，上記の B2 レベルの記述で述べられている能力にははるかに及ばないことは明らかである。一方，姉妹編である Complete Italian の広告をみると，こちらは語彙は 2000 語を超えると書いてある。その上，ヨーロッパの人の学習者にとって，イタリア語はなじみのある文字で書くので，B2 レベルにある程度近づけることは可能に思える。同じレベルと称しながら，日本語とイタリア語との開きは大きい。

5.3　CEFR と JLPT（日本語能力試験）の関係

　JLPT の主催者は，CEFR との各レベルの対応について情報を公開していない。ところが，国内・海外の言語教育機関では両者の対応を公表しているところが多い。ただ，その対応の仕方は一定していない。

　例えば，千駄ヶ谷日本語学校の HP（英語ページ）では日本語能力試験の N4 が CEFR の A2，N4-N3 が B1 に対応するとあるが，城西国際大学では N4 が A1，N3 が A2 と並んでいる。また，ロンドン大学の Birkbeck

---

[7] Can understand the main ideas of complex text on both concrete and abstract topics, including technical discussions in his/her field of specialization. Can interact with a degree of fluency and spontaneity that makes regular interaction with native speakers quite possible without strain for either party. Can produce clear, detailed text on a wide range of subjects and explain a viewpoint on a topical issue giving the advantages and disadvantages of various options.

Collegeでは、N4-N3がB2に相当しているが、日本のコミュニカ学院ではN4-N3がA2-B1と並ぶ。

　外国語運用能力の世界的スタンダードになりつつあるCEFRに準拠する言語教育機関は増えている(日本でも、日本語教育の「JFスタンダード」や開発中である外国語教育のJS(ジャパン・スタンダード)のベースになっている)。しかし、Council of Europe (no date)の日本語訳である『外国語の学習、教授、評価…』の「日本語版第三版の出版に当たって」で指摘されているように、個別言語に対応するためには様々な対応が必要になる。つまり、共通枠の記述にあるそれぞれのレベル・技能に到達するための語彙、文法、機能などの具体的なシラバスがないかぎり、安易な対応の仕方はできないはずである。それがないため、上記のようにバラバラになっている。

5.4　JLPTにおける文字の問題

　なお、(旧)JLPTを分析して野口裕之(2012)では、Noguchi et al.(2008)の研究の紹介があるが、中国語・韓国語・その他という母語グループ別テストデータを分析したところ、レベルが上がるにつれ因子構造が異なっていた[8]。この結果について、著者はいう、「CEFRなどの言語能力基準にJLPTを関係づける際には、欧州系の言語にはない漢字情報処理因子に注意する必要がある」。加えて「JLPTの改定にあたって、「中国語」「韓国語」以外の言語を母語とする日本語学習者の因子構造の発達的変化に配慮する必要がある」と指摘した。

　野口(2012)では、さらに野口他(2006)および野口他(2007)の研究を紹介している。本研究では(旧)JLPTの3級と2級の間に大きなギャップがあるかどうかを検証しているが、全体としてはそうしたギャップは見られなかった。しかし「結果3」では、分布状況を母語別(中国語・韓国語・

---

[8]　本研究では、文脈情報処理因子と漢字情報処理因子を使っているが、中国語グループでは全てのレベルが1因子だったのに対して、韓国語グループでは1級だけが2因子、その他のグループでは4級以外すべてのレベルが2因子構造だった。

その他)にみると,「聴解」では2-3級間の差がほぼ等しかったのに対し,「文字・語彙」「読解・文法」では大きな差がみられた。そして「その他グループが代表する「非漢字圏日本語学習者が「文字・語彙」「読解・文法」において3級受験者の能力水準から2級受験者の能力水準に達するためには,「中国語」「韓国語」グループに比べてより長い期間を要するということが示唆された」という。

この「示唆」は実は確認できるデータがある。下記の表では,旧JLPTの級別(カッコ内新JLPTのレベル分け)とそれぞれのレベルの漢字数と基準学習時間が示されているのがJLPT主催者によるものである。それに対する「実績」とは,それぞれのレベルに合格するまでの実績を,1992年10月から2010年10月まで漢字系と非漢字系にわけて示している。

漢字系の実績は主催者側の基準学習時間に近いが,漢字系以外の学習者になるとかなり時間が余計にかかっている。しかも漢字数がふえればふえるほど差がひろがっていくことを示している。もちろん,これは日本語能力試験全体のデータで,漢字に特化したものではない。しかし,上記の野口他の研究も示しているように,漢字・漢字語彙の負担がかなりの程度反映されていると考えてよかろう。

表1　日本語能力試験のレベル別学習時間

レベル	漢字数	基準学習時間数	漢字系実績	漢字系外実績
4級(N5)	150	150時間程度	200-300	250-400
3級(N4)	300	300時間程度	375-475	500-750
——(N3)				
2級(N2)	1000	1000時間程度	1100-1500	1400-2000
1級(N1)	2000	2000時間程度	1800-2300	3100-4500

[http://www.studytoday.com/JLPT.asp?lang=JP] にもとづく)

5.5　他外国語とレベルを揃える困難さ

ここで思い出されるのは,以前(Kaiser 1988)とりあげたことのあるイ

ギリスの Institute of Linguists が当時行っていた外国語の試験（Grade I）の作文のテーマの比較である。本文献は入手しにくいと思われるので，ここで再度3外国語での同レベルの作文課題を掲載する（出題は英語で記述されたので，英語で示すが，和訳をつける）。

> フランス語：It is said that travelling helps to form young people. Discuss.（旅行は若者［の人格］を形成するといわれる。論じなさい。）
> ロシア語：　Problems of people living in the big city.（大都会に住む人たちの諸問題。）
> 日本語：　　A visit to the zoo./ The English weather.（動物園訪問。／イギリスの天気。）

同じレベルの試験ということになっていたが，あきらかに語彙，文法，知的レベルが異なっている。また，日本語＜ロシア語＜フランス語の順でテーマの抽象性が増していることは明らかである。上記の TY シリーズの日本語とイタリア語のレベルの格差とよく似た現象である。

5.6　文字・語彙の不足

　上記のように，TY シリーズの *Complete Japanese* では漢字は80字程度で，また索引の日本語語彙を数えてみると，590語以下である。語彙の漢字表記がほとんどカバーされていないわけなので，テキストを書くなど，もっての他だといわざるをえない。しかし，ヨーロッパ言語共通参照枠は，「テキストを書く」などと記述されているから，申しわけ程度に「漢字・カナ文字使用」を導入していると考えられる。なお，TY シリーズのもので日本の文字に特化した Gilhooly（2010b）では，ひらがなとカタカナに加えて，92の漢字をカバーしている。しかし，これも海外の教育機関で提供される Taster Course（試しに勉強していみるためのコース）に近いもので，学習した結果に何か課題が遂行できるレベルのものではない。

5.7 日本語初級教材の語彙と漢字のインバランス現象

　日本国内の初級教材に目を向けると，やはり漢字の問題が目につく。『みんなの日本語 I, II』では，2000 語の語彙に対して 530 の漢字をカバーしている。一方，Genki I, II では 1741 語彙に対して漢字は 345 と，やはりたいへん少ない。また，成人学習者を対象としている *Japanese for Busy People I, II, III* という教材は初中級にまたがるものであるが，3345 語彙に対し，漢字数はわずか 310 である。漢字の「読み替え」（複数読み）を考慮に入れても，学習語彙の大半は読めない・書けないことは明らかである。

6. 西洋人向け漢字教材の不思議

6.1 漢字リテラシーが見込めないからこそ，アイデアで勝負

　英語圏などで使用される多くの日本語教材には漢字やカナは少ししか使われておらず，ローマ字に頼っている現状は，上記のとおりである。一方，英語で記述されている，漢字学習に特化した教材や参考書についてみると，伝統的な「繰り返し書く」という「書写」を避けて，何か新奇な「システム」や「記憶術」を売りにするアプローチが目立つ。詳細はカイザー（2014）に譲るが，代表的な学習書を 3 点例にとりあげ，そのあり方を示す。

6.1.1 分割アプローチ：リメンバリング　ザ　カンジ

　2 冊本の 1 冊目である Heisig（1977/2011）は常用漢字の「読み」を全く無視し，「形」と「意味」だけを扱っている（「読み」は 2 冊目でカバーしている）。漢字の各部品（primitives）にニックネームをつけ，各部品のニックネームと単漢字の意味をストーリーで結ぶ記憶術となっている。

　2 冊目の Heisig（1987/2008）では，「読み」をさまざまなグループにわけている。例えば同音符が（常用漢字のなかで）例外なく同じ音読みのグループ，一字だけ例外のグループなどはある程度システマティックにできているが，Readings from Everyday Words（日常的語彙の読み），Readings from Useful Compounds（有用熟語の読み）は，使用頻度が高い（と著者が判断し

た)語彙や熟語の漢字を集めているのはシステマティックといえない。ましてや A Potpourri of Readings(種々雑多のよみ)や Supplementary Readings(補助的なよみ)は「その他」でしかない「グループ」である。このように,多くのグループを作るということで,システマティックに見えるが,かなり恣意的な分類で覚え済みの「形」と「意味」に加えて「読み」を覚える「システム」を作っている。著者もいうように,「漢字の読みは<u>不連続なシステム化しかゆるすものではない</u>9」。また,訓読みは索引でしかカバーされておらず,記憶するのに苦労する学習者には,漢字による50音図のような方法で覚える方法を用意している。たとえば「墓」の訓読み「はか」には「歯蚊」をあて,その2つの要素でストーリーを考え,想像力を働かせるように推奨している。

6.1.2 形態的特徴配列：Kanji ABC

Foerster & Tamura(1994)は漢字を形態的特徴とその組み合わせから覚えさせようとしている。「Part I Graphemes(字素)」ではまず,字素を形態的類似性にもとづいてAからZまでのグループに整理している(AとZだけは例外)。たとえば,Bグループで集められている字素は「口,言,占,加,召,豆…」などで,「口」という要素を含むものである。各字素には,意味による名称をあたえる。「Part II Kanji」では,Part I の字素の順番にしたがって漢字が同じABC順に並んでいる。例えば,B1として「口・四・回・和…」があり,B2のもとには「言・信・罰・誓」というグループになっている。

Part IIのアレンジをみると,例えば Group Q の字素としてはまずQ1「ム oneself」があり,つづいてQ2「台 platform」という漢字があって,その構成字素がQ1, B1である。さらなる字素が加わり,Q3として「能 ability (Q1, L14, N9, N9)」があり,Q3の仲間として「態(ability, heart)」と,「罷(net, ability)」があるように,Q3の仲間では「能」全体が字素となる。

以上のように,漢字を Part I で字素に分解して,Part II で再構築す

---

9 つまり,一部の読みには規則性があっても,それが全体に及ぶものではない。

る方法はいかにもシステム化されているように見えるが,「態(ability, heart)」,あるいは Q1 のなかの字素名の羅列,「窓 airhole, oneself, heart」などは漢字の(特に意味の)記憶にどれだけ有効か,疑問視せざるをえない。

6.1.3　漢字と意味のハイブリッド法：ザ　カンジ　ハンドブック

　David(2006)にいたっては「漢字ハイブリッド」と称して,単漢字に意味上対応する英語語彙の最初の文字を語彙全体の意味に相当する漢字に置き換えて,「サブリミナル効果」によって覚えられると主張している。漢字ハイブリッドの例を示すと,「医 edicine　医 octor」などである。つまり,漢字が英単語の意味に相当するので,見ているうちに習得できるという主張である。むろん,これで習得できるのは,単漢字の形態認識と意味だけである。

6.1.4　スーパーマンやプロ志向以外,漢字はやはり無理

　上記 Rosny の時代と比して,日本語表記は字体も一部簡略化され,漢字表記の語彙も多少減少しているが,根本的には Rosny のことばはいまでも生きているといえる。フルタイムで努力を傾ければ,3 年ほどでテキストの「解読」に「入る」ということは,裏を返せば,そこからさらに多くの年月と努力を経なければ自由に読めたり書けたりできるようにはならないということになる。これは,現場の先生の経験でも裏打ちされていると思う(筆者の観察では,機能的リテラシーに達する大学生は,数十人に一人)。また,上記の Teach Yourself シリーズの漢字や語彙の少なさからもわかるように,「読める」「書ける」ようにするのは非現実的である。Rosny の指摘にもあるように,読み書きをマスターできるのは,学者や研究者など,日本語の専門家になる人にほぼ限られる(専門家でも,自由に読み書きできる人は,むしろ例外だと思われる)。

　自由に「読める」ことに関して,筆者がロンドン大学 SOAS の学生だったころのエピソードが思い出される。当時は教員も学生も使える Senior

Common Room（SCR）という憩いの場所があったが，年に1回あるかないかという頻度である噂が学生の間でものすごい勢いで広がり，あっという間に多くの学生がその噂を確かめるためにその部屋に行った。内容は，「SCRに外部の西洋人が座って，静かに日本語の本のページをめくっている!!」ということだった。それほどに，漢字を自由に読みこなすことは，毎週50字など集中的に漢字を学習させられたわれわれ学生にとって，夢のまた夢だったのである。

　一般的な日本語学習者には，やはりローマ字表記中心で語彙や文法を学んだ方が効率的であるのは疑いの余地がない。

7. 日本語教育でのローマ字使用には弊害はあるか
7.1　日本語教育でのローマ字有害論

　見てきたように，英語圏の日本語教材には研究者志望のために積極的に漢字を導入するものもあるが，一般向けや初心者向けにはローマ字表記中心のものが多い。ところが，日本国内の日本語教育者の間では，ローマ字表記の日本語では発音の誤りが頻繁に生じるという見解がみられる。理由として，アルファベット表記の英語とローマ字表記の日本語とでは，文字素(grapheme)と音素(phoneme)の対応が異なるので，ローマ字表記では発音の誤りが生じるという。

　例えば，武部良明（1991, p.29）では，以下の3点を問題としている。
　　1 "rajio"などでは，/r/が英語の巻き舌の発音と全く異なる
　　2 "yomikata"などの，日英アクセントの違い
　　3 "obasaN"の区切り方(ob-as-aN)→日本語らしくない発音になる

　また，比較的最近の日本語教育学会（2005, p.412）でも，類似した意見が述べられている。そうした見解は，一種の信念であって，文字と言語の混同だとして反論はできるが，誤った認識だと証明するのは容易ではない。

7.2　実験で判明したローマ字の有益性
　ところが，玉岡賀津雄（2000）が行った一連の実験により，そうした主

張の真否関係がかなり解明されたといえる。実験はアメリカ人と中国人の日本語学習者を対象としたが、ここでは英語母語話者のデータのみとりあげる。

まず実験1では、3つの表記形態(ローマ字・平仮名・漢字)で単語(日本語教科書で使われた漢字二字熟語)の命名課題(naming task)をさせ、発音までの時間を測定した。英語母語話者は、当然ながらローマ字が783ミリセコンド(0.783秒)ともっとも速く、次に平仮名(1009ms)、漢字(1635ms)の順であった。また、誤答の比率はそれぞれ4.40%、5.49%、46.15%となっていた。

実験2では、単語ではなく、2つの文章(それぞれ596拍・431拍)をローマ字と仮名・漢字混じり表記で読ませ、内容理解テストも5問用意した。被験者には、「できるだけ速く、なおかつ、できるだけ正確に声に出して読む」と指示し、また後に内容についての質問があるので、理解しながら読まなくてはならないことも説明した。読みの時間は測定し、録音もとった。そして大学院生2名により「日本語らしい」発音かどうかを、7段階評定を行わせ、得点化した。

7.3 発音も、ローマ字の方が自然

結果は、理解度に関しては、表記形態の影響がなかったが、速さや発音の誤りに関してはローマ字の方が成績がよかった。読み時間は、ローマ字では152.50秒だったのが、カナ・漢字表記では242.67秒かかった。また、発音の誤り数(特殊拍の長音、促音、変なアクセントなども対象)は、11.04対38.58と、やはりローマ字表記の成績の方が圧倒的によかった。肝心の「日本語らしい」発音の評定については、ローマ字ヴァージョンは7点満点中5.13の成績だったのに対して、カナ・漢字ではそれが2.92に下がった。なお、評定者の相関はローマ字表記のばあいは0.96で、カナ・漢字のばあいは0.97と、いずれも非常に高かった。

以上から著者が考察で述べているように、英語系日本語学習者のばあい、ローマ字表記の単語においても文章においても、母語の干渉は見られ

ず，迅速かつ正確に発音していた。日本語教育では，音素レベルでの音の対応は，モーラレベルの仮名よりもむしろローマ字の方が有効だといえる。ローマ字が母語からの干渉を増幅するという議論は，根拠がない。

8. 今後の日本語表記・日本語教育への期待
8.1　日本語の国際化を阻むのは，漢字

以上述べたように，非漢字圏学習者で日本語の読み書きができるようになるのはごく少数の，例外的な人に限る。Rosnyがすでに指摘しているように，日本語の話しことばは書きことばとくらべてけっしてむずかしいものではなく，むしろ日本語の国際化を阻むのは「鉄のカーテン」ならぬ「漢字カーテン」である。

8.2　日本語の第二公用文字にローマ字を

漢字が日本語の国際化をはばむのなら，国際的な場で使われる日本語には別の表記がもとめられる。それは，カナでもいいが，ローマ字がヨーロッパのほとんどの言語だけでなく，アメリカ大陸とオセアニアのほぼ全体だけでなく，アフリカ大陸の多くの言語，さらにアジアでもインドネシア・フィリピン・ベトナムで採用されていることを考えると，まずローマ字が候補となろう。また，世界の図書館では，非ローマ字言語の出版情報はローマ字転写で表記されるし，世界のメディアで登場する人名・地名なども，ローマ字表記がほぼ確率されている。日本国内では，複数のローマ字表記システムが使用されているが，その差異はコミュニケーションに支障をきたすほどのものではない。

8.3　国語教育にローマ字文の復活を

ローマ字による双方向の国際コミュニケーションを可能するには，日本人はもっとローマ字に親しむ必要がある。例えば，ローマ字でメールをやりとりするなど。日本社会には，パソコン入力，道路や駅の地名の併記などローマ字はすでに広く浸透しているが，文章を読んだり書いたりする機

会は限られている。そのためには，戦後の文部省検定教科書などのように，学校教育でもローマ字の文章を読み，作文を書く教育が不可欠である。なお，戦後のローマ字教育については，茅島篤(2012)の第2部，「国語教育とローマ字」に詳しい。

8.4　外来固有名詞に原語表記を

通常の漢字・カナの文章においても，外国語の地名・人名はカタカナ化せずに，本稿のように原語の綴りで示すのは国際的なスタンスではあるまいか。現在のように，例えばテニス選手の名前がテレビ局によってカタカナ表記が大きくずれたりする(オランダの選手 Haase は「ハーセ」だったり「ハッサ」だったり)「無秩序状態」はそれで解消されるし，多くの日本人がもっているアルファベット表記に対するアレルギー[10]の解消にもつながる。めぐりめぐって，それが日本語のローマ字表記の普及にもつながるはずである。

8.5　現実を見据えた日本語教育・JLPT へ

6.1.4 のように，非漢字圏の日本語学習者(大学生)に対する日本語教育の経験からいうと，自由に日本文字を使えるようになるのは数十人中一人くらいにすぎない。にもかかわらず，その現状を無視した形で漢字教育は続けられている。しかし，数十人に一人しかものにならない「教育効果」は，教育といえない。ならば，漢字カナ表記とローマ字表記，ふたつの表記が並記された日本語教材を使うのが現実的ではあるまいか。現在，日本国内で作成された日本語初級教材の一部(『みんなの日本語初級』や Japanese for Busy People)では，本冊がカナ版かローマ字版か選択できるものがある。ただ，それは1冊目だけの特徴なので，そのあとはカナや漢字に移行しなければならないので，もっと徹底させるべきである。初中級の漢字語彙が問題になるという反論は予想されるが，豊富な漢語語彙を

---

[10] 大学教員の同僚などは，日本語環境のない海外からのローマ字メールを申し訳なく思っているようである。

駆使できる外国人がメディアなどで活躍していることを考えると，ローマ字が漢字カナと肩を並べるくらい普及することを期待したい。日本滞在の外国人，また世界中の非漢字圏日本語学習者には，日本語能力検定試験のローマ字表記版を用意しておかないと，いつまでも N5，N4 レベルにとどまってしまうのも，日本の国策としてはグローバル化に反するといわざるをえない。

参考文献

池上岑夫(訳)(1993)『ロドリゲス日本語小文典(上)』岩波書店.
大庭定夫(1988)『戦中ロンドン日本語学校』中公新書 868.
吉島茂・大橋理枝他(訳・編)(2004)『外国語教育Ⅱ――外国語の学習，教授，評価のためのヨーロッパ共通参照枠(追補版)――』朝日出版社.
カイザー，シュテファン(2014)「漢字の魅力にひそむエンドレス感と西洋世界の漢字学習「システム」」高田智和・横山詔一(編)『日本語文字・表記の難しさとおもしろさ』彩流社, pp. 259-235(=1-25).
茅島篤(編)(2012)『日本語表記の新地平――漢字の未来・ローマ字の可能性――』くろしお出版.
高祖敏明(校註)(2007)『キリシタン版太平記抜書』巻第一，教文館.
武部良明(1991)『文字表記と日本語教育』凡人社.
玉岡賀津雄(2000)「中国語系および英語系日本語学習者の母語の表記形態が日本語の音韻処理に及ぼす影響」『読書科学』44-3, 83-94.
日本語教育学会(編)(2005)『新版日本語教育事典』大修館書店.
野口裕之・熊谷龍一・大隈敦子・石毛順子(2006)「日本語能力試験における級間共通尺度構成の試み」日本語教育学会 2006 年度秋季大会予稿集.
野口裕之・熊谷龍一・大隈敦子(2007)「日本語能力試験における級間共通尺度構成の試み」『日本語教育』135, pp. 70-79.
野口裕之(2012)「外国語能力試験を改定するための基礎研究」(第 5 回日本テスト学会賞受賞講演，成蹊大学，2012.03.22.)(www.jartest.jp/pdf/5-1noguchi.pdf)
日埜博司(編訳)(1993)『ロドリゲス著日本小文典』新人物往来社
Ballhatchet, H. & Kaiser, S. (1989) *Teach Yourself: Japanese*. Hodder & Stoughton.
Ballhatchet, H. & Kaiser, S. (2001) *Teach Yourself: Japanese: a complete course in understanding and speaking*. Hodder & Stoughton.
Bloch, B. & Jorden, E.H. (1945) *Spoken Japanese: Basic Course*. Published for the

United States Armed Forces by the Linguistic Society of America and the Intensive Language Program American Council of Learned Societies.

Brown, S. R. (1863) *Colloquial Japanese*. Shanghai: Presbyterian Mission Press.

Brown, S. R. (1878) *Prendergast's mastery system, adapted to the study of Japanese or English*. Yokohama: Kelly & Co.

Collado, D. (1632) *Ars Grammaticae Iapponicae Linguae*. Roma.

Council of Europe (no date) *Common European Framework of Reference for Languages: Learning, Teaching, Assessment* (www.coe.int/t/dg4/linguistic/source/framework_en.pdf)

David, V. (2006) *The Kanji Handbook*. Tuttle.

Dingman, R. (2009) *Deciphering the rising sun: Navy and Marine Corps codebreakers, translators, and interpreters in the Pacific War*. Naval Institute Press.

Dunn, C. J & Yanada, S. (1958) *Teach Yourself: Japanese*. The English Universities Press.

Foerster, A. & Tamura, N. (1994) *Kanji ABC: A Systematic Approach to Japanese Characters*. Tuttle.

Gilhooly, H. (2008) *Teach Yourself: Japanese*. Hodder Education.

Gilhooly, H. (2010a) *Teach Yourself: Complete Japanese*. Hodder Education.

Gilhooly, H. (2010b) *Read and Write Japanese Scripts* (Teach Yourself Books). London: Hodder Headline.

Harries, P. T. (1988) *Japanese for All: The Teaching of Japanese Language in Secondary Schools and Adult Education Classes*. Published for Japan Research Centre, SOAS, & The Japan Foundation. External Services Division, School of Oriental and African Studies, University of London.

Heisig, J. D. (1977/2011) *Remembering the Kanji Vol. I: a complete course on how not to forget the meaning and writing of Japanese characters*. University of Hawaii Press.

Heisig, J. D. (1987/2008) *Remembering the Kanji Vol II: a systematic guide to reading the Japanese characters*. University of Hawaii Press.

Kaiser, S K (1988) The Study of Japanese: Fact and Fantasy. In Harries ed. (1988), 5-21.

McGovern, W.M. (1920) *Colloquial Japanese*. London: Kegan Paul.

Noguchi, H., Kumagai, R., Osumi, A. & Wakita, T. (2008) Comparing factor structures of the Japanese Language Proficiency Test: differences in factor structure with increasing language proficiency by native language. 15th World Congress of Applied Linguistics (AILA 2008), Essen, Germany.

Oyanguren, M. (1738) *Arte de la Lengua Japona*. Mexico.
Rosny, L de (1856/1872) *Introduction au Cours de Japonais* (=2nd ed. 1872)
Rosny, L de (1867) *Guide de la conversation Japonaise, précédé d'une introduction sur la pronunciation en usage à Yédo* (1867, 2nd) (1883, 3rd), Paris: Maisonneuve. (2nd ed.)
Rosny, L de (1883) *Guide de la conversation Japonaise.* (3rd ed.) Paris: Maisonneuve.
Satow, E.M. (1873) *Kuaiwa Hen*. Yokohama: Printed at the "Japan Mail" Office.

日本語の分かち書き

宮島達夫

　日本語のふつうの文章は分かち書きされていない。これはかな（平がな，カタカナ）の文章の中に漢字がまじっていて，意味をとりやすくしているからだと思われる。しかし，では漢字が多いほど読みやすくなるだろうか。中国語は漢字だけでかいてあるが英語と中国語の両方が読める人から見ればそれらは同じ程度の読みやすさであろう。つまり，ある文章の読みやすさはまずその文章の理解度によってきまるので，表記法のちがいは二の次の問題ということになる。日本語をローマ字で書いた文章も，英語に慣れているが漢字仮名の日本語が読めない人よりも，英語は読めないが漢字仮名の日本語なら読める人の方が楽なはずである。

　分かち書きは日本語が読める人に文章を読みやすくするためのものである。たとえば「おばあさんはかわへせんたくにいきました」と書くよりも「おばあさんは　かわへ　せんたくに　いきました」と書いた方がよみやすくなる。

日本語の表記法で分かち書きが決まっている（ふつうに分かち書きをすることになっている）のはローマ字書きの文章である。　日本語のローマ字書きは室町時代にフランシスコザビエルなどが日本へ来たときポルトガル語式の綴りによって書いたのが最初である。たとえば(Monjenni ichiuo nasu「門前に市をなす」)のように書いた。これはいわゆる文節式の分かち書きだったわけだが，これだと日本語の名詞が

人が
　　人を

などと語形変化をすることになって複雑だ。それで江戸時代の末にヘボン式のローマ字表記が一般化するころには，名詞のうしろの助詞を切り離して

　　人　が
　　人　を

のように書く習慣が固定した。ただし，明治の中ごろヘボン式に対抗する日本式とよばれるつづり方が出てきて，そこではヘボン式が shi, chi と書くところを si, ti のようにかなに近いつづりを採用し，ローマ字運動の中ではこちらが主流になったが，分かち書きの大勢は変化しなかった。
　日本式は田中館愛橘，田丸卓郎などドイツ語の達者な物理学者，自然科学者が中心になったのでドイツ語にひきずられて日本語としては不自然な表現も出てきた。例として

　　三人の親（子どもが三人の場合）　　sannin no Oya　　sannin は名詞
　　　　（親が三人の場合）　　　　　　sanninno Oya　　 sannin は数詞

また，ドイツ語は名詞の最初の字は大文字で書くことになっているので，日本語もこれにならって名詞の最初の字は大文字で書く。

　田丸文法が日本語に適用されてその長所を発揮したのは動詞の形態論についてである。（「ローマ字の研究 1920」，p.124）

この時代に国文法は助詞・助動詞を動詞から切りはなして扱っていたから，上記のような形態論は書けなかった。田丸氏にこれが書けたのは「見

た」「見ない」などをローマ字でひと続きに書いたこととドイツ語文法の変化表が頭に入っていたことのためだろう。

　名詞の最初の字を大文字で書くのもドイツ語の影響である。日本語ではドイツ語以上にこの規則が必要だと田丸氏は言う。

　日本語には［戸，輪，蚊，藻，荷，野，殻，庭］などの短い名詞が多くて，名詞と助詞の区別がつけにくいからである。ただし，「棚の上から下ろす」「京都あたり」「来るはずです」などの［つきそい名詞］は小文字で書く，というあたりは例外になりやっかいである。

東大ローマ字会式　分かち書き

田丸卓郎氏の「ローマ字国字論」「ローマ字文の研究」は名著であり，ローマ字運動にたずさわる者にとってはいわばバイブル的な存在であった。しかし実際にそこに書いてある規則に従ってローマ字文を書こうとするとうまくいかない。その規則がむずかしすぎるのである。

1950年前後に東大の学生の中で，日本語をローマ字で書こうというグループが生まれて議論を続けた。中心になったのは後藤(橋本)篤行(工学部)，鈴木重幸・宮島達夫(文学部)である。

つづり方は当然，訓令式によることとし，ヘボン式は議論の対象にもしなかった。それで議論は分かち書きおよびこれと関連する名詞大文字書きにうつった。ここで役立ったのは後藤氏が集めてきたローマ字運動の先輩たちのローマ字書きの文書である。これらは基本的には田丸文法によって統一されていたはずだが実態はかならずしもそうなっていない。では何か他の方式によって統一されているかというとそうでもない。ようするに方式がなかったのである。

宮島達夫

　われわれはできるだけやさしい分かち書きを決めようとした。そのためまず，品詞を考えなければならない。名詞の最初の文字を大文字にするという方式をやめた。一番問題になったのは

　　静かな　　sizuka na
　　静かに　　sizuka ni

などの「な」「に」だがこれは議論のすえ両方とも切りはなすことにした。(田丸氏は「静かな(sizukana)は形容詞」「静かに(sizukani)は副詞」としている。)

　以下助詞の付け離しについて列挙する。「でも」は「お茶でも飲もうか」のような例があるので「田舎でも心配していた」のような例も含めつねに「demo」とつける。

　これにならって「dewa」「towa」「niwa」などもつける。一方，学校文法でつけることになっている「temo」は「naite mo」のようにはなして書く。東大システムの主な規則は以上のようなところである。

複合名詞の分かち書き
　あと残っている問題は「東京大学文学部国語国文学科」「国立国語研究所」「北海道大学入学試験問題」などの長い複合名詞をどこで切るかである。これについてはいますぐに厳密な規則を決めることはできない。ただ少なくとも漢字を基準にすれば「文学部」「研究所」のような漢語を「文学－部」「研究－所」のように切ることはさけるべきである。あとは分かち書きの習慣が社会に定着してその結論をまつしかない。

日本語の分かち書き

岩瀬順一

1. はじめに

　前章で，宮島達夫先生は日本語の分かち書きが進むべき方向をのこしてくださった。本章では，日本語の分かち書きについて，主に助詞・助動詞をとりあげ，具体的な検討を行う。

　分かち書きについて，昔は，東京帝国大学教授の名をつけた「田丸文法」があり，のちにそれに異議を唱えた「東大システム」ができた。非常に大きな権威に反旗をひるがえしたわけで，大変なことだったと思う。いまは，幸か不幸か，ローマ字運動はごくわずかな力しか残していない。誰もが好きなことを言える，よい時代だと思う。インターネットがそれの後押しをしている。

　本章は，「分かち書き「いま」と「むかし」」(『日本語表記の新地平』2012 年，pp. 119-137) と重複する部分がある。また，最近，溝口裕也氏の運営するインターネット上のサイト「ローマ字 あいうえお」[http://green.adam.ne.jp/roomazi/] の存在を知らされ，大いに刺激され，励まされるところがあった。

2. 分かち書きとは

　漢字かなまじり文では「サクラが美しく咲いた」のように，文字の間に空白を置かない。ローマ字やかなで書くときは，「sakuragautukusikusaita」「さくらがうつくしくさいた」では読みにくいので，途中に空白を置いて「sakura ga utukusiku saita」「さくらが　うつくしく　さいた」のように書く。このように，途中に空白を置いて書くことが分かち書きであ

る。どこに空白を置くかについては議論がある。いまの例で，ローマ字書きは「sakura ga」と二語に書いたのに対し，かな書きは「さくらが」と一語に書いた。子ども向けの絵本などでこの形で見慣れているし，文字数が少ないので，これでも役に立つだろう。

　本章では，ローマ字で現代の日本語を書く際の分かち書きについて論ずるが，かな書きの場合も同じ規則でよいと私は思う。なお，漢字かなまじり文で分かち書きをしないのは，かなの列の中に置かれた漢字や助詞の「は」「へ」「を」などに分かち書き効果があるからであるが，分かち書きをして「サクラ が 美しく 咲いた」と書く方法もある。

3. 日本語の分かち書きは簡単である

　日本語の分かち書きは不可能だ，あるいは非常にむずかしい，という説があるが，これは誤りである。日本語の辞書をひくのはむずかしくない。われわれは，文章の中から調べたい単語を容易に抜き出せる。文章を，ふだん辞書でひけるような単語の冒頭で切れば，一つの分かち書きができる。文節分かち書きに近いものであろう。あとは，以下に述べるように，それに少し手を加えるだけである。

　「分かち書き「いま」と「むかし」」（『日本語表記の新地平』2012 年，pp. 119-137）において，筆者は分かち書きについて，次の四つの規則を提案した。

　規則 0．学校文法で一つの単語は原則として途中で切らずに書く。（例外は複合語，サ変動詞，形容動詞など。）

　規則 1．自立語は前の語から離して書く。

　規則 2．助詞・助動詞の分かち書きは適当に決め，深く考えない。

　規則 3．複合語を一続きに書くか，分けて書くかは急いで決めない。

　学校文法を持ち出したのは説明を簡潔にするためであり，分かち書きそのものは文法に依存しない。規則 0 はほぼ明らかであろう。規則 1 は，ふだん辞書でひけるような単語を前の語から離して書くことにあたる。だから，「使い物になる」分かち書きは規則 0 と規則 1 を満たしており，その

逆も正しい。つまり，規則 0 と規則 1 を満たしている分かち書きは「使い物になる」。

すると，使い物になる分かち書きが二通りあった場合，それらの違いは付属語である助動詞・助詞を前の語から離すか離さないかと，複合語を途中で切るか切らないかの違いだけである。それらについては，規則 2 と規則 3 により，いまは決めないとした。どれが正しくてどれが間違っている，とは言わないことにしよう，というのである。

田丸文法に基づく田丸式分かち書きはずいぶん違うように見えるが，やはり付属語・複合語の違いでしかない。ただ，同じ付属語を，意味によって離したり離さなかったりしているのである。

4. 田丸式分かち書き

東京帝国大学の物理学者，田丸卓郎教授がまとめあげたものである。同氏の『ローマ字國字論』(岩波書店，1930 年)では 2 ページほどの説明しかないが，強烈な印象を読者に与える。くわしくは『ローマ字文の研究』(日本のローマ字社，1920 年，筆者が参考にしたのは 1981 年の第 9 版)を見るとよい。その第 128 節を引用しよう。

　　「文章の中で一つの物事を表わしていることばや一つの役目をしていることばを一つの語と見て一つにまとめて書く。
　　例えば「三人の親」という句が「子供三人の親」の意味ならば，「三人」が子供三人を表す一つの語，「の」は子供三人と親の関係を表わす役目をする関係詞であるから，sannin no Oya となる。もし「三人の親」が「親三人」の意味ならば，「三人」というものが別にあるのではなくて，「三人の」が親の数を示す形容詞の役目をしているから，sanninno Oya とすべきである。同様に subeteno Gen'in と書けば「いくつかある原因のすべて」の意味であり，subete no Gen' in と書けば，「すべての事柄の原因」の意味になる。」

この分かち書き規則に加えて，名詞の頭文字を大文字で書くが，何が名詞で何が名詞でないかの判別が容易でないこともあり，実行には大きな困難が伴うことは容易に想像されよう。そのため，同書の後半には110ページにのぼる字引きがついている。一部の人は，この分かち書きルールを見て「難しい」と言っているのかもしれない。（この字引きのうちのほとんどは，以下に述べる筆者の分かち書きでは不要となる。）

　これから述べる筆者の分かち書きとは原理が大きく異なるが，結局，上の例は，学校文法でいうところの助詞 no を前の語から離して書くか離さないで書くかの違いでしかない。

5. 東大システム

　東大システムについては，前章でも宮島先生が触れておられるが，ここでは柴田武（Sibata Takesi）『Wakatigaki no Naze』（2001年）を参考に説明する。

　まず，4つの原則を設ける。
1. 文節を限度にして，それ以上長く続けて書くことをしない。
2. 文節内の1つの部分がそれ自身で文節を作りうるときは，これを他から離して書く。
3. 2つの部分の間に他の語の割り込みを許さないときは，両者を続けて書き，割り込みを許すときは，離して書く。
4. 次に来る部分の種類がひどく限られているときは，前の部分に続けて書き，限られていないときは，前の部分から離して書く。

　ただし，実例を考えると，この4つの原則には矛盾があることがわかる。その場合は個々に判断しなければならない。

　合成語に関しては，次のルールを設ける。
5. 2つの部分がつながった場合，全体が8字母以下であれば続けて書く。

　サ変動詞についても，suru を離すか離さないかに規則がある。

　大勢で分かち書きについて考えるときには，このような原則が必要であ

ろう。これらの規則を考えだした人たちには感服する。いまはほとんど個々人で考えているので，付属語については原則をおくよりも単語ごとに考えるほうが早いと思う。合成語については，東大システムを初めとする先輩たちの意見は大いに役に立つ。彼らにはわれわれとは桁違いに大勢のローマ字仲間がいて，桁違いに大量のローマ字文を読み書きしていたと思われるからである。

6．筆者が使っている分かち書き

　形容動詞は名詞＋「だ」と考えるので，「だ」の前で切る。これで形容動詞を考察からはずすことができるが，文法書・辞書には形容動詞という品詞を認めているものが多いので，参考にするときは注意が必要である。たとえば様子の推定の「そうだ」は名詞には続かないが，形容動詞の語幹に続く。これはわれわれの分類ではある種の名詞に続くことにほかならない。（筆者が文法学者のいう形容動詞という品詞を認めないという意味ではない。必要なら，「だ」を区切って二語に書いて，二語で「形容動詞」と呼べばよい。英語の「不定詞」が二語からなる「to＋動詞の原形」をさすのと同じである。）

6.1　助動詞の分かち書き

　助動詞について考えよう。「書かない」「咲かない」は，どちらも五段動詞＋否定の「ない」である。よって，kakanai と書くなら sakanai だろうし，kaka nai とするなら saka nai とするのが普通だろう。だから，助動詞については，一つずつ，前の語から「離す・離さない」を自分の感覚で決めてみる。これは「新地平」において行なったことだが，一部，考えが変わったところもあるので，あらためて書く。

　厳密に考えれば，その助動詞が別の助動詞に続く場合も同じでよいのか，その助動詞に別の助動詞などが続く場合も同じでよいのか，という心配があるが，その必要はない，というのが経験からわかっている。

　以下，岩波国語辞典第三版付録の助動詞活用表に従って，順にみてゆく。

「せる」。五段動詞の未然形に続く。「書かせる」「読ませる」など。kakaseru, yomaseru と，離さないで書く。kaka, yoma が単独で現れるのは奇異であろう。

「させる」。五段動詞以外の動詞の未然形に続く。「起きさせる」「考えさせる」など。「せる」と比べると，意味も，未然形に続くという点も同じなので離さないと決め，okisaseru, kangaesaseru と書いていたが，上一段動詞，下一段動詞は連用形と未然形が同じなので，oki saseru, kangae saseru と離してもよいのではないかと，最近，考え始めた。

「しめる」。動詞の未然形に続く。五段動詞に続くときは「読ましめる」yomasimeru だろう。上一段・下一段動詞に続くときは，「させる」と同じ理由で，離すことも考えられる。

「れる」。五段動詞の未然形に続く。「せる」と同じ理由で，「書かれる」kakareru，「読まれる」yomareru と，離さないで書く。

「られる」。五段動詞以外の動詞の未然形に続く。「させる」と同じ理由で，離さないと決め，「考えられる」kangaerareru と書いていたが，「させる」の箇所に書いたのと同じ理由で，kangae rareru と離してもよいのではないかと，最近，考え始めた。「られる」は「させる」に続くこともある。「考えさせられる」のようにである。「させる」も「られる」も離さないと決めると kangaesaserareru となる。離すと決めれば kangae sase rareru となる。切ったほうが読みやすい。

「たい」。動詞の連用形につく。「書きたい」「起きたい」「考えたい」など。連用形にはそのあとで切れる感じがある。「手紙を書き，出しに行く」のように。しかし，「書きたい」となると一続きのような気がする。kakitai, okitai, kangaetai のように離さないで書く。しかし，kaki tai, oki tai, kangae tai と離すことも考えられる。

「らしい」。動詞・形容詞の終止形，名詞に続く。形容動詞の語幹は名詞に含めているのだった。「咲くらしい」, saku rasii「美しいらしい」utukusii rasii,「終わりらしい」owari rasii と離して書く。形容動詞の語幹に続く例としては「静からしい」sizuka rasii をあげておく。

「ようだ」。この語は「よう」と「だ」に分かれるので，切って yô da と書くことにする。動詞・形容詞・形容動詞の連体形に続く。「書くようだ」 kaku yô da,「美しいようだ」utukusii yô da,「静かなようだ」sizuka na yô da.

「そうだ」。様子の推定の「そうだ」である。これも切って sô da だと書く。動詞の連用形，形容詞・形容動詞の語幹に続く。「書きそうだ」は以前は離さずに kakisô da と書くことにしていた。「美しそうだ」utukusisô da,「静かそうだ」sizukasô da は utukusi sô da, sizuka sô da でもよさそうだ。それに合わせて kaki sô da と離してもよいと思い始めた。

「そうだ」。伝聞の「そうだ」である。これも sô da だと書く。動詞・形容詞・形容動詞の終止形に続くので，離すのが妥当だろう。「書くそうだ」 kaku sô da,「美しいそうだ」utukusii sô da,「静かだそうだ」sizuka da sô da と書く。

「だ」。名詞に続く。「書くだろう」「美しいだろう」の形で，動詞・形容詞の連体形に続くことがある。離す。「花だ」hana da,「書くだろう」 kaku darô,「美しいだろう」utukusii darô と書く。（あとの二つの例ではまだ説明していない「う」が現れている。）

「です」。名詞，形容動詞の語幹に続く。「書くでしょう」「美しいです」の形で。動詞・形容詞に続くことがある。離す。「花です」hana desu, 「静かです」sizuka desu,「書くでしょう」kaku desyô,「美しいです」 utukusii desu と書く。（「でしょう」の「う」はあとで説明する。）

「ます」。動詞の連用形に続く。離さずに「書きます」kakimasu,「起きます」okimasu,「考えます」kangaemasu でよいだろう。が，kaki masu, oki masu, kangae masu がいけない理由はない。

「ない」。動詞の未然形に続く。離さずに「書かない」kakanai,「起きない」okinai,「考えない」kangaenai でよいだろう。あとの二つは，oki nai, kangae nai と書くことも考えられる。

「ぬ」。動詞の未然形に続く。離さずに「書かぬ」kakanu,「起きぬ」 okinu,「考えぬ」kangaenu でよいだろう。後の二つは oki nu, kangae nu と書くことも考えられる。

　「た」。動詞・形容詞・形容動詞の連用形に続く。離さずに「書いた」kaita,「美しかった」utukusikatta,「静かだった」sizuka datta と書く。「書いた」を kai ta とは書きづらい。「整えた」なら totonoe ta とも書けそうだが，ta が短いつづりなので，離すまでもないと思う。

　「う」。五段動詞・形容詞・形容動詞の未然形に続く。「書こう」kakô,「美しかろう」utukusikarô,「静かだろう」sizuka darô となるしかないだろう。離しようがない。

　「よう」。五段動詞以外の動詞の未然形に続く。離さずに「起きよう」okiyô,「考えよう」kangaeyô,「来よう」koyô,「しよう」siyô と書く。oki yô, kangae yô, si yô と書けなくはないが，yô が短いつづりなので，離すまでもないと思う。

　「まい」。五段動詞の終止形，その他の動詞の未然形に続く。前には離さないで「書くまい」kakumai,「起きまい」okimai,「考えまい」kangaemai としていたが，kaku mai, oki mai, kangae mai でもよいと思う。

　岩瀬順一(2012)では，できあがってみると，「終止形・連体形に続くものは離す」「未然形・連用形・仮定形に続くものは離さない」という法則に従っていた。ほぼ予想どおりであるが，連用形は意外であった。「本を読み，手紙を書く」のように連用形にはそこで区切れる用法がある。名詞として使われることがある。たとえば連用形「走り」は「いい走りを見せましたね」のように使われる。一方，「読み書き」「走り去る」の場合には，二つの動詞が完全に一体になっているように思える。連用形には二つの側面がある，ということだろうか。

　今回，考え直したのは，「未然形のうち連用形と同じ形のものに続くものは離す」「連用形に続くものは離す」とまとめられる。これに従うと，kangaesaseraremasita(「考えさせられました」)のような長いつづりが kangae sase rare masita と短く切り分けられて読みやすくなるという利点がある。

「せる」は五段動詞に続き，「させる」はそれ以外の動詞に続くが，意味は同じである。同じ役目をする助動詞を離したり離さなかったりしてよいのか，とむかしは考えていたが，最近，「五段動詞かどうかは意識せずに書いたり話したりできる。よって，助動詞の離す・離さないも自然にできるのではないか」と気がついた。

しかし，上にあげたような長いつづり字が現れることはまれである。今回考えたように短く切るには品詞分解の知識が必要になり，むずかしかろう。規則は前の通りとし，あまりに長すぎるつづりが現れそうになったら「耳で聞いていてもわかりにくいのだから」と考えて言い方を変える，とするほうがよいかもしれない。

「考えさせられました」を kangaesaseraremasita と書くと決める場合，初心者向けの読み物では「-」を使って，kangae-sase-rare-masita のように書くことも考えられる。キーボードを使って書くときは，どこに「-」キーがあるかで手間が違ってくる。筆者のパソコンでは「0」の右にあるのでちょっと遠いが，スペイン語配列にすると「/」の位置になるので楽である。「-」は本来の用途のためにとっておこうと考えるなら，下線「_」を使い kangae_sase_rare_masita とする方法もある。

6.2 助詞の分かち書き

今回，国語辞典を通読し，載っている単語すべてについて「前の語から離すか，離さないか」を調べようと思い立った。私が目を通し始めたのは小型の「岩波国語辞典第三版」であるが，本文全部に目を通すのは時間的に無理とすぐに悟った。そこで，助詞に限って調べることにした。この辞書には助詞の一覧表がないので，自分の目で探した。そのため，もれもあるかと思われる。なお，広辞苑第五版の付録および時枝誠記「日本文法口語篇」で，いくつかを補った。

い：離す。Iya ka i.
え：離す。Iya da zo e.

か：離す。Sô ka.

が：離す。Boku ga yuku.

かしら：離す。kasira か ka sira かは再考。Kore de ii ka sira?

から：離す。Asita kara yaru.

きり：離す。Sore kiri da.

くらい：離す。Sono kurai de ii.

け：「たっけ」「だっけ」の形でのみ使う。Mukasi yondakke よりも yonda kke か。

けれど：離す。Yoku mita keredo wakaranakatta. あるいは kere do とする？

けれども：離す。Yoku mita keredo mo wakaranakatta. あるいは kere do mo とする？

こそ：離す。Kimi koso yuku beki da.

さ：離す。Sô sa.

さえ：離す。Kimi sae yokereba.

さかい：離す。さかいに sakai ni も同様。

し：離す。Sigoto mo suru si, asobi mo suru.

しか：離す。Kimi sika inai.

しき：離す。Nan no, kore siki.

しも：離す。Kanarazu simo tadasiku nai か Kanarazu si mo ... か。再考。

ずつ：離す。Sukosi zutu yomu.

すら：離す。Otona sura tokenakatta mondai.

ぜ：離す。Ore ga yaru ze.

ぞ：離す。Ore ga yaru zo.

だけ：離す。Kimi dake ga tayori da.

たら：離す。Ano hito ttara.

たり・だり：離さない。Kaitari, yondari suru.

つつ：離さない。Benkyô situtu komori mo suru. あるいは離す。kangae tutu nemutta.

って：離す。Koko tte doko?

て・で：離さない。Kaite! Yonde!

で：離す。Koko de yasumimasyô.

ても・でも：離さない。ただし Kaite mo, yonde mo subarasii.

でも：離す。Mesi de mo kuô ka.

と：離す。Kimi to boku.

とも：離す。to mo の間は切って書く。Hanasanaku to mo yoi.

ども：離さない。do mo の間は切って書く。Yukedo mo yukedo mo. Osedo mo hikedo mo のような慣用語にしか使わず，命令形と同じ形の仮定形に続くので，離してもよいだろう。Yuke do mo yuke do mo. Ose do mo hike do mo.

な：離す。Ugoku na! Yaru na!

なあ：離す。Yaru nâ!

ながら：離さない。Sitte inagara damatte ita. 離してもよい。Kangae nagara.

なぞ：離す。Kimi nazo siranai か kimi na zo ... かは再考。

なと：離す。Nan nato otori nasai か nan na to ... かは再考。

など：離す。Kimi nado siranai.

なり：離す。Aruku nari hasiru nari nasai.

なりと：離す。Nan nari to.

に：離す。Kimi ni ageyô.

にて：離す。Kore ni te osimai.

には：離す。Kimi ni wa agenai.

ね：離す。Kimi da ne.

の：離す。Boku no hon da.

のう：離す。Sô zya nô.

ので：離す。Hareta no de dekakeru.

のに：離す。Hareta no ni zannen da.

のみ：離す。Kore nomi ga sinpai da.

は：離す。Kimi wa subarasii.

ば：離さない。Kimi ga yukeba sore de yoi.

ばかり：離す。Kimi bakari tabete iru.

ほど：離す。Kore hodo itte mo wakaranai ka.

へ：離す。Mukô e yukô.

まで：離す。Kimi made mo ka.

も：離す。Kimi mo ka.

もの：離す。Iya da mono.

ものの：離す。Yonde wa mita mono no wakaranai.

もん：離す。Iya da mon.

や：離す。Kimi ya boku.

やら：離す。Kimi yara boku yara.

よ：離す。Dame da yo.

より：離す。Boku yori kimi ga husawasii darô.

わ：離す。Tukareta wa.

を：離す。Kimi o matu.

ん：離す。Kimi n ti de aô

んで：離す。Atui n de maitta.

　岩瀬(2012)では「ば・て・たり」だけが前の語から離さずに書くとしたが、「つつ，ども，ながら」を見落としていたことに気がついた。ただし，これらは離してもよい。

　どの活用形に続くかを見てみよう。「ば」は仮定形に続く。「て」「たり」は連用形だが「書いて」「読んだり」と音便が発生する場合があるので，除外する。「つつ」は連用形，「ども」は命令形と同じ形の仮定形，「ながら」は連用形である。ここでも、助動詞のときと似た法則が成り立っている。

6.3　「たがる」,「そう」，複合語

　助詞・助動詞ではないが，「たがる」という語の扱いも考えなければな

らない。連用形に続く。離さずに tabetagaru のように書くとする。この語と助動詞「せる」は，交互にいくらでも続けられる。一番下の娘が「食べたがる」。その上の娘がその子に「食べたがらせる」。その行為を好むとき「食べたがらせたがる」。さらにその上の娘がちょっかいを出す場合，「食べたがらせたがらせる」，と，理屈ではいくらでも続けられる。「食べさせる」から始めた「食べさせたがらせたがる」も同じである。よって，「たがる」と「せる」を前の語から離さずに書くと決める場合，日本語にはいくらでも長い語があることになる。

　tabetagarasetagaraseru, tabesasetagarasetagaru のように。「たがる」を前の語から離して書くと tabe tagarase tagaraseru, tabesase tagarase tagaru となる。(この「たがる」は，益山健氏のご教示による。)

　「書きたそう」で，「書き足そう」ではなく，"書きたがっているようだ"の意味を表すことがある。最後の「そう」は助動詞だが，「書きたい」の「たい」には，「たい」の活用形を見る限り，続かない。しかし，岩波国語辞典第三版では，「そう（相）」のところにこの用法が載っていた。この「そう」は「赤そう」「正しそう」と形容詞の語幹につく。「たい」の変化は形容詞と同じなので，「〜たそう」という形ができたのであろう。「食べたそうだ」は"食べたがっているようだ"と"食べたという話だ"という二つの意味を持ってしまうが，アクセントで区別ができる。筆者の分かち書きでは区別ができない。漢字かなまじり文でも区別できないから，それでもよいのだが。

　「さらに」は sara ni，「ことに」は koto ni と書く。現代語では「さら」「こと」は単独で使われないが，「に」が助詞であることは直感的にわかり，辞書を見てそれが正しいことがわかるからである。このやり方は，辞書を見ないと大きな間違いをすることがある。私は「遮二無二」の二つの「に」を助詞だと思っていたのである。

　「思い起こす」を omoi okosu と二語に書いた場合，「思い起こさせた」が omoi okosaseta となる。これを「思い＋起こさせた」と理解してはならない。

複合語の書き方については，外国語の分かち書きも参考にできる。ドイツ語には eine Alt- und eine Tenorstimme という書き方がある。「-」を，前は単語につけ，後ろはつけずに書くのである。これはマーラー作曲「大地の歌」の副題の一部で，この部分は「アルトとテノールの独唱」の意味になる。省略しなければ eine Altstimme und eine Tenorstimme となったところであろう。これにならって「小中学校」を syô-tyûgakkô と書くことが考えられよう。また，英語では，「千一番目の」を the thousand and first と言う。the thousand and first man は「『千』と『第一の男』」ではなく，「千一番目の男」である。(この場合，定冠詞 the があることで，その間の部分が一つの序数詞であることが理解しやすくなっている，という面もある。)

7. その他
7.1　ローマ字書き以外の分かち書き
　本章ではローマ字書きの分かち書きを論じてきたが，かな書き，漢字かなまじり文でも，分かち書きは可能であり，全く同じ方式でよい。例外は，「〜すれども」の「ども」を suredo mo と切ると決めた場合に，「〜すれ共」のような当て字に出会った場合などである。漢字一文字は切り分けようがない。

　分かち書きには，むずかしい漢字の使用を避けられるという利点がある。「把握」を一時期「は握」と書いていたが，評判が悪かった。「は」は助詞として使われることが非常に多く，そこで強烈な分かち書き効果が生まれてしまうので，「よくは握していない」は「よくは＋握していない」と見えてしまうからである。このような際にかたかなを用いる方法もある。「よくハ握すると」となり，これでよいはずだが，違和感を持つ人も多いだろう。かたかなは，外来語だけでなく動植物名にも使われる。それにさらに別の用法を持たせるのは酷ではないか。分かち書きをすれば「よく は握 して いない」なる。「いま　はやって　いる」は分かち書きを使わないと「いまは　やって　いる」とも読めるので，適切でないと知りな

がら,「いま流行っている」と漢字を使うことがある。「以前回した回覧板」のように漢字が並ぶ場合も「以前　回した　回覧板」のほうが読みやすいはずである。新聞の見出しはすでに分かち書きを部分的に用いている。「許そうとする心　刻む証人」(朝日新聞大阪本社版 2014 年 7 月 24 日づけ第一面)のように。

　また，かなが並ぶ場合，引用符で名詞を囲む方法もある。三年前にはいってきた北陸電力の電気節約のちらしには，"すだれ"や"よしず"などで日差しをさえぎる」とあった。どちらも漢字で書けるが，むずかしい字である。

　やや余談になるが，新聞は，「センチ」や「リットル」を一字分に詰め込んだ特別な活字を使う。このような活字を漢字音すべてについて作り，たとえば戦前の「共軛」を同音の漢字を用いて「共役」と書き換えるのではなく，「軛」を「ヤク」を一字分に詰め込んだ活字で置き換える。すると「共ヤク」と似た文字列になるが，「ヤク」が漢字一文字であったことがわかり，元の「共軛」を探すのが容易になろう。一文字からなる漢字音のとき困るので，漢字音を何かで囲むなどしたデザインにする必要があろうが，「ロ」を四角く囲むと「回」に見えてしまうおそれもある。しかし，さまざまな活字を工夫してきた新聞社が真剣に取り組めば，できないことはあるまい。

7.2　分かち書きのもう一つのメリット

　「この両辺を計算すると」でよいところを「この両辺を計算してやると」という学生がいる。keisan suru to，keisan site yaru to と分かち書きしてみると，一語だけ多いことがわかる。

7.3　「どちらでもよい」は負担軽減にはならない

　漢字の字体や筆順について,「どちらでもよい」という人がいるが，それは一見，寛容な姿勢に見えて,「どちらでもよい」と覚えさせるという点で，児童の負担は変わらない。「木」の下ははねてもはねなくてもよい

そうだが，そう決めるなら，「はねてもはねなくてもよい」と児童は覚えなければならない。児童同士で，書き取りの答案を交換して採点する場合などがあるからである。

　また，完全に「どうでもよい」という人はなかろう。たとえば，「山」という字は，凵を一筆で書いてからまん中の縦棒を書けば速く書けるが，それを認める教師はいないのではあるまいか。「羊」という文字の最後の縦棒ははねたらまずかろう。

　分かち書きについても，将来，学校で必修となるなら，「離す」「離さない」「離しても離さなくてもよい」にきちんと分けて示さなければならない。そして，第三の「離しても離さなくてもよい」はなるべく少ないことが望ましいだろう。

8. 分かち書きの多様性

　いまの日本語の漢字かなまじり文では，漢字のあて方や送りがなにさまざまなバリエーションがある。分かち書きも，当面は，人によってバリエーションがあってよい。失敗をおそれずに，各自で，分かち書きを試してみよう。そうすることで分かち書きが広まり，ローマ字書き，カナ書きのような，漢字にとらわれない日本語の書き方が発展することを期待する。

参考文献

岩瀬順一(2012)「分かち書き「いま」と「むかし」」茅島篤(編)『日本語表記の新地平』pp.119-137．くろしお出版．

柴田武(Sibata Takesi)(2001)『Wakatigaki no Naze.』

田丸卓郎(1930)『ローマ字國字論』岩波書店．

田丸卓郎(1981)『ローマ字文の研究』(第9版)日本のローマ字社．

時枝誠記(1950)「日本文法口語篇」岩波書店．(1978年改訂)

西尾実・水谷静夫・岩淵悦太郎(編)(1979)『岩波国語辞典第三版』岩波書店．

溝口裕也(2012)「ローマ字 あいうえお」[http://green.adam.ne.jp/roomazi/]（アクセス：2017年1月23日）

ウメサオタダオの文字づかい

大島中正

1. はじめに

　梅棹忠夫の文章は研究されなければならない。平易にして達意の文章がなぜうまれるのか。その理由が解明されなければならない。谷沢永一や柴田武をはじめその文章を称賛する人はおおい。

　谷沢永一は，梅棹忠夫の文章を次のように絶賛している。

> 　二十一世紀において日本語による文章の範例とすべきは，殆どただひとり，梅棹忠夫であろう。彼の学説が正鵠を射ている功績は言うまでもないが，それに加えて，われわれ現代人は彼の文章に深く学ばねばならないと思う。我が国における短かしとせぬ論説史上，彼ほど平易にして達意の表現を提示した者は他に見当らない。敢えて再び言う。二十一世紀における日本語の文章は，梅棹忠夫を見習う努力から始めなければならない。『梅棹忠夫著作集』全二二巻別巻一巻（中央公論社）は，新しい日本語表現の先達である。　　　（谷沢永一(2001)，p.29）

　柴田武は，高校の国語教科書の編集委員会に，梅棹忠夫の『モゴール族探検記』(1956年，岩波新書(青版)253)の一節を，教科書に掲載する作品の候補として推薦した際のことを次のようにのべている。

> 　　委員会では簡単に不採用になった。理由は，文章がやさしすぎて，教室で指導の余地がない。二時間，三時間かけて説明するほどの内容がない。
> 　　梅棹氏の文章だから実にやさしい。明快でもある。だからこそ，

私は推したのだった。「やさしすぎる」という不合格理由は、実は、三十年後の今日まで尾を引いていて、事あるごとに考え込むきっかけになっている。
（柴田武（1993），p. 4）

　では、このように称賛される文章は、なぜうまれたのか。梅棹忠夫は、そのロングセラー『知的生産の技術』に、次のようにのべている。

　わたしは、まいにちタイプライターでローマ字日本語をたたきだしているうちに、日本語の文章をかくうえに、たいへんだいじなことを、いくつか身につけた。これは、はじめにはまったく予期しない効果だった。
　　第一に、ことばえらびが慎重になった。ローマ字は表音文字だから、むつかしい漢語をたくさんつかうと、意味が通じにくくなる。そこで、なるたけ耳できいてわかることばをつかうようになる。その結果、わたしの文章は、文体からして、すっかりかわってしまうことになった。石川啄木がローマ字の日記をつけていたのは有名である。岩波版の啄木全集にその全部が収録されているが、簡潔で迫力のある文章である。桑原武夫先生によると、啄木の文章は、このローマ字日記以後、ひじょうによくなった、ということである。しばらくでも、日本語のローマ字がきを実行することは、たしかに文章の訓練として、たいへん有効にちがいないと、わたしは、信じている。
（1969 年，岩波新書（青版）722, pp. 128-129）

　文章といっても、その文字づかいと、そのことばづかいとは別である。もっぱらローマ字をもちいてワカチガキをしさえすれば、文章が平易にして達意のものになるわけでもなく、現在一般におこなわれている漢字仮名併用のベタガキ表記をつづけているかぎり、やさしくてわかりやすい文章がかけないということでもないだろう。梅棹忠夫や石川啄木の体験は、文字づかいとことばづかいの関係をかんがえるうえでたいへん興味ぶかい事

例である。ローマ字という表音文字のみで、よみ手が誤解をしないように表現するためには、耳できいただけで理解できる単語や慣用表現を使用しなければならないことになる。つまり、日本語に即して具体的にいえば、同音異義語のおおい漢語語彙の使用が抑制され、和語語彙に属する単語が活用されることになるということである。大筋としてはこういうことであろうと、かんがえられるが、そのくわしい実態が正確に把握できているとはいいがたい。梅棹忠夫の文章の影響をうけたという野村雅昭は、自身の体験にもとづいて次のようにのべている。

> この方法(大島註:和語をカナがきにする表記法)をとりはじめたのは、梅棹忠夫や馬淵和夫の文章の影響である。すくなくとも、それらのひとびとの文章は、それなりのくふうがあるからにはちがいないが、わたしにはよみにくくなかった。自分の文章についても、何人かに感想をもとめたが、よみにくいというひとはいなかった。なかには、それに気づいていないひともあった。それでいくらか自信をもち、現在にいたっている。　　　　　(野村雅昭(1981)、p. 62)

この小論では、まず、正書法を確立するというのはどういうことかを考察し、つづいて梅棹忠夫による漢字仮名併用のベタガキ表記にどのような特徴があるかを、国語教科書バージョンとの比較を通じて指摘し、梅棹忠夫の文章を研究する意義についてかんがえることにしたい。

2. 正書法を確立するというのはどういうことか

日本語は正書法(orthography)の確立していない言語である。山口光は、正書法を「文中の単語同定のための社会的表記習慣」であると定義し、次のようにのべている。

> 文字はすべて読み方がきまっている。文字は文字であるかぎり、いわゆる表意文字も表音文字も等しく表語記号であって差異は単独の一字

一字としては何を示すかの一点にあり，それぞれの特性に応じて異なる表語戦略つまり正書法が生まれる。
　カナモジ，点字，ハングルなどの音節文字では文節単位の分かち書きが普通。日本語の漢字かな混ぜ書きが一種の分かち書き効果を示すことはよく指摘される。しかしどの語をどう書くか，かなか漢字か，漢字でもどの漢字かが必ずしも一定せず，厳密にいえば，日本語の正書法は未成立状態。国立国語研究所の初代所長・西尾実がその統一に手をつけようとしたが，実現には至らなかったと聞く。

（山口光（1997），pp. 183-182）

　日本語の正書法を確立するということはどういうことか。漢字と仮名（平仮名・片仮名）とをあわせもちいることを前提とするのであれば，一字一字が原則として音節をしめす仮名と一字一字が原則として形態素（＝有意味の最小言語単位。単語は一つ以上の形態素からできる）をしめす漢字とを，どのようにつかいわけるかという戦略をかんがえるということである。
　たとえば，／ワタシ／という一人称単数の代名詞の一つは，「わたし」「ワタシ」「私」のいずれでもよいというのではなく，つねに「わたし」と表記することにきめる。このように社会的表記習慣を確立することである。つまり同語の異表記というものは存在しないようにすることである。さらに，たとえば「私」という表記形式は，／ワタシ／という単語の漢字による表記形式であると同時に別の単語／ワタクシ／の漢字による表記形式でもあるといったこともない。つまり異語の同表記ということもなければ，その言語は，正書法が理想的な状態に発達しているといえるであろう。同語の異表記がなければ，ある単語をどのように表記しようかとまようことがなくなる。手がきでなくワープロを使用する場合でも表記形式を選択するという作業が不要になる。たとえば／ワタクシガ　オハナシシマス／というセンテンスを，「私がお話します」「私がお話しします」「わたくしがお話します」等々のうちから，どれにすればよいかとまよわずにすむのである。たとえば，和語はすべて平仮名で表記する。漢語はすべて漢

字で表記する。洋語はすべて片仮名で表記すると決定すれば，「わたくし
がおはなしします」一つに決定ということになる。さらに文節ワカチガキ
をするというルールをもうければ，「わたくしが　おはなしします」と，
だれもが表記することになる。センテンス中のある文字列を何とよめばよ
いのかとなやむこともなくなれば，よりいっそう理想的である。「国境の
長いトンネルを抜けると雪国であった」という有名なセンテンスは，実際
に「こっきょうの……」とも「くにざかいの……」とも朗読されてきてい
る。この場合も，先にのべたような，語種による文字のつかいわけという
社会的表記習慣を確立すれば，たとえば和語の／クニザカイ／は「くにざ
かい」と平仮名で表記され，漢語の／コッキョウ／はまようことなく「国
境」と漢字で表記されることになるのである。正書法が確立していること
を理想とするならば，日本語の表記は，理想からはかけはなれた状態にあ
るといわざるをえない。では，日本語の表記を理想的な状態にするにはど
うすればよいのか。梅棹忠夫は，まず，漢字の訓よみの廃止を主張し実行
したのであった。次に，梅棹忠夫のことばを引用する。梅棹による表記の
サンプルを提示することにもなるので，ながめに引用する。

　　漢字かなまじりという，現代の日本の表記システムを保持したまま
　で，正書法を制定しようとすれば，どうしたらよいか。おそらくは，
　可能な唯一の法とおもわれるのは，漢字の訓をやめてしまう，という
　方法である。漢字は，音だけにしてしまうのである。こうすれば，お
　くりがなの不統一もなにも全部なくなってしまう。おくりがなという
　観念が不必要になるのである。
　　このやりかたにも，もちろんいくつかの問題点はある。いちばん
　やっかいなのは，固有名詞の問題であろう。日本の固有名詞には，地
　名にせよ人名にせよ，訓よみの漢字があてられている場合がきわめて
　おおい。これを全部かながきすることについては，おそらくひじょう
　な抵抗があるだろう。
　　もし，用言のおくりがなの問題だけを解決したいのなら，便法はあ

る。それは，活用語尾のおくりがなを必要とすることばには，訓よみの漢字はつかわない，という方法である。すべてかながきにするのである。これは，比較的かんたんに実行できる方式である。じつは，私のこの文章は，はじめからこの方式でかいている。

　これだけではしかし，安定した正書法をつくりあげることは，むつかしいであろう。安定した正書法のシステムをつくりあげるには，おそらくはやはり訓よみ漢字の全面的な廃止をかんがえなければならないだろう。

　そうすると当然かんがえられることは，かながきの部分がおおくなって，よみにくくなる，ということだ。わたしの文章がすでに，いくらかはその傾向をしめしているかもしれない。よみやすく，よみちがいをすくなくするためには，つぎには当然わかちがきの導入ということになるだろう。そこまでゆけば，日本語を表記する文字のシステムは，ひじょうにすっきりしたものになる。混乱の状態からの脱出である。不完全システムから，完全システムへの進歩である。

（梅棹忠夫（1992b），pp. 317-318）

　現代日本語の表記上の問題点とその解決法の試案（私案），さらにその試案（私案）の問題点までが，みごとにしめされている。大筋としてはこれで十分で，贅言をくわえる必要はないとおもわれる。

　次に，現行の漢字仮名併用表記における同語異表記と異語同表記について，それぞれにどのようなタイプのものがあるかをみわたしておくことにする。

　①同語の異表記には，二つのタイプがあるとかんがえられよう。一つは，a）同音同義異表記とでもいうべきタイプであり，もう一つはb）同音類義異表記とでもいうべきタイプである。同音同義同表記というのは，語形（＝単語の音声形式）においても語義（＝辞書的意味）においてもまったく相違点はないが，表記形式のみが複数あるタイプである。たとえば，和語の／スシ／には「すし」「寿司」「鮨」「鮓」といった複数の表記形式が存在するが，

いずれも，語形・語義ともにおなじ単語／スシ／の表記形式であることにちがいはない。他に和語では／カワラ／に対する「河原」「川原」などがあり，漢語では／コンゲン／に対する「根源」「根元」，／シンズイ／に対する，「真髄」「神髄」，／タイヘイ／に対する「太平」「泰平」，／ジョウキョウ／に対する「状況」「情況」などがある。もう一つの同音類義異表記というのは，いわゆる多義語の表記のことである。／ミル／に対する「見る」「観る」「看る」「視る」，／ハカル／に対する「計る」「測る」「量る」，／マルイ／に対する「丸い」「円い」などいわゆる異字同訓である。動詞・形容詞の異字同訓の問題は，梅棹忠夫のように和語の動詞・形容詞を平仮名で表記するようにすれば解決する。

　②異語の同表記には，四つのタイプがあると考えられる。一つは，a)典型的な異語同表記である。語形・語義ともにことなる異語の表記形式がまったく同じになるタイプで，たとえば，「尾鰭」は／オヒレ／／オビレ／の，「生物」は／ナマモノ／／セイブツ／の，「通って」は／トオッテ／／カヨッテ／の，「実は」は／ミワ／／ジツワ／の，それぞれ表記形式の一つなのである。二つめのタイプは，b)異義というほどではないが同義ともいいかねるものである。「国境」「草原」「一時」「数」「音」といった漢字による表記形式は，それぞれ／クニザカイ／／コッキョウ／，／クサハラ／／ソウゲン／，／イチジ／／イットキ／／ヒトトキ／，／カズ／／スウ／，／オト／／オン／という異語の表記形式でありうる。このタイプの表記形式にはフリガナをつけるというのが解決策の一つである。文脈がどんなにはっきりしていても，どうよめばよいか自信のもてないことがある。たとえば「敵は数においてまさる」，「おびただしい数に上る」の「数」はいずれも漢語／スウ／の漢字表記であるとかんがえるが，和語／カズ／のそれであるとおもったり，判断にまよう人もあることだろう。特に日本語を他言語として学習する人たちの中にはまよう人がおおいことだろう。三つ目はc)／シリツ／／イチリツ／に対する「市立」，／ヒトゴト／／タニンゴト／に対する「他人事」，／サミダレ／／サツキアメ／に対する「五月雨」などである。これらは異音同義同表記とかんがえるが，いかが

であろうか。語形が異なる以上は同語とはいいかねるとかんがえる。たとえば，／ヨコハマシリツダイガク／ときいても，／ヨコハマイチリツダイガク／ときいても「横浜市立大学」とかきとることであろう。また，前者であれ，後者であれ，ワープロで漢字への変換キーをたたけば，「横浜市立大学」と変換されるであろう。しかし，これら二つが語彙調査(はなしことば)に使用する音声言語資料に出現したものであれば，同語と判断するであろうか。わたくしならば，別語とあつかう。四つ目は，同音異義語を仮名・ローマ字といった表音文字で表記する際に生じるタイプである。「くも」は，空の／クモ／の表記形式でもあり動物の／クモ／の表記形式でもある。このタイプがあることは，和語の漢字表記がやめられない理由の一つになる。外来語の片仮名表記「バス」「ポーズ」もこのタイプである。しかし，漢字によるものもある。「山岳部」「青茶」がそれである。「父は山岳部の部員だった」の「山岳部」と「この地方の山岳部は毎年大雪にみまわれる」の「山岳部」は同音異義語である。「青茶」も同様にかんがえることができよう。

　以上，同語異表記と異語同表記について全体をみわたしてみた。

3. 岩波新書版と国語教科書版

　梅棹忠夫の文字づかいの特徴をとらえるための小調査をおこなってみた。表記資料としては下記の二つを使用した。

　　①梅棹忠夫著『知的生産の技術』岩波新書(青版)722，1991年12月5日発行の第51刷，pp. 99-115
　　②松村明他編『高等学校　現代国語1』，旺文社，1974年2月10日発行，pp. 17-27(上記①によるが，一部省略されている。表記上の改変は随所にみられるが，表現上の改変はない。)

①を原文とよんでもよいかもしれないが，原稿(手がき)そのものでもなく，別に著作集に収録されたものもあるため，ここでは，岩波新書版とよぶことにする。②は現国版とよぶことにする。この現国版の表記のよってたつところは，「当用漢字音訓表」(1973年6月内閣告示)であるとおもわ

れる。現在ならば，もっとおおくの漢字が使用されることになっただろう。また，①または②を音読したものを複数の人がワープロで筆記したらどのような結果になるであろうか。そのような研究をおこなうことにも意義があろう。ここでは，①と②を比較して気づいた主たる事項を記述することにする。

3.1 フリガナの有無

まず，フリガナの有無に注目してみよう。現国版でフリガナがほどこされている個所を岩波新書版でみると，非フリガナ表記になっている。すなわち平仮名のみで表記されているか，漢字表記にフリガナがほどこされていないのである。

岩波新書版	現国版
・その結果であろうが，今日のりっぱな知的職業についている人たちにもおそろしく読書法の<u>へ̇た̇</u>な人がいるものである。　　　　　（p. 100）	・その結果であろうが，今日のりっぱな知的職業についている人たちにもおそろしく読書法の<ruby>下手<rt>へた</rt></ruby>な人がいるものである。　　　　　（p. 17）
・実際問題としては，ついよみはじめてみたものの，おわりまでよむに<u>たえない</u>，くだらない本だということを発見することもあり，あるいは自分にはむつかしすぎて，歯がたたぬのに気がつくこともある。　（p. 102）	・実際問題としては，つい読み始めてみたものの，終わりまで読むに<ruby>堪<rt>た</rt></ruby>えない，くだらない本だということを発見することもあり，あるいは自分にはむつかしすぎて，歯がたたぬのに気づくこともある。　（p. 19）
・本ははじめからおわりまでよむということを眼目とすれば，こういう<u>ざせつ</u>しやすい方法はよくない。（p. 107）	・本ははじめから終わりまで読むということを眼目とすれば，こういう<ruby>挫折<rt>ざせつ</rt></ruby>しやすい方法はよくない。（p. 22）
・<u>大久保忠利</u>氏は，よんだ本のおわりの余白に，自分のための索引をかきこむことをすすめておられる。（p. 108）	・<ruby>大久保忠利<rt>おおくぼただとし</rt></ruby>氏は，読んだ本の終わりの余白に，自分のための索引を書き込むことを勧めておられる。（p. 23）
・「だいじなところ」というのは，その本を理解するうえで，<u>カギ</u>になるようなところか，あるいは，著者のかんがえがはっきりあらわれているところなどである。　（p. 112）	・「だいじなところ」というのは，その本を理解するうえで，<ruby>鍵<rt>かぎ</rt></ruby>になるようなところか，あるいは，著者の考えがはっきり現れているところなどである。　（p. 25）

岩波新書版では／ヘタナ／／タエナイ／は，いずれも平仮名で「へたな」「たえない」と表記されている。前者には傍点がほどこされている。ともに和語の用言であるから，梅棹の表記の基準にあっている。現国版は「当用漢字音訓表付表」に，対義語の「上手」とともに掲載されている「下手」を採用しフリガナをつけた。漢字「堪」は，「当用漢字音訓表」に掲出されているが「当用漢字表補正資料」でけずられた漢字である。漢語の／ザセツ／は，「挫」が当用漢字でないため「ざ折」のようなマゼガキ表記が生じることになる。そのようなことを回避しようとして平仮名のみで「ざせつ」と表記し，前後の文字列にうもれてしまわないようにとの配慮から傍点がほどこされたのであろう。人名の「大久保忠利」は，岩波新書版にはフリガナがつけられていない。最後の「鍵」は，岩波新書版では「カギ」と片仮名表記になっている。和語ではあっても名詞であるから，漢字表記も可能なはずであるが，ここは，道具の一つを意味する原義ではなく派生義の／カギ／であるため，漢字表記をさけたのかもしれない。現国版が漢字表記にフリガナをつけたのは，漢字「鍵」が当用漢字でないためであろう。

3.2　ともに漢字だが文字がことなるもの

　次に，岩波新書版も現国版の対応個所もともに漢字が使用されているが，文字がことなるものが二つある。一つは／ブアツイ／の「部」と「分」で，もう一つは／カショ／の「個」と「箇」である。岩波新書版は「部あつい」「個所」，現国版は「分厚い」「箇所」と表記されている。

3.3　岩波新書版が漢字，現国版が平仮名のもの

　岩波新書版で漢字が使用されていて現国版で平仮名にあらためられているものは，2例のみ指摘することができる。一つは／ホンダナ／である。語種からいえば／ホン／は漢語で／タナ／は和語である。つまり漢和の混種語である。漢語は漢字で，和語は平仮名でという表記基準であれば「本だな」という表記形式になるわけだが，現国版が／タナ／を平仮名で表記

したのは，「棚」が当用漢字でないからであろう。もっとも「本棚(ほんだな)」というフリガナつきの表記形式も可能であろうが，「当用漢字表」の「まえがき」の「使用上の注意事項」の一つにある「ふりがなは，原則として使わない。」にしたがったのであろう。先の「挫折(ざせつ)」とこの「本だな」の相違は何であろうか。おそらく，漢語を「ざ折」のようにマゼガキすることをさけようとしたのであろう。もう一つの／ムダ／は，『新潮現代国語辞典（第二版）』は，語種を和語と判定し，「無駄」のほかに「徒」という表記形式をも提示している。現国版は，「駄」が当用漢字でないからでなく，「無駄」があて字であるために全体を平仮名表記にしたのであろう。「当用漢字表」の「まえがき」の「使用上の注意事項」には，先に引用したフリガナについての注意事項の一つ前に「あて字は，かな書きにする。」とある。ただ，岩波新書版には，別の個所では「むだ」という表記形式がもちいられていて，ゆれている。

3.4　漢語の表記形式

　ここからは，表記される単語の語種別にその実態を観察してみよう。まず，漢語であるが，いうまでもなく，漢語は，和製漢語もふくめて，漢字で表記することが可能であるのだが，岩波新書版も現国版もともに漢語を漢字で表記しているのであろうか。実はかならずしもそうではない。岩波新書版だけが非漢字表記の例として，／シリメツレツ／／カンタン／／ダイジ／をあげることができる。／シリメツレツ／は２度出現するがいずれも，「シリメツレツ」と片仮名で表記されている。／カンタン／は，下記のように「かんたん」と平仮名で表記されている。

　　・傍線をひくときに，なにがひらめいたのかを，きわめてかんたんに，
　　　欄外に記入しておく。　　　　　　　　　　　（岩波新書版 p. 114）

／ダイジ／は，次のように「だいじ」と平仮名で表記されている。この部分に対応する現国版とならべてしめす。

岩波新書版	現国版
・「だいじなところ」というのは，その本を理解するうえで，カギになるようなところか，あるいは，著者のかんがえがはっきりあらわれているところなどである。それはいわば，「その本にとって」だいじなところなのである。　　（岩波新書版 p. 112）	・「だいじなところ」というのは，その本を理解するうえで，鍵(かぎ)になるようなところか，あるいは，著者の考えがはっきり現われているところなどである。それはいわば，「その本にとって」大事なところなのである。 （現国版 p. 25）

現国版は「　」の中の「だいじな」には手をくわえず，「　」の外の／ダイジ／は漢字表記の「大事」にあらためている。わざわざ「　」をつけた筆者の意図を尊重したのであろう。その結果／ダイジ／という同じ単語に「大事」「だいじ」という，ことなる表記形式が同一の文章の中にあらわれることになった。漢語／リッパ／／イッショ／／タイセツ／は，なぜか，両版ともに「りっぱ」「いっしょ」「たいせつ」と平仮名で表記されている。

3.5　和語の表記形式

　次に和語の表記形式を観察する。梅棹が公表している表記の基準を梅棹忠夫(1990)によってしめしておこう。次の1から3である。

　　1 訓読みの漢字の用言は原則としてひらがなにする。
　　2 用言に由来する漢字でも体言化しているもの＝たとえば「取締役」など＝は漢字をつかう。
　　3 訓よみの用言であっても，他の語と判別しにくい一音の漢字＝たとえば「似る」と「煮る」，「着る」と「切る」のたぐい＝は漢字を許容する。　　　　　　　　　　　（梅棹忠夫(1990)，p. 11）

1は，和語の用言は原則として平仮名で表記するということであり，2は，和語の合成名詞の中で，その構成要素に動詞性(トリシマリヤクのトリシマリやタテモノのタテなど)または形容詞性(チカミチのチカやオオユキの

オオなど)のものがふくまれている場合，たとえば「取締役」「建物」「近道」「大雪」などの「取」「締」「建」「近」「大」といった漢字の使用をみとめるということであろう。しかし，これは，語種と品詞性とがからんだむつかしい問題である。3については，特に解説は不要であろう。

　この論文ですでに提示した用例からもわかるように，岩波新書版において平仮名表記されている和語の動詞・形容詞は，現国版では当用漢字表に掲出の漢字にあらためられている。ただし，先にとりあげた「だいじなところ」とおなじ「　」がつけられている和語の動詞・形容詞は，「よんだ」「みた」「かたい」というように平仮名表記のままである。岩波新書版の表記もその実際を詳細に観察すれば，なやましい問題のあることに気づく。先に提示した梅棹の表記基準の2に関する問題である。たとえば，和語の動詞／ミル／には平仮名表記「みる」のみを観察するが，体言化しているものについては，「みようみまねで」という表記形式がある一方で「見だし」がある。「よみ手」という表記形式がとられているのに対して「よみ方」ではなく，「よみかた」がとられている。また，今回の調査範囲ではないが，おなじ『知的生産の技術』の中に「しかた」がみえる一方で「仕事」という漢字表記が採用されている。後者は慣習性がたかいということであろうが，いずれも和語の動詞／スル／の一活用形／シ／であることに相違はない。

　次に引用するのは岩波新書版『知的生産の技術』の「はじめに」の一部分である。「しかた」「仕事」の部分もふくめて，梅棹の文字づかいをもう一度みわたしてみよう。特に和語の用言・動詞性の構成要素をもつ和語の合成名詞（／シカタ／／カンガエカタ／／シゴト／）・和語の動詞からの転成名詞（／ウゴキ／）の平仮名表記，それに漢語の漢字表記に注目したい。

　　・現代では，その事情がかわりつつあるのだ。知的活動が，いちじるしく生産的な意味をもちつつあるのが現代なのである。知的生産ということばは，いささか耳なれないことばだが，これもそのような時代のうごきを反映しようとしたものとして，うけとっていただき

　　　　たい。また、人間の知的活動を、教養としてではなく、積極的な社
　　　　会参加の<u>しかた</u>としてとらえようというところに、この「知的生
　　　　産の技術」という<u>かんがえかた</u>の意味もあるのではないだろうか。
　　　　　　　　　　　　　　　　　　　　　　　　　　（岩波新書版 p.12）
　・資料をさがす。本をよむ。整理をする。ファイルをつくる。かんが
　　　　える。発想を定着させる。それを発展させる。記録をつける。報告
　　　　をかく。これらの知的作業は、むかしなら、ほんの少数の、学者か
　　　　文筆業者の仕事だった。いまでは、だれでもが、そういう仕事をし
　　　　なければならない機会を無数にもっている。生活の技術として、知
　　　　的生産の技術をかんがえなければならない理由がこの<u>へん</u>にあるの
　　　　である。　　　　　　　　　　　　　　　　　（岩波新書版 p.13）

上記用例文の最終行の「へん」は漢語であるので「辺」と表記しうるもの
であるが、形式名詞であるために平仮名表記されたのであろう。

4. おわりに

　庄司博史（1992）は、梅棹忠夫のかんがえる理想的日本語表記は、「表音
文字表記」であり、「訓のかな表記」というのは「漢字かなまじり表記の
支配」に対する現実的な妥協案にすぎないという趣旨の発言をしている。
その妥協案の実態の詳細な調査を大量の著作を対象に実行することは、個
人レベルでは困難なことであろうが、今後ぜひともおこなわれるべき研究
であるとかんがえる。

　今回この小論でこころみたような国語教科書版（日本語教科書版もある
かもしれない）との比較や梅棹忠夫の文字づかいに影響をうけたという野
村雅昭らの文字づかいとの比較も有意義であろう。

　梅棹忠夫のローマ字文が言語資料として利用できるようになれば、文字
づかいとことばづかいの関係を解明することをめざす研究にもあらたな道
がひらけてくることであろう。

　拙稿のタイトルは「梅棹忠夫」ではなく「ウメサオタダオ」と表記し

た。「ウメサオタダオ展」(2011年)の実行委員長をつとめられた小長谷有紀氏の「カタカナ書きされたウメサオタダオは，彼ののこしたコーパスなんだなぁと思いいたる。コーパスとは遺体のことであり，また体系的な資料のまとまりを指す英語である。資料群というご遺体のウメサオタダオと人びとは出あったのだった（小長谷有紀(2011，p. 5))」という印象ぶかいことばをしったからである。

　ウメサオタダオは，明日の日本語をかんがえるための言語資料としてもおおいに活用されなければならない。

参考文献

梅棹忠夫(1990)「日本語表記革命——盲人にも外国人にもわかることばを——」，『月刊日本語』3-3, pp. 10-15, アルク
梅棹忠夫(1992a)『梅棹忠夫著作集　第11巻　知の技術』，中央公論社.
梅棹忠夫(1992b)『梅棹忠夫著作集　第18巻　日本語と文明』，中央公論社.
大島中正(1992)「異音同表記語——その種類と問題点——」，『同志社女子大学日本語日本文学』4，pp. 1-11.
大島中正(2004)「第2編　文字・表記」，佐治圭三・真田信治(監修)『改訂新版　日本語教師養成シリーズ　3　音声，文字・表記』，pp. 89-119, 東京法令出版.
大島中正(2014)「梅棹忠夫の文章はなぜ明快なのか」，『同志社国文学』81, pp. 441-431.
小長谷有紀(2011)『ウメサオタダオと出会う　文明学者・梅棹忠夫入門』，小学館.
柴田　武(1993)「教科書の日本語」，『日本語学』12-2, pp. 4-7, 明治書院.
庄司博史(1992)「コメント1　実践論としての日本語論」，『梅棹忠夫著作集　第18巻　日本語と文明』，pp. 535-560, 中央公論社.
田中克彦(2011)『漢字が日本語をほろぼす』，角川マーケティング．
谷沢永一(2001)「もっと平易にもっと達意に」，『日本語学』20-1, pp. 28-29, 明治書院.
野村雅昭(1981)「和語のカナ表記」，『言語生活』359, pp. 54-62, 筑摩書房.
野村雅昭(2008)『漢字の未来　新版』，三元社.
山口　光(1997)「ローマ字文法の流れと特色」，『国文学解釈と鑑賞』62-1, pp. 183-161, 至文堂.

文字・翻字と書き方のシステム
——表記法の議論のために——

宮澤　彰

1. ヨミというフィールド：序として

　日本で書類に名前を書くとき，まず必ず「カナ」とか「ヨミ」といった欄が付属している。場合によっては，住所にも「ヨミ」をつけなければならない。日本人にとっては当たり前に思える習慣であるが，日本語文化圏以外のほとんどの人にとっては，なじみのないものである。

　たとえば日本に来る留学生が提出する受験票にも，たいていヨミの欄がある。何を書くか書かないかは必ずしも一定してはおらず，西欧人，中国人，韓国人，ベトナム人など，それぞれの場合で悩むことになる。

　筆者は，流通しやすいデータの表現方法を確立するという立場，また，それらデータ表現の国際的な標準化という立場からヨミの問題を考察し，ヨミを parallel writing という概念で一般化し，これをテキスト表現の一般形式に取り入れることを提唱した (Miyazawa 2007)。parallel writing という言葉はこの論文で提唱した新語で，言語や表記法の違いによって異なるテキストを並べて書く方式一般を指す。異なる言語でのテキストを並べて書くこと，およびそのための言語の識別は，既存のテキスト表現の枠組みでも広く使われている。これを拡張して，ヨミを異なる表記法によるテキストとして表現する方法が，日本語以外の言語にも使用できる一般的方法として適当である，というのがこの論文のひとつの骨子である。

　この論文のもうひとつの骨子として，テキスト表現の枠組みの中で，名前などの値を直接文字の列としない，という点があるが，そちらについては，あまり踏み込まない。本論で，最初に検討したいのは「言語や表記法の違い」といったときの，「言語」および「表記法」の概念整理である。

2. 言語の識別

　最初に本章の扱う言語の範囲は，書き言葉 written language に限ることを了解してほしい。「表記法」が問題になるのは，当然のことながら書き言葉に対してである。本章で例えば「日本語」というときは書き言葉としての日本語を対象にしている。

　もうひとつ，本章で用いる記号について述べておく。DOUBLE QUOTAION MARK("")で囲む場合は，囲まれた文字の列であることを意味する。これと対照して CORNER BRACKET(「」)で囲む場合は，その語という意味で用いる。その他の場所での「」は通常の「」のいくつかの意味で用いる。

　さて，parallel writing では，表現したい抽象的な値があって，それを方式Aで表現したときにある文字列になり，方式Bで表現すると別の文字列になるという考え方をする。名前とヨミの場合，人名の値として抽象的な「ふじわら」があって，それを方式Aで表現すると"藤原"に，方式Bで表現すると"フジワラ"になると考えるわけである。日本語のヨミではない parallel writing の例をあげると，ある企業名の値があって，方式Aで表現すると"必勝客"，方式Bで表現すると"Pizza Hut"になる，というものがある。

　ここで，方式Aとか方式Bとかいったものが，何なのかというのが当面の問題である。後者の例では，方式Aが中国語(広東語)，方式Bが英語と考えられる。前者の例では，方式Aを何とよび，方式Bを何とよぶかの答えは，すぐには出ないであろう。

　実は，中国語(広東語)という言い方も議論のあるところで，現在では北京語と広東語は別言語と考える方が主流であろう。もちろん，大きな意味での中国語系言語ではある。この意味でここでは中国語(広東語)とした。何が一つの言語か？　という言語の識別問題は，どのような単位で言語を識別するかという粒度の問題，隣接言語と区別する基準はどこにあるのかという境界の問題を含んでいる。とはいえたいていの場合，これらの問題の故に識別不能というわけではなく，多数の人が認める何らかの線引きを

して識別することは可能である。

　前者の日本語ヨミの例に対する答えとして筆者が推奨するのは，方式Aを日本語日常表記，方式Bを日本語現代仮名遣いによる表記とするものである。そして，これらも，広東語や米国英語などと同様の，ただし，もっと細かいレベルでの言語（書き言葉）の単位と考えようというものである。

3. 言語タグ

　あまり広くは知られてはいないが，RFC 5646 Tags for Identifying Languages「言語識別のためのタグ」という標準がある。RFC（Request For Comments）は，インターネットを管理するIETF（Internet Engineering Task Force）の標準で，インターネットの世界での基本的な規定である。たとえばメールの形式や送り方の方式，ウェブページのやりとりの方式（HTTP）もRFCとして定められている。

　ウェブページには，そのページがどの言語で書かれているかを示すデータをコードで入れることが，必須ではないが推奨されている。このデータは，たとえばサーチエンジンで，日本語のページのみ表示というような機能のために使われる。かつてはISOの言語コード（ISO 639）を基本としてこれに国名コード（ISO 3166）あるいは若干の登録されたvariantを使用できるだけであった（RFC 1766）が，その後3度ほど改訂されて，言語のさまざまな様相を識別する機能を加えてきた。2017年1月現在ではRFC 5646が有効となっている。

　言語識別のためのタグの標準には，BCP 47という番号もついている。BCPはBest Current Practiceの略であるが，RFC 1766以来，RFC 5646までRFCの番号が変わっても，その最新のものを参照する名前としてBCP 47が使われる。いわばRFCは版で，BCPが版を超えた作品のようなものである。以下，RFC 5646の版に固有な仕様についてはRFC 5646の名称で，IETFの言語識別のタグ全体に関する場合はBCP 47の名称で述べる。

　RFC 5646では，最大7つのサブタグをハイフン(-)でつないで言語の

識別をするタグとする。7つのサブタグとは① language，② extlang，③ script，④ region，⑤ variant，⑥ extension，⑦ privateuse であるが，これら全部を使うわけではなく，最も普通には① language 部分のみ（たとえば ja）を使う。米国英語を示すのであれば① language-④ region の形（たとえば en-US），もっと複雑には① language-④ region-⑤ variant として，たとえばスイスのドイツ語1996年の新正書法を示す de-CH-1996 と使用する。これによって，言語の細かい識別を可能にする。

　以下，各サブタグを解説する。ただし，私用タグや互換性のために残されたものなど，特殊なケースについては省略する。

①language は ISO 639-1 の2文字言語コード，あるいは ISO 639-2, ISO 639-3 または ISO 639-5 の3文字言語コードである。ISO 639全体では日本語を表すのに2文字コード ja と3文字コード jpn との双方が可能であるが，RFC 5646 では，ISO 639-1 の2文字コード（日本語では ja）のみを使用することになっている。多く使われている言語のほとんどは ISO 639-1 にはいっているため，3文字コードを使用するのは比較的使用頻度の低い言語のみである。

②extlang は，中国語（広東語）というような表現をしたい場合に zh-yue という形で使用される。ただし，language として yue（広東語）が登録されているので，extlang を使うのは，特に必要のあるときに限定されている。

③script も，特に必要のあるときのみに限定して使われる。ISO 15924 スクリプト名コードの4文字コードが登録されている。スクリプトコードは，滅多に使われることのないコードであるが，Latn（ラテンアルファベット），Han（漢字），Hira（ひらがな），Kana（かたかな）などが登録されている。

④region は，ISO 3166-1 の国名コードの2文字コードを使う。前述の例に示した米国英語を示す en-US の US が米国の国名コードである。RFC-5646 では，国名コードに加えて，国連統計部の定めた UN M.49 のうち地域コード（数字3桁）も使えるようになっている。これによって例

えば南米のスペイン語をes-005で識別できる。

⑤variantは，上記以外のさまざまな識別を行うもので，2017年1月現在80種類が登録されている。前述の例に示したvariantの1996は，これだけでドイツ語の1996年正書法を示す。他の例としては，emodeng（初期近代英語1500-1700）などがあり，日本語に関するものとしてはhepburn（ヘボン式ローマ字），heploc（米国議会図書館ヘボン式）がある。ただし，後者はalalc97（ALA-LC Romanization 1997版）というvariantを使って，ja-Latn-alalc97というタグを使う方がよいとされている。

variantは通常，登録時にその使用範囲が指定される。たとえば1996はde-（ドイツ語）の後（直後でなくとも良い）のみで使えるし，hepburnはja-Latn（日本語-ラテンアルファベット）の後のみで使える。範囲の限定されていないのは4種類のみで，alalc97の他にはfonipa（International Phonetic Alphabet）などがある。

⑥extensionと⑦privateuseは，特殊用途であり，通常は使われないので説明は略す。

サブタグは登録制で，IANA（Internet Assigned Numbers Authority）に登録される。登録のための手続きもRFC 5646に規定されている。現在日本語ローマ字でhepburnとheploc，alalc97のみが登録されているというのも，それを登録した人／団体がいたためである。例えば韓国語については数あるローマ字化方式も全く登録されていないように偏りのあるのは，この標準に関心を持つ人々が限られていることを示すものであるし，また，この標準が最初に触れたように，あまり知られていないことの現れでもある。

しかしながら，このBCP 47は言語の細かいレベルでの識別を表現するための枠組みとしては，現実的に唯一のものであるし，登録によってvariantを充実させれば実用的な体系になりうると思われる。

4. 書き方のシステム

RFC 5646は，言語タグで識別されるのはlanguageとしている。しか

し，ja-Latn-hepbur で識別される言語と，ja で識別される言語は，言語の細分化のレベルがかなりちがうのは確かであろう。RFC 5646 の variant で識別されるのは，1996 のような正書法の版から，方言まで雑多なレベルが混じっている。多くの用途に言語タグが使われて variant の登録が増えれば，これらを再整理することが必要になるかもしれない。それはともかく，ここで問題にしたいのは，正書法の版次やローマ字化法によって識別されるような言語の細分化レベルに何らかの名前があった方が，議論がしやすいという点である。

　筆者はこれに対し「書き方のシステム」という用語を提唱したい。このような用語にしたのには二つの理由がある。日本語としてわかりやすいという点では，「表記法」という用語にするのがよいかもしれないが，「表記法」は，一般的に広い意味で使われているため誤解される場合もある。さらに英語にするのが難しい。また，「書法」という語も候補としうるが，「書法」は，筆順や点画といった文字の書き方に使われており，誤解を避けるためである。

　もう一つの理由は，英語の writing system である。正書法やローマ字化法は，writing system であるといいたいところであるが，英語圏の概念では，writing system は script とほとんど同義となっている。このために同じ script でも writing system が複数ある，という言い方はなかなか素直に理解してもらいがたい。また，現代日本語の日常の「書き方のシステム」は，漢字，ひらがな，かたかな，さらに場合によってラテンアルファベットと3つないし4つのスクリプトを併用するものであるが，これを「日本語の writing system では複数の script を併用する」と説明してもなかなか理解してもらいがたい。RFC 5646 でも，script は最大1つとされていて，そのかわり漢字＋ひらがな＋かたかなの別名として Jpan という script が ISO 15924 に登録されている。これらのために system of writing という言い方を考え，その対応日本語として「書き方のシステム」という用語を考えたものである。

　書き方のシステムは，当然書き言葉にのみ適用される概念で，日本語，

英語といった言語のレベルより下位の単位である。言語の壁を越えた一つの書き方のシステムは考えない。IPA(International Phonetic Alphabet)は，どの言語にも適用できる書き方のシステムだという主張もありうるが，IPAで個別の言語を表記するにはそれぞれ決めなければならない規則が必要で，これらの規則を含めた書き方のシステムは，言語ごとに存在すると考える方が妥当であろう。

　正書法のように明文化されたものの場合，書き方のシステムは，正書法の版に対応して存在する。明文化された正書法のない場合，ひとつのシステムとして認められるようなまとまりごとに書き方のシステムがあると考えることになろう。たとえば日本語では歴史的仮名遣いや，上代の万葉仮名のシステムはそれぞれ書き方のシステムとして存在すると考えられるのではないか。

　ローマ字化もひとつの書き方のシステムと考えるのが自然である。多くは明文化された規則があるが，古いシステムではそのようなものがない。あっても不完全なものしかないという場合も多い。

　なお，書き方のシステムの単位を実際にどのレベルでとるかは，ゆれが生じうる。これは，方言の区分をどのレベルで行うか，と同様である。言語の識別とレベルは，どのような応用に使うかに応じて，実用的な観点から答えを出すことが必要である。正書法の版の変更にしても，微細な変更の一つ一つを，異なる書き方のシステムとすることは，あまり実用的でないこともある。

5. 翻字と転写

5.1　翻字と転写の区別

　ローマ字化を一般化したものとして，「書き言葉の変換」という言い方が使われる。例えば英語をカタカナにする「カナ化」も書き言葉の変換であるし，ロシアでは，日本語をキリル文字化する方式も使われている。この変換には文字をベースにした変換である「翻字」(transliteration)と，音をベースにした変換である「転写」(transcription)の2通りの方式があ

ることが一般的に認められている。

　翻字の方は，ある書き方のシステムの文字列を，文字から文字への変換規則で異なるスクリプトの文字列に変換する。この場合1文字対1文字の変換とは限らず，1文字から複数文字，複数文字から複数文字の変換規則もあり得る。翻字は，スクリプトが同じであれば，言語や書き方のシステムからは独立に行うことができる。

　転写の方は，ある書き方のシステムの文字列から発音された音声，あるいは音素の列を仮定し，その音声あるいは音素を異なるスクリプトに変換する，すなわち，異なるスクリプトでの書き方のシステムを作成することになる。転写では，音が介在するため言語依存となる。同じキリル文字を用いる言語でも，ロシア語とウクライナ語では異なる転写の方式が必要となる。

　しかし，実際に使用されているローマ字化システムでは，翻字と転写の区別はそれほどはっきりしたものではない。翻字で変換される文字は，音価を意識して選ばれる。また，二つの言語の書き方のシステムで同じスクリプトを使用する場合でも，用いる文字の集合は若干出入りのあるのが普通であるから，翻字が完全に言語独立というわけにもいかない。実用化されている古くからの変換方式は，翻字をベースに転写を加えた場合が多い。

　日本語に関係した部分で見ると，ローマ字化方式は日本語の，ある書き方のシステムからラテンアルファベットへの転写である。しかし，日本語入力システムで使われるローマ字かな変換の逆変換は基本的に翻字である。一例であるが，"っ"という文字から"ltu"という文字列への変換は音とは関係のない変換規則である。

5.2　翻字と書き方のシステムの識別

　翻字の場合，変換結果の書き方のシステムを完全に識別するには，変換前の文字列の書き方のシステムと翻字方式の双方を指定しなければならない。仮に，翻字の方式が同じでも，変換前の文字列の書き方のシステムが異なっていれば，結果の文字列は異なったものとなるからである。

　やや人工的な例になるが，日本語での例を示す。日本語の書き方のシス

文字・翻字と書き方のシステム

テムとして現代仮名遣いと歴史的仮名遣いがあるとする。また，翻字の方式として日本式翻字とヘボン式翻字があるとする（ヘボン式は翻字ではないが，仮に翻字の方式があるものとしておく）。"藤原"は，現代仮名遣いでは"フジワラ"となるが，歴史的仮名遣いでは"フヂハラ"となる。これらを組み合わせると次の4通りが可能となる。

(1) fujiwara　　日本語―現代仮名遣い―ヘボン式翻字
(2) huziwara　　日本語―現代仮名遣い―日本式翻字
(3) fujihara　　日本語―歴史的仮名遣い―ヘボン式翻字
(4) hudihara　　日本語―歴史的仮名遣い―日本式翻字

実は，RFC 5646 の方式では，このレベルの言語の識別をすることが難しい。現代仮名遣いやヘボン式翻字などは，ともに variant サブタグとして登録されるのが，他の登録済みの variant との比較からいって自然であるが，RFC 5646 では，1つの言語タグに2つの variant サブタグをつけることは許されていない。実際にこのレベルで書き方のシステムの識別が必要になることはあまりないとは思うが，理論的には RFC 5646 の不完全な部分である。仮に RFC 5646 の言語タグで識別をしなければならなくなった場合，組み合わせた variant を登録するか，BCP 47 を改訂して，新しいサブタグの種類を作る，あるいは複数 variant の使用を認めるという必要があるだろう。

　転写の場合，変換は理論的には，「変換前の書き方のシステムによる文字列」→「仮想的な発音された音声または音素の列」→「変換後の書き方のシステムによる文字列」，という2段階の変換になる。変換前の書き方のシステムと，変換後の書き方のシステムは基本的に独立であるから，言語の識別という点では変換後の書き方のシステムさえ識別されれば良いはずである。ただし，逆変換を要求される場合には，変換前の書き方のシステムを記録しておかなければならない。

　ここで述べた翻字と転写の区別は，書き方のシステムという概念の検討のために理想化されたものである。前述したように，実際に使われているローマ字化等の方式では，翻字と転写の区別は曖昧な部分が多い。

5.3 語の列

翻字と転写の検討の最後に，転写のところで述べた「仮想的な発音された音声または音素の列」への変換について検討を加えたい。転写は音による変換であると規定したために，このような変換ということにした。しかし，本来は「語の列」(「形態素の列」といってもよいが)ではないかと考える。一般に表記法は保守的なもので，語の発音が変わってもその語の表記法はすぐには変わらない。音をベースにした書き方のシステムでも，音を文字列に変換する直接の変換規則群ではなく，語の発音をもととしてその語を文字列に変換する規則群が創られ，発音が変わっても維持されていくと考える方が妥当ではないだろうか。

この，「語の列」を仮定すると 2. 節で述べた parallel writing の表現したい抽象的な値とよんだものも，「語の列」であると考えることができる。英語では，string of words あるいは word string を用いるのが適当であろう。word の集まりに対して英語は phrase という用語を用いることが多いが，phrase は，sentence というより大きなまとまりを前提として，sentence と word の中間単位という文法的な意味を持った単位として考えられることが多い。ここで「語の列」という用語を使ったのは，そのような文法的意味を外したものとして規定したいためである。「語の列」は，任意の語の順序集合で，文のような文法的まとまりとは独立に存在しうる。

6. 書き方のシステムの属性

書き方のシステムは，語の列から文字列への変換規則群であるとすれば，変換規則について一般的に検討される属性を検討しておくことは有用である。文字列から文字列への変換規則群である翻字についてはなおさらである。ここで一般的にといったのは，情報処理の世界で使われる変換規則，たとえばコード化，プロトコル，ファイル形式などの変換で，これらについて論じられる属性を主として検討することにする。

6.1 一意性

コード化は非常に広い場面で使われている。コード化集合とよばれる変換元集合から，コード要素集合とよばれる変換先のコード値集合への変換規則であるが，多対1は許されても1対多は許されない。たとえば国名コードは，変換元が国名の文字列の集合で，変換先がラテンアルファベット2文字の文字列の集合である。これらの間の変換表が国名コードであるが，"アメリカ合衆国"と"米国"とがともに"US"に変換されること(多対1)は許されるが，"米国"が"US"以外にも変換される規則は許されない。1対多になってしまうためである。これを一意性とよんでいる。

日本語で翻字の規則に近いものとして日本語入力方式のローマ字かな変換がある。日本語入力方式は数多くあるが，ここで述べるローマ字かな部分については，かなりの共通性があり，以下の例に示す範囲では差は問題にならない。知る限りでは，ローマ字入力から仮名が表示される段階で選択を求められる入力方式は存在しないので，ローマ字かな変換規則には一意性がある。ローマ字では，"honya"は，"ほにゃ"と"ほんや"の2通りがあって，前後関係を利用した変換規則を加えない限り一意性がないが，日本語入力方式のローマ字かな変換は，単純な状態判断規則を加えて一意に"ほにゃ"と変換する。

日本語入力方式のローマ字かな変換は，本来は仮名からラテンアルファベットへの変換ではないが，仮名を思い浮かべてこれをローマ字にしてキーインするという作業は，仮名からラテンアルファベットへの変換である。この変換には一意性がない。"ち"は，"ti"と"chi"の双方に変換される。

一意性は，望ましい属性ではあるが，自然言語の書き方のシステムで完全に一意性が保たれることはむしろまれであろう。一意性がなくとも十分実用にはなる。たとえば日本語の日常表記法では，"例えば"と"たとえば"の双方があるから実用にならないとは考えられない。

書き方のシステムにおける一意性を考えるとき，もうひとつ留意すべきは，変換元の集合が，明確に定められてはいない点である。「語の列」は「語」の集合の任意個の積集合であるが，「語」自体が曖昧である。「言う」

というひとつの語が"いう"とも"ゆう"とも書かれる，と考えるか「いう」と「ゆう」という別の語があると考えるのかは，必ずしも明確ではない。このような曖昧性は実世界には珍しいことではない。たとえば漢字の「戸」と「戶」は，同じ文字なのか異なる文字なのかは，解釈による。これが同じ文字とすれば，現在の文字コード系は一意性を確保していないことになる。

　一意性がないということは，書き方がどちらでもよいということにすぎないから，書き方のシステムの実用性にとって，必須の属性ではない。実用的な面では，書かれた文字列が異なっても，変換元の語の列は同じという場合が生じるために，語の列としての照合に手間がかかる点は欠点となる。ただし，本当の実用のためには多少の誤記があっても照合できるようにしなければならないから，一意性の必要性はほとんどないといってもいいだろう。

　にもかかわらず，人は言語の表記に一意性を求める場合が多いようである。どちらの書き方が正しいのかという質問は，多くの人が発する。

6.2　可逆性

　可逆性は，一意性の逆で，変換先の文字列から，変換元の語の列が一意に定まるという属性である。翻字のシステムであれば，変換元はオリジナルの書き方のシステムによる文字列になる。

　可逆性は，一意性に比べ，実用的に望まれる属性である。人が読んで意味を理解するには，文字列から語を把握しているはずで，可逆性がないということは，表記が曖昧ということである。有名な例で言えば，現代仮名遣いでの文字列"きしゃのきしゃがきしゃできしゃした"を，「貴社」や「記者」の語と助詞とにもどすという逆変換が可能であれば，可逆性があるということになる。

　しかし，書き方のシステムの場合，その検証はかなり難しい。"きしゃ"から語への変換は，当然ながら曖昧で，このレベルでは可逆性は保証されない。文法や意味という上位レベルでの曖昧性除去を行って，一つの解に

戻せるかという問題にも答えなければならないからである。文法や意味レベルを用いないで可逆性を保証できるというのは，同字異語(homograph)の全くない書き方のシステムということで，自然言語の世界ではほとんどありえないだろう。しかしながら，完全ではなくてもほとんどの場合に一つの解に戻せるという可逆性の度合いは高い方が，書き方のシステムとして優れていることは明白である。"貴社の記者が汽車で帰社した"は，可逆であり，漢字仮名交じりの書き方のシステムは，仮名だけを使用する書き方のシステムより，この点では明らかに優れている。

　可逆性の検証の場合にも，一意性の検証と同じく，語の集合の曖昧性は，検証を難しくすることは留意しておく必要がある。語の集合は，有界ではない。有限個ではあるが常に増え続ける。ある有限の語の集合に対して可逆であった書き方のシステムが，さらに大きな語の集合に対しても可逆性を保つという保証はない。また，6.1節に示した"いう"と"ゆう"のような異字同語(heterograph)かという疑問にも100%の答えは出しにくい，という難しさがある。

　語の列からでなく，文字列からの変換を行う翻字システムの場合，可逆性は，本質的に必要な属性であると言っていいだろう。翻字にもかかわらず，元の字が何であるかを決定できない，というのは翻字システムとしては致命的欠点である。

　とはいえ，自然言語の世界では文字列という集合の曖昧性は避けられないため，これに基づく曖昧性も避けられない。日本語の仮名の場合，濁点は独立した文字か，濁点付きの文字として1文字かという曖昧性は，文字コード体系の中にも残っている。"が"という1文字か，"か"と"゛"（濁点）という2文字かという問題で，文字コード体系の中でもどちらのコード化も許されている。どちらも翻字システムで"ga"という文字列に変換した場合，変換元が1文字であったか2文字であったかは判別できない。この種の文字そのものの曖昧性は，ヨーロッパのほとんどの言語にも見られるが，実際上の問題になることはあまりない。

6.3 完全性

完全性は，変換元の集合のすべての元について変換が可能であるという属性である。完全性が確保されていないというのは，表記不可能な語がある，ということで通常致命的と考えられる。翻字の場合であれば，もとの書き方のシステムでの文字列のうち，変換できないものがあるというわけで，これも致命的欠点と考えられる。

もちろん，ここにも語の列の曖昧性や文字列の曖昧性は影響してきて，これらによって完全性の検証が困難な場合は多々ある。それらをのぞいても，完全性が100%でなければ実用にならないというわけではない。

例をあげると，日本語で「あっ，あぶない」という語の列あるいは"あっ，あぶない"という文字列を，転写または翻字のシステムでローマ字にすることはできるかという問題がある。これが変換できないとすれば，日本語の書き方のシステムとして，あるいは現代仮名遣いの翻字のシステムとして完全性はないということになる。訓令式を含めほとんどのローマ字化方式は"あっ"の扱いについて触れていないので，完全性はないと思われるが，そのためにそれらの実用性がないということはできない。

完全性の話からは少しずれるが，「あっ」の問題は，別の扱いもできる。ひとつは"あっ"を"atsu"（"atu"でもよいが）と変換するローマ字化方式である。この場合"atsu"からの逆変換が「あっ」と「あつ」へ可能となり，可逆性はなくなる。

また（いささか苦しいが）「あ」と「あっ」は同じ語とする立場もあるだろう。現代仮名遣いの書き方のシステムで書くときに"あ"と"あっ"のどちらの表記にするかを選べると考えるのである。この書き方のシステムは一意性をくずしている。ある書き方のシステムが，「あ／あっ」の語を"a"と変換すれば，完全性は確保されるし，また可逆性も保てる。ただし，語の列からではなく，表記から変換する翻字のシステムの場合には，「あ」と「あっ」が同じ語かどうかは関係なくなるので，この立場をとっても完全性の解決にはならない。

6.4 一貫性

一貫性は，変換の規則群に注目した属性である。絶対的な一貫性という指標は定めがたいが，規則数が少なく，例外的な扱いを行う規則数の少ない規則群が，一貫性が高い。一貫性は，人間にとって大事な属性で，一貫性の程度の低い規則群は，記憶しにくく適用に手間がかかり，誤りも多くなりやすい。

たとえば，訓令式とヘボン式の変換規則を比べると，50音図の行と段に子音文字と母音文字が一致する訓令式の方が，いくつかの例外があるヘボン式より一貫性の程度が高いといえる。

一貫性は，人間のための属性であるが，一貫性が高い方が多くの人に使われるか，というと，必ずしもそうではない。英語の書き方のシステムは，ラテンアルファベットを使用しているにもかかわらず，その音素と文字列の対応の一貫性のなさは，世界の書き方のシステムの中でもトップクラスであろう。にもかかわらず，英語が現在の地球上で最も多くの人が使用する言語であることもまちがいない。

6.5 受容性

受容性は，その変換規則がどれだけ使われるかを示す属性である。受け入れやすさを前もって予測することはきわめて難しく，実際的には，どれだけ使われているかによって測定するしかない。

書き方のシステムは，言語に従属したものであるが，ひとつの言語に複数の書き方のシステムがあるという状況は，たとえば英語における英国英語と米国英語など，地域による正書法の異なり，ドイツ語における新正書法と旧正書法のような，歴史的な正書法の異なりが代表的な例である。これらの場合，書き方のシステムの間で受容性をくらべてもあまり意味はない。

これに対して，ローマ字化方式は，20世紀を通じ議論の絶えなかった日本語の訓令式とヘボン式，20世紀の後半に大きな論争を引き起こした中国語のピンインとウェード方式など，複数の方式が並立する場合が多々あり，受容性を比較する意味がある。

受容性を決定するのは，書き方のシステムの属性なのか，あるいは政治的要因など，書き方のシステムに属さない因子なのかは，不明である。書き方のシステムの受容は，繰り返しの効かない社会的・歴史的事象であるため，科学的に分析することはきわめて難しい。さらに，経済的事象などと異なり，書き方のシステムの使用に関する公式の統計調査というものもない。この状況で受容性を議論するのは，いくつかの観測をもとにした主観的状況把握によるしかない。

　仮説であるが，一意性，可逆性，一貫性などの属性は，受容性に影響するとは考えられるが，主要因とはならない。情報処理におけるプログラミング言語などで，完全性・一貫性などにすぐれたいわゆるきれいな言語が，受容性が高いとはいえない，という観測からの推測である。プログラミング言語に関するこの観測も，統計的根拠に基づくものではないが，多くの人が首肯する観測であると思う。

　それでは，何が主要因かというと，結局政治的・社会的要因が最も大きいのではないかと推測する。20世紀後半におけるピンインの普及は，やはり政治的要因によるところが最も大きかったのではないかという観測に基づく。もちろん，ピンインは一貫性などの点でよく整理された現代的な方式ではあるが，主観的にはあまり取っつきのいいものではない。それにもかかわらず，世界的に普及したのは，政治的要因によるものが大きいと推測するのは，それほど無理がないだろう。

7. まとめとして

　本章では，いわゆる「表記法」を「書き方のシステム」という用語を用い，「語の列」から文字列への変換規則群，という定式化を行った。また，翻字については，「語の列」からでなく，ある「書き方のシステム」にしたがった文字列から別のスクリプトを用いた文字列への変換規則群として，一般的な「書き方のシステム」と若干異なるものとして定式化した。また，これらの定式化に基づいて，変換規則群の属性を検討した。

　これらの定式化と検討は，さまざまな表記法に対するこれまでの議論を

一新するものではないと思うが，議論のための概念のフレームワークとして役立つものと信じている。たとえば「曖昧性がある」といういいかたにひっくるめられる諸現象が，変換の1対多なのか，多対1なのかをはっきりさせて議論することは，単に曖昧というよりは見通しがよいと考えるためである。

表記法一般を研究することは，これまであまりされてこなかったのではないだろうか。「表記法」にぴったり対応するような英語がないことも，この状況によるものかもしれない。本章が，表記法をめぐる研究にすこしでも資することができれば幸いである。

最後に，本章を書くきっかけを与えてくださった茅島篤先生と，編集の労をとってくださったくろしお出版編集部に，謝意を述べたい。

参考文献

Miyazawa, Akira (2007) Parallel Writing in East Asian Languages and Its Representation in Metadata in Light of the DCMI Abstract Model Proceedings of the International Conference on Dublin Core and Metadata Applications, DC-2007 Singapore Proceedings. pp.1-9. Dublin Core Metadata Initiative.

IETF, RFC 5646 Tags for Identifying Languages, 2009.

ISO, ISO 15924: 2004 Information and documentation – Codes for the representation of names of scripts.

表記論から「二表記併用社会」の必要性を考える
― 「動詞の自・他部分に送り仮名のない複合語の表記」の読み分け機構を中心に ―

屋名池　誠

第1部　文法を獲得していなければ読めない表記
1. 母語話者の文字・表記習得
1.1 「言語から文字・表記へ」

　われわれは言語を本能によって獲得する。意識的な教育や訓練は一切必要ない。一方、文字・表記は、その習得に意識的な学習を必要とする。いかに優秀な頭脳を有していても学習の機会が与えられなければ、文字・表記は習得することはできない。これは、文字・表記が、(狭義の)言語の一部門ではなく、言語に依存し、その音形を平面図形に置換する二次的な記号体系であるからである。言語獲得の本能は二次的記号体系にまでは及ばないのである。

　また、われわれは、幼稚園にあがるころまでには言語(以下、本章では「言語」は文字・表記を除いた狭義の言語を指す)をほぼ獲得しおわるが、文字・表記はこの時期以後でなければ習得することはできない。英才教育もその時期を早めることはできない。これは、一次的な体系あっての二次的体系だからである。日本では、その後学校教育の重要部分として、日常会話には出てこないような書き言葉的な語彙・表現やそのための文字・表記についても、幼年期から青年期にわたる長期の教育をうけることになる。

　母語を本能によって獲得してから後に、意識的に文字を習得するという過程をたどるのだから、日本語を母語とする話者(ネイティブ・スピーカー)に限っていえば、日本語の文字・表記を使いこなせるほどの人はすべて日本語に熟達しているといえることになる。

1.2 二次的記号体系としての文字・表記システム

　文字・表記のシステムが「言語に依存する」というのは、独自のシンタクスを持たず、意味の演算を言語のメカニズムに頼っているということである。この点で、文字は、同じように平面図形を利用していても、自前の意味構成

規則を有する数式,論理式,化学反応式などの記号体系とは異なっている。建築にたとえれば,文字・表記はレンガのような構造材ではなく,レンガ風のタイルにすぎず,言語の躯体に貼り付けられているだけなのである。表記のありかたは,この貼り付け方,すなわち言語との対応のあり方で決まる。同じ躯体の建物の外装をいろいろ変えられるように,一つの言語に対して表記システムは複数成り立ちうる。音韻体系や文法体系が一つの言語(時代語・方言・文語などはそれぞれ一言語と考えて)には一つずつしかない[1]のとは大きな違いである。

　日本語の歴史においては,さまざまな表記システムが生み出され実際にもちいられてきており,現代でも,メイン・システムである「漢字・ひらがな・カタカナ切り換えシステム」とサブ・システムである「ローマ字専用システム」という２種類の表記システムが並存している。

2. 非母語話者の文字・表記習得
2.1 「言語とともに文字・表記を学ぶ」

　国際化の進んだ今日,日本で生活し,日本語をもちいるのは日本語のネイティブ・スピーカーばかりではなくなった。日本語以外の言語を母語とし,言語形成期以後に日本語を第二言語として習得した／しつつある人たちもおおぜいいる。こうした人たち(非母語話者,以下「ノンネイティブ」と呼ぶ)は,日本語の文字・表記に対する立場が,日本語のネイティブ・スピーカーとは大きく異なっている。

　言語形成期を過ぎてから日本語を学習する人たちは,言語獲得の本能によって第二言語である日本語を獲得をすることはできないから,言語にも意識的な学習を必要とする。「言語から文字・表記へ」という学習順序をとる必然性はないことになり,また,文字を援用することで学習の効率化も見込

---

[1] 文体差というものがあるが,文体ごとに音韻体系や文法体系があるわけではない。音韻体系や文法体系のうちでも必須の部分では選択の余地はなく,同じ機能を果たす複数の手段が用意されている部分でのみ,パラメータをどう選ぶかという選択ができるのであり,その選択結果の組み合わせが,文体のちがいとなって現れるにすぎないのである。一見さまざまに見える文体の現象形は,それぞれ一つずつの音韻体系,文法体系によって生み出されているのである。

めるから、日本語を習得しながら並行してその文字・表記も学んでゆくことになる。つまり、日本語に熟達しないまま、日本語表記に向かい合わなければならない人たちが多く存在するようになったのである。

　また、日本語学習者、なかでも成人の学習者は、語彙や文字・表記などについての高度な知識を得るためにネイティブ・スピーカーほどの時間を割くことができない点も重要なちがいであるといえる。

2.2　非母語話者にとっての日本語表記の困難性

　現行の漢字・ひらがな・カタカナ切り換えシステムによる日本語表記にとって、こうしたちがいのもつ意味は大きい。

　文字表記は、語彙や文法をもちいて完成された言語の音形を文字に移しただけだから、文字とそのよみさえ知っていれば文字の読み書きはできるもののように信じられているが実はそうではない。現行のメイン・システムで日本語を書き・読むためには、たとえば漢字について字体とよみのような文字や表記に直接関わる知識(これだけでも膨大なものだが)だけでは足りず、このあと本章で詳しく検討するように、日本語文を生み出す語彙や文法についても高度の知識や運用能力を必要とするからである。これは日本語に習熟してから、長期間にわたって文字・表記を学んだネイティブ・スピーカーにとってはわけもないことであっても、ノンネイティブにとっては過重な負担とならざるをえないのである。

2.3　読む場合の困難性

　この点は、書く場合も読む場合も同様なのだが、書く場合は内容を自分で決められるから、日本語に習熟していなければ自分の日本語運用能力に見合っただけのレベルの文章を書いて済ますこともできる。また、普通は漢字表記されるところを仮名表記しても、(これはネイティブ・スピーカーでも漢字学習途上のこどもでは許容されている範囲でもあるから)標準からはずれるという観はあっても極端に重大な問題を引き起こすことはない。

　しかし、読む場合はそうはいかない。教室を一歩出れば、初級用の教材の文章ばかりではなく、日本語に習熟したネイティブ・スピーカーがネイティブ・

スピーカーのために表記したものも読んでゆかなければならないからである。

3. 漢字の多読性と読み分け
3.1 「漢字の多読性」という問題

　一番の問題は，文字が一字で複数のよみをもつこと(「**多読性**」)で，仮名でも「は・ハ」を /ha/ ではなく /wa/，「へ・ヘ」を /he/ ではなく /e/ と読むためには助詞とその他を識別できる文法の実践能力が必要だが，日本語の漢字の多読性はそんなものではすまない。

　まず，中国語の原音を引き継いだ「音よみ」と漢字の字義を日本語(和語)に翻訳した「訓よみ」があり，さらに，音よみには伝来の時代・経緯を異にする「呉音よみ」と「漢音よみ」の2系列があり，訓よみには，漢字を生み出した中国語と訓がもとづく日本語との性格のちがいにより活用語などでの読み分けがある。

　中国語はもちろん，朝鮮語やベトナム語のような漢字を用いる／用いた他の言語では，訓よみに相当するものはなく，音よみにも日本語のように複数の系列があるというようなことはない。こうした多読性は日本語の漢字独自の問題なのである。

　漢字のよみについては，公定の規範「常用漢字表」があるため，これで十分尽くされていると考えている人が多い。現実は規範通りにはゆかないということは措くとしても，それ以上の問題がある。文書を読むためには多読性の漢字の複数のよみから適切なものを瞬時に選択して読み分けることが必要なのだが，「常用漢字表」は漢字ごとによみを羅列しているだけで，実際に文書を読む際にそのどれを選択すればよいのか読み分けの機構までは示されていない。読み分けの方法は，ネイティブ・スピーカーの学校教育でもとりあげられることはない。

3.2 ネイティブ・スピーカーの読み分け

　しかし，ネイティブ・スピーカーは，初見の文書であっても少しも躊躇なくよみを確定し，すらすら読んでゆくことができるのである。筆者はその機構を明らかにすべく，

i) 音／訓の読み分けについては：屋名池(2009)
　　ii) 音／音の読み分けについては：屋名池(2005b)
　　iii) 訓／訓(送り仮名を伴うもの)の読み分けについては：屋名池(2014a)
で論じてきた²。多読性が生じた歴史的な経緯のちがいにより，i)〜iii)は機構もそれぞれ異なるのだが，通して言えることは，単字ごとに見ると「多読性」の漢字も，あらかじめ文書・文献のおおよその性格を知り，文脈的情報を考慮すれば，「語単位の文字列」で見ればほとんど一意的によみが定まるということである。

　このうち，i)の読み分けは，音よみの背後にある漢語と，訓よみの背後にある和語の分布を読み取れば可能で，ある程度日本語に習熟すれば，さほど困難な問題ではない。

3.3　音／音の読み分け

　それに対し，ii)の読み分けは，語彙的知識を大量に必要とする。
　とはいえ，語ごとにすべて表記とよみを覚えているわけではない。各字の訓よみは出現頻度の高い「基本のよみ」と出現頻度の低い「特殊なよみ」にわかれているので，「特殊なよみ」のみ語ごとに暗記しておき，該当すればそのよみで**語として**読み，それ以外は「基本のよみ」で**文字ごとに**読むのである。たとえば「客」の音よみには「キャク」と「カク」があるが，「キャク」が「基本のよみ」，「カク」が「特殊なよみ」である。「特殊なよみ」はそれが用いられる語(「旅客」「刺客」「剣客」「釣客」など)の語形として覚えておくことが必要で，文書を読む時「客」の字に出会ったら，まずこの語彙に該当しているかどうかをチェックし，該当していれば「カク」を含むその語形で読み，該当していなければ「キャク」と読むのである。「基本のよみ」である「キャク」の方は，それが使われる語を覚えておく必要はない。

　全部の語例を暗記しておくことにくらべれば，記憶の負担はかなり軽減されているとはいえ，「特殊なよみ」をする語彙を完全に覚えるのは，小学校以来長期間の文字・語彙教育を受けているネイティブ・スピーカーにとっても容易

2　これら3種の論考での分析とこのあと本章で論じる「動詞の自・他部分に送り仮名のない複合語の表記(訓／訓(送り仮名のないもの)の読み分け)」についての分析とで，現代漢字の読み分け機構については，ほぼすべての場合の検討を尽くしたことになる。

なことではない。文字学習にかける時間、意欲、個人の能力によって、そうした知識は個人差が大きく、「特殊なよみ」の語彙の登録をしていない人は、「特殊なよみ」にすべきところを「基本のよみ」にしてしまう(先の例で言えば、シカクと読むべき「刺客」をシキャクと読んでしまう)ことがよく生じる。ネイティブ・スピーカーのように文字教育に多大な時間をかけることのできないノンネイティブの成人学習者にとっては、この読み分けは大変難しいが、ネイティブ・スピーカーでもこのように誤りが生じやすいのだから、「特殊なよみ」で読むべき所をノンネイティブが誤って「基本のよみ」で読んでも許容されることが多い。なにより、「特殊なよみ」では読めなくてもとりあえず「基本のよみ」では読めるわけで、ii)の読み分けも、ノンネイティブにとって負担は大きいものの、致命的な問題にはなることはあまりない。

3.4 訓／訓の語彙的読み分け

漢字は本来中国語のために中国で生まれた文字である。当然、中国語の性質に適した特性を有している。

一方、漢字の訓よみは、漢字の表している字義を日本語に訳した翻訳よみであり、さらにはこの漢字から日本語へという方向を逆転させることで、文字を持たなかった日本語(和語)をこの訓漢字で表記できるようになった。

二つの異なる言語の語彙体系がまったく相似形であって、おのおのの語が一対一に対応しあうなどということはおよそありえないことである。訓漢字に複数の訓みがあるのは、中国語の語彙体系を反映する漢字の字義と、その日本語訳であって日本語(和語)の語彙体系を反映している訓よみとが、一対一に対応しないことがひとつの要因である。そこに3.2のiii)の訓／訓の読み分けの必要が生じるのであるが、このタイプの多読性も「語単位の表記」としてみれば解消に向かいつつあり、「真の多読性」が問題になるものはさほど多くない。

3.5 訓／訓の文法的読み分け

訓漢字においてiii)の訓／訓の読み分けの必要を生む、多読性のもう一つの要因は、中国語と日本語の文法的な性格のちがいである。

日本語の動詞・形容詞は活用して語形を変えるが、中国語の動詞・形容詞は

語形変化しない。このため，日本語の動詞や形容詞など活用語の諸変化形は漢字だけでは区別して表記することができない。「よむ」「よめ」「よもう」「よまない」「よんだ」を書き表すのに漢字は「読」一つしかないのである。

また，日本語の動詞は自動詞・他動詞で語形が異なるが，中国語は同形の動詞が自動詞としても他動詞としても用いられる。日本語の自動詞・他動詞は漢字で書けば同じ漢字で書かれることになってしまう。「われる」「わる」は「割」，「あたる」「あてる」は漢字ではどちらも「当」になるのである。

自動詞・他動詞だけではない。一般に日本語では語の派生は語形のちがいで表されるのに対し，中国語は派生関係を語形で示し分けないので，形容詞「かなしい」→動詞「かなし**む**」→名詞「かなし**み**」は漢字で書けばみな「悲」になってしまう。

それらを書き分けるための一つの方法(他にふりがななどの方法もありうる)が，漢字に仮名を添えること＝送り仮名なのである。いわゆる「送り仮名」には，現在さまざまな機能が託されている(第2部3.4参照)が，そのうちもっとも重要なのが，次の二つなのである。

 A 活用語の活用形の書き分け
 B 自動詞・他動詞など派生語の書き分け

現行の公定規範である「送り仮名の付け方」は，送り仮名によって，Aの活用やBの自・他などの派生を書き分けることを主たる目的としており，そのために設定されたルールにもとづいて書かれたものならば，ほぼ完全に活用形や，自・他をはじめとする派生語を読み分けることができる。

4.「動詞の自・他部分に送り仮名のない複合語の表記」の読み分けという問題
4.1　送り仮名のない動詞の表記

しかし，Aの活用形のちがいや，Bの派生語の別が，送り仮名による書き分けによって示されない場合がある。「申込」「割合」「切換」や「浮草」「切札」などの例がそれである。公定規範「送り仮名の付け方」でも，送り仮名を付けて書くことを通則としていながら，これらの送り仮名を付けない書き方も「読み誤りを生じない場合」「慣用の久しい場合」という条件のもと容認している。

Aの活用形のちがいといっても，形容詞の場合，送り仮名が付かないのは

もともと送り仮名で示すべき語尾のない語幹の用法の場合に限られるので，送り仮名を付けたり付けなかったりが問題になるのは動詞の活用形のちがいのみである。

Bの派生語でも，送り仮名の有無が問題になるのは形容詞→動詞や，動詞→形容詞のような形容詞との派生関係ではなく，動詞どうしの自・他の別の場合に限られる。

4.2 動詞の活用にかかわるもの

Aの動詞の活用については，送り仮名の有無どちらも許されるのは，つぎのどちらかの場合のみである。

① 「申込」「割合」「切換」「浮草」「切札」はみな動詞を含む複合語だが，**動詞が複合語の前項になる場合**は必ず連用形をとるので，現れうる活用形を送り仮名で表し分ける必要がない。

② 「申込」「割合」「切換」などの例は動詞からの転成名詞だが，**動詞からの転成名詞**も必ず連用形をとるので，文脈から名詞であることさえわかれば，末尾にわざわざ送り仮名を送って活用形を示す必要がない。

「送り仮名の付け方」には，「読み間違えるおそれのない」「慣用が固定」という通用状況からの限定があるだけで，言語内的な条件は示されていないが，実は，**活用について送り仮名がなくても許される条件は「現れうる活用形が一つに限られる場合」**ときわめて明確なのである。

4.3 動詞の自・他にかかわるもの

しかし，Bの自・他に関しては，まったく事情が異なる。なぜ送り仮名なしで「申込」は「もうしこめ」ではなく「もうしこみ」と読めるのか，「割合」「切換」はなぜ「われあわせ」「きれかわり」ではなく「わりあい」「きりかえ」と読めるのか。「浮草」「切札」はなぜ「うかせくさ」「きれふだ」ではないのか。なぜ送り仮名がなくても「読み誤りを生じない」のか，なぜこのような書き方が「久しい慣用」となりえたのか。

これらは，とりあえず知っている語形を当てはめてみれば読めてしまう，日常耳にする機会の多い常用の語ばかりでおこなわれているというわけでは

ない。

　「送り仮名の付け方」では「慣用が固定していると認められるもの」「読み間違えるおそれのない場合」として少数が例示されているにすぎないが、他にも多くの例が存在し、新造することも可能なのだから、個々に覚えてゆけばよいというものでもない。

　何らかの機構・規則によって産生されているものと考えなければならないのだが、今までこの問題はとりあげられて研究されたこともないため、公定の規範に「例外」として明記されながら、その「例外」の範囲も、そこに働いている機構の原理・仕組みもまったく明らかにされていないのである。

　まず、その範囲をおさえておこう。これは、「**自・他の別がある動詞を含む複合語**」の場合、「**自・他の別を送り仮名で示さない**」ことが可能になるのであるといえる。

　「自・他の別がある動詞を含む複合語」は、送り仮名で示し分ける必要のある、A 活用形のちがい　B 自・他の別　の二大領野のうち、Bのかなりの部分を占め、出現頻度も無視できるほど低いとはいえないから、規範と称している以上、これらに送り仮名が必要でない場合、単に「例外」として無規定のまま済ましておいてよいようなものではない。「送り仮名の付け方」には規範としては大きな欠落があるといわなければならない。

　しかるに、ネイティブ・スピーカーは、明文化された規範など必要とせず、こうした表記を見て瞬時に容易によみを一つに定めることができるのである。文字教育の場で明示的な読み分け規則として教えられていないという点では、ネイティブ・スピーカーもノンネイティブとえらぶところはないにもかかわらず、一方のノンネイティブは、送り仮名なしにはこうした表記を精確に読むことはきわめて困難であることからわかるように、ネイティブ・スピーカーがこうした表記を完璧に読めるのは、意識的な努力・学習によるものではないのである。

　ネイティブ・スピーカーにできることが、なぜノンネイティブにはできないのか。そのことを知るには、「ネイティブ・スピーカーは、複合語に含まれる動詞の自・他を、送り仮名がないにもかかわらずどうやって読み分けているのか」、その機構をまず明らかにしなければならない。

5. 日本語の自・他動詞の対応の型

漢字の自・他読み分けを分析してゆくには、まず、表記される側である日本語の自動詞・他動詞の語形について知っておかなければならない。

5.1 動詞の語幹

自動詞・他動詞のちがいは、活用によって形を変えない部分(語幹)にもっぱら関わるので、これから先、動詞の形態は、語幹を取り出して表記してゆくことにする。

「書く」「読む」ならそれぞれ kak, yom までが活用しても共通する(形を変えない)部分、すなわち語幹である[3]。kak, yom のような「子音終わり語幹動詞」は学校文法でいう五段活用動詞である。

一方、「起きる」「投げる」なら oki, nage までが語幹である。学校文法では、oki なら上一段活用動詞、nage なら下一段活用動詞と区別されているが、あわせて一つの「母音終わり語幹動詞」と考えなければならない[4](動詞の活用については屋名池(2005a)参照)。

日本語の動詞の語幹には、この子音終わり語幹のタイプと母音終わり語幹のタイプの2種類しか存在しない。「する」「来る」などの不規則動詞や、現代でも九州諸方言に残っている「二段活用動詞」は、一つの動詞で複数の語幹を切り換えて使う(現代標準語の場合、「する」なら s と si と su、「来る」なら ko と ki と ku)「複語幹動詞」である点が特殊なだけであって、その複数の語幹一つ一つは、子音終わりか、母音終わりかどちらかしかないのである。

5.2 自・他動詞の対応の型一覧

日本語の自動詞・他動詞の語形の対応パターンの類型のうち、主なものは

---

3 kaita, kaite などのいわゆる「音便形」は除く。「音便形」にまで共通する形を語幹として抽出すると、そこから動詞の活用形の形態を一意的に導くことができなくなってしまう(詳細な議論は屋名池(1995)に譲る)。「音便形」は、基本の語幹を加工して二次的に産生されるものとしてあつかう。

4 上一段、下一段のちがいは、語幹末の母音が i であるか、e であるかのちがいにすぎない。kak, yom の動詞のタイプを語幹末が k か m かで区分しないのだから、oki, nage も i か、e かで区分してはならないのである。

以下のとおりである。
　タイプⅠ
　　　Ⅰa　一方の語幹末に「e」が他動詞マーカーとして付き，
　　　　　それがないもう一方が他動詞となるもの
　　　Ⅰb　一方の語幹末に「e」が他動詞マーカーとして付き，
　　　　　それがないもう一方が自動詞となるもの
　タイプⅡ
　　タイプⅡA
　　　ⅡAa　一方の語幹末に「r」が自動詞マーカーとして付き，
　　　　　　それがないもう一方が他動詞となるもの
　　　ⅡAb　一方の語幹末に「s」が他動詞マーカーとして付き，
　　　　　　それがないもう一方が自動詞となるもの
　　タイプⅡB
　　　　　　一方の語幹末に「s」が他動詞マーカーとして付き，
　　　　　　他方の語幹末に「r」が自動詞マーカーとして付くもの

5.3　有標側にマーカー「e」を付けるタイプ

　タイプⅠの自・他動詞の組は，その語根(歴史的に自・他派生のもととなる形態)が子音終わりのものに限定され，この語根に自・他マーカーの「e」が付いてできた母音終わり語幹動詞と，語根のまま何も付かずにできた子音終わり語幹動詞とが対立し，自・他を表し分ける　というものである。

　タイプⅠでは，「e」が自動詞側に付くこともあれば(タイプⅠaの場合)，他動詞側に付くこともある(タイプⅠbの場合)ので，タイプⅠaとタイプⅠbを区別しないで一緒にして見ていると，「e」は自・他の一方を表示するマーカーなどではないようにも見えるのだが，実は動詞の意味と取りうる構文によって，動詞ごとにタイプⅠaになるか，タイプⅠbになるかが決まっているのである。

　他動詞側が**意味・構文上の無標**になる自・他動詞の組はタイプⅠaになり，自動詞側が意味・構文上の無標になる自・他動詞の組はタイプⅠbになるのである。どちらの場合も，意味・構文上の無標の側には語根のまま何も付かない

で形態上も無標(以下「**無標形**」と呼ぶ)となり,意味・構文上の有標の側の語幹末にはマーカー「e」が付いて形態上も有標(以下「**有標形**」と呼ぶ)となるという形で対立しているのである(少し紛らわしいが,以下,意味・構文に関わる「意味・構文上の無標」「意味・構文上の有標」という表現と,形態に関わる「無標形」「有標形」という用語を区別してもちいてゆくので注意されたい)。

5.3.1　自動詞側にマーカー「e」を付けるタイプ

タイプⅠaの自・他対応形態を有する自・他動詞の組は,意味上「自動詞が表している事態は自然に生じるものではなく,他動詞によって表される人為的な操作の結果生じるもの」というタイプの組である。

構文上は次のような対応をする(以下,構文例では太字が意味・構文上の無標項)。

　　　　　　　　　　　　　[対象]ガ　　　　動詞＋e
　　　　　[**自律体**]ガ　　[対象]ヲ　　　　動詞

他動詞側が意味・構文上の無標で,自動詞側が意味・構文上の有標であり,それに応じて形態上も,マーカー「e」が自動詞の語幹末に付く有標形,もう一方はマーカーの不存在によって他動詞であることが消極的に示される無標形という形で対立しているのである。

　　タイプⅠaの動詞の例　　自ware：他war《割》,自tore：他tor《取》,自
　　　　sake：他sak《裂》

5.3.2　他動詞側にマーカー「e」を付けるタイプ

タイプⅠbの自・他対応形態を有する自・他動詞の組では,自動詞が「自律的(自己制御的な)動きで自然とそうなる」という意味をもち,他動詞は自動詞的事態を前提に「そうなるように仕向ける」という意味をもっており,意味・構文上,自動詞が無標,他動詞が有標である。

　　　　　　　　[**自律体**]ガ　　　　　　　動詞
　　　　　～ガ　　[自律体]ヲ　　　　　　　動詞＋e

形態上もマーカー「e」が他動詞の語幹末に付く有標形,もう一方はマーカーが付かないことで消極的に自動詞であることが示される無標形という形で自・他の別が示される。

　　タイプⅠbの動詞の例　　自katamuk：他katamuke《傾》,自susum：

他susume《進》，自ukab：他ukabe《浮》，自sorow：他soroe《揃》

5.4 有標側にマーカー「r」「s」を付けるタイプ

タイプⅡは，自動詞マーカーの「r」，他動詞マーカーの「s」で自・他の別が示されるものである。

タイプⅡAの自・他動詞の組は，一方に自動詞マーカーの「r」（タイプⅡAaの場合），他動詞マーカーの「s」（タイプⅡAbの場合）が付き，もう一方は「r」や「s」が付かないことでそれぞれ他動詞，自動詞であることが消極的に表示されるタイプで，「r」「s」が付く方が意味・構文上有標でかつ形態も有標形，付かない方が意味・構文上無標でかつ形態も無標形である。

タイプⅡAa		[対象]ガ	動詞＋r
	[自律体]ガ	[対象]ヲ	動詞
タイプⅡAb		**[自律体]ガ**	動詞
	～ガ	[自律体]ヲ	動詞＋s

5.4.1 子音終わりの語根の場合

語根はタイプⅠのように子音終わりのものに限られず，母音終わりの語根もある。

タイプⅡAaもタイプⅡAbも，子音終わり語根に自・他マーカーの「r」「s」が付くときは，母音aを介する。

〈語根〉	〈有標形〉	〈無標形〉	
～C	～C＋a＋r／s	～C	Cは子音

タイプⅡAaの動詞の例　自tunagar：他tunag《繋》，：自sasar：他sas《刺》，自husagar：他husag《塞》

タイプⅡAbの動詞の例　自ugok：他ugokas《動》，自wak：他wakas《沸》，自hur：他huras《降》

5.4.2 母音終わりの語根の場合

母音終わり語根には，タイプⅡAaもタイプⅡAbどちらも，aでおわるもの，oでおわるもの，uでおわるものがあり，有標形の動詞の場合これに自・他マーカーの「r」「s」が付く。「r」や「s」がつかない無標形の動

詞の方は，語根が〜aのものは語幹末が〜e，語根がo，uの動詞は語幹末が〜iとなる[5]。

　　　　〈語根〉　　　　〈有標形〉　　　　　　〈無標形〉
　　　　〜a　　　　　〜a＋r／s　　　：　　　〜e
　　　　〜o　　　　　〜o＋r／s　　　：　　　〜i
　　　　〜u　　　　　〜u＋r／s　　　：　　　〜i

　　タイプⅡAaの動詞の例　　自kawar：他kae《変》，自hazimar：他hazime《始》，自atumar：他atume《集》
　　タイプⅡAbの動詞の例　　自moe：他moyas《燃》，自kare：他karas《枯》，自same：他samas《冷》
　　　　　　　　　　　　　自ori：他oros《下》，自sugi：他sugos《過》
　　　　　　　　　　　　　自tuki：他tukus《尽》

このタイプⅡAで重要なのは
・自動詞・他動詞の現代語での表面的な共通部分が語根なのではないこと
・一見その表面的な共通部分にe，iが付加されて，〜e終わり語幹動詞，〜i終わり語幹動詞となっているように見えるが，〜e終わり語幹動詞，〜i終わり語幹動詞の方は形態上，有標形ではなく無標形であること

である。「r」や「s」がつかない〜e終わり語幹動詞，〜i終わり語幹動詞の方が，意味的対立や構文のあり方から見ても無標であることもご確認いただきたい。

5.5　マーカー「e」と「r」「s」の選択
5.5.1　「e」か「r」か

　他動詞が無標形，自動詞が有標形という点では，タイプⅡAa（自動詞語

5　歴史的な過程としては，語根のうちoでおわるものは，奈良時代には「上代特殊仮名遣」で区別のある場合は乙類であった。
　　この語根末のa，o，uに無標形ではマーカー「r」「s」のかわりに（意味的には無色透明の）接辞iが付き，語根末の母音と融合して，語根末がaであったものはeに，oとuであったものはi（このe，iはどちらも「上代特殊仮名遣」で区別がある場合は乙類）という語幹末になったものと考えられる。こう考えるべき根拠の歴史言語学的説明は大変煩雑なので今回は省略する。

幹末に「r」が付く）もタイプⅠa（自動詞語幹末に「e」が付く）も同様であるが，どちらのタイプになるかは，動詞の意味によって決まっている。

　　タイプⅠa　　：［局所におこる破断］［その結果としての分離］
　　タイプⅡAa：［それ以外の他律的な状態変容］［コトの変容］［関係の変容］など

5.5.2　「e」か「s」か

また，自動詞が無標形，他動詞が有標形という点では，タイプⅡAb（他動詞語幹末に「s」が付く）もタイプⅠb（他動詞語幹末に「e」が付く）も同様であるが，これもどちらのタイプになるかは，動詞の意味によって決まっている。

　　タイプⅠb　　：［姿形の変化］や，「進退」「浮沈」などの［運動］
　　タイプⅡAb：［それ以外の自律的な動き］

5.6　マーカー「r」と「s」どちらも付くタイプ

タイプⅡBは，自動詞に「r」，他動詞「s」と，自・他どちらにも自・他のマーカーが付いて自・他の別が示されるもので，形態上は無標形・有標形の区別はない。

　　　　　　　［自律体］ガ　　　　　　　　　動詞＋r　　〈意味上，無標〉
　　～ガ　［自律体］ヲ　　　　　　　　　動詞＋s

と

　　　　　　　　　　　　［対象］ガ　　　　　動詞＋r
　　　　　　［自律体］ガ　　［対象］　　　　動詞＋s　　〈意味上，無標〉

を組み合わせたもので，たとえば自動詞ナオルは，自然に治った場合（他動詞ナオスに対して意味・構文上の無標）にも，人から受けた治療の結果直った場合（他動詞ナオスに対して意味・構文上の有標）にも用いることができる。

　　タイプⅡBの動詞の例　自kaer：他kaes《帰・返》，自naor：他naos《治・直》，自mawar：他mawas《回》，自koware：他kowas《壊》，自hanare：他hanas《離》，自kakure：他kakus《隠》

タイプⅠaからタイプⅡAbまでは，意味・構文上の有標・無標の別と，形

態上の有標形・無標形の別が対応・一致しているが、タイプⅡBでは意味・構文上の有標・無標の区別はあるが、形態上の有標形・無標形の別は存在しない。

6 「動詞の自・他部分に送り仮名のない複合語の表記」の実例
6.1 資料

筆者の一連の漢字読み分けの分析(屋名池(2005b)・(2009)・(2014a))との整合性を確保するため、これまでの分析で用いたのと同じ国立国語研究所編『現代雑誌九十種の用語用字 第二分冊 漢字表』(1963年)所載の「用法別漢字表」からデータを収集する。これは1956年発行の雑誌90誌における漢字使用の実態を網羅的に調査したものである。

単なる漢字の使用度数表ではなく、その漢字の用いられた実際の表記例を、送り仮名の有無やまぜ書きの仮名表記もそのまま語単位で網羅的にあげているので、「動詞の自・他部分に送り仮名のない複合語」の実例を抽出するのにうってつけといえる。雑誌を対象とした調査なので、強力な校閲部のチェックが加わる新聞や、教育的配慮や検定で統制が働く教科書とは異なり、その表記例が多様かつ自然であることも貴重である。

半世紀以上前のものであるが、送り仮名についていえば、公定規範「送りがなのつけ方」(1959年内閣告示・訓令)、「送り仮名の付け方」(1973年内閣告示・訓令、1981年一部改正)制定以前の、比較的自由な使用状況を反映しており、1959年の「送りがなのつけ方」が、「慣用が固定していると認められる」語、「誤読・難読のおそれのないもの」として例外扱いを認めたそのもの(現行の「送り仮名の付け方」でも「慣用が固定していると認められるもの」「読み間違えるおそれのない場合」として引き継がれている)の、まさに実態・全貌を伝えているものといえる。

6.2 実例

紙面の関係で、全例をあげることはかなわないので、5節であげた自・他対応の類型ごとに若干例を示す。よみが自・他いずれかへ偏る場合、それが単なる偶然でないことを示すため、比較的用例の多かった漢字の例を選んであげ、その表記における当該の「送り仮名のない動詞部分」の【よみ】と、

それが自・他いずれであるかも示した。なお、用例の複合語は、語性によって以下のように分類して表示した。

　　A　複合動詞の前項
　　B　複合名詞の前項としての動詞からの転成名詞
　　　※「名詞と格関係のあるもの(// ないもの)」の順で示す
　　C　動詞からの転成名詞

タイプⅠa　〈自 -e：他 -ø〉
「割」　【よみ】war(ワル)　他動詞
　A　割接ぎ　割引・割引く
　B　割勘　割木
　C　五割　割高　割安　割縫　書割　区割　駒割　小割　竹割　棟割　役割　割に

「取」　【よみ】tor(トル)　他動詞
　A　取上げる　取扱い　取消・取消す　取込み・取込む　取締り・取締る　取調べ・取調べる　取澄す　取次　取止め(とめ)　取除く　取外す　取止め(やめ)　取よせる　取分ける　取組合う
　B　取口　取目　//　取引
　C　受取　関取　引取

タイプⅠb　〈自 -ø：他 -e〉
「空」　【よみ】ak(アク)　自動詞
　B　空罐　空巣　空地　空瓶・空ビン

「込」　【よみ】kom(コム)　自動詞
　C　編込　植込　蹴込　呑込　嵌込　払込　吹込　踏込　申込

タイプⅡAa　〈自 -r：他 -ø〉
-ar：-ø タイプ
「詰」　【よみ】他　tum(ツム)　他動詞
　A　詰上り

-ar : -e タイプ

「掛」　【よみ】他　kake(カケル)　他動詞
　B　掛金　掛声　掛樋　//　掛売　掛買
　C　内掛　売掛　買掛　壁掛　床掛　前掛　窓掛　仕掛

「詰」　【よみ】他　tume(ツメル)　他動詞
　B　詰将棋　詰碁　詰所　詰物
　C　大詰　折詰　罐詰

タイプⅡＡｂ〈自 -ø ： 他 -s〉
-ø : -as(e) タイプ

「合」　【よみ】aw(アウ)　自動詞
　B　合言葉　合気　合印　合図　合間　//　合オーバー　合コート
　C　色合　打合　沖合　気合　工合・具合　組合　試合　筋合　立合
　　　釣合　手合　出合　度合　場合　張合　引合　風合　振合　歩合
　　　待合　保合　割合

【よみ】awase(アワセル)　他動詞　★
　B　合味噌

「飛」　【よみ】tob(トブ)　自動詞
　A　飛入　飛去る　飛出す　飛退く
　B　飛石　飛魚
　C　猿飛

-e : -as(e) タイプ

「負」　【よみ】make(マケル)　自動詞
　A　負越
　C　負　寒負

「枯」　【よみ】kare(カレル)　自動詞
　B　枯木立　枯アシ　枯枝　枯木　枯草　枯芝　枯野　枯葉
　C　青枯　末枯　立枯

-i : -os タイプ

「落」　【よみ】oti(オチル)　自動詞

A　落込む　落着き　落着ける
　　　B　落武者　落葉　落穂
　　　C　駄落　手落

タイプⅡB　〈自 -r ： 他 -s〉
-r：-s タイプ
　「成」　　【よみ】nar(ナル)　　自動詞
　　　A　成立つ　成行
　　　B　成金　成駒(屋)
　「戻」　　【よみ】modos(モドス)　　他動詞
　　　A　差戻
-r：-se タイプ
　「乗」　　【よみ】nor(ノル)　　自動詞
　　　A　乗替・乗換え　乗組
　　　B　乗気　乗場　乗物

7.「動詞の自・他部分に送り仮名のない複合語の表記」読み分けの機構
7.1.　初期仮説①

　まず，形態上で無標形と有標形が対立しているタイプ(Ⅰa・Ⅰb・ⅡAa・ⅡAb)では，どの自・他対応のパターンにあっても，**送り仮名のない複合語の動詞表記は，自・他のうち無標形で読まれる**ことがわかる(少数の例外(表記例に★印のあるもの)は存在するが)。

　ここで注意しなければならないのは，これらのタイプに，自・他のうち有標形を用いた複合語が存在しないわけではないということである。語としては存在はしているが，有標形の側は送り仮名を省略することが許されないのである(実例は同じ資料から)。

　　　　　　　　　　　　　　　　　　〈無標形の側〉　　　〈有標形の側〉
　タイプⅠa　　［自 -e：他 -ø］　割引　割勘　割木など　割れ目
　　　　　　　　　　　　　　　　折紙・折詰・骨折・折　折れ・名折れ
　　　　　　　　　　　　　　　　返し・折畳み

　　　　　　　　　　　　　〈無標形の側〉　　　　〈有標形の側〉
タイプⅡAa　［自 -ar：他 -e］　手当・引当・割当　　日当り・突当り・
　　　　　　　　　　　　　　　　　　　　　　　　　行当たり

タイプⅡAb　［自 -ø：他 -ase］　合言葉・合印・合図・　合せ帯・合せ汁
　　　　　　　　　　　　　　　合間・色合・沖合・気
　　　　　　　　　　　　　　　合・組合・試合・立合・
　　　　　　　　　　　　　　　釣合・度合・歩合・待
　　　　　　　　　　　　　　　合・割合など

　　　　　　　［自 -i：他 -os］　落込む・落着き・落葉・　落し穴・落し子
　　　　　　　　　　　　　　　落穂・駈落・手落

7.2　初期仮説②

　タイプⅡBのように，自・他どちらにもマーカーが付き，形態上，無標形・有標形の別のないものは，動詞本体に手がかりはなく，送り仮名のない複合語の動詞表記は，当該の動詞以外を手がかりに意味・構文上無標の側を判定し，自・他どちらかに読まれる。

　複合動詞の場合は，これらの文字で表記される項以外の項が自動詞なら当該の文字も自動詞，他動詞なら他動詞で読まれる[6]。

　　「成立つ」「立つ」自動詞 → 「成」自動詞「なる」（「なす」ではなく）

　　「差戻」　「差す」他動詞 → 「戻」他動詞「もどす（「もどる」ではなく）

7.3　初期仮説の例外

　ネイティブ・スピーカーは，この自・他の形態対応の型を知識としてもち，それを想起・参照しながら，送り仮名のない複合語の動詞表記のよみを定めているのだろうか。

6　このほか，自・他読み分けに個別の事情が働いているものもある。
　　自 nor：他 nose の組は，自動詞が無標の意味なら「乗」，他動詞が無標の意味なら「載」と漢字を使い分けているので，送り仮名のない複合語では「乗」は自動詞，「載」は他動詞として読まれる。
　　「成金」「成駒」の場合の将棋用語のナル（nar）は対応する他動詞がないので常に自動詞として読まれる。

形態上は無標形・有標形の対立をもちながら，無標形だけでなく有標形でも読まれる，例外的なふるまいを見せる動詞がある。「抜」自 nuke：他 nuk,「焼」自 yake：他 yak と「締」自 simar：他 sime はそれぞれ他動詞の側が無標形のタイプⅠaとタイプⅡAaの形態を取り，「付・附」自 tuk：他 tuke,「立」自 tat：他 tate,「入」自 ir：他 ire はもともと形態上は自動詞の側が無標形のタイプⅠbであるが，これらはみな送り仮名のない複合語の動詞表記のよみにおいては，自動詞にも他動詞にも読まれるのである。
　しかし，その意味・構文上の自動詞・他動詞の対応のあり方は，タイプⅠaやタイプⅡAaのパターン

　　　　　　　　　　[対象]ガ　　　　　自動詞
　　　[自律体]ガ　　[対象]ヲ　　　　　他動詞

でも，タイプⅠbのパターン

　　　　　　　　　[自律体]ガ　　　　　　自動詞
　　　～ガ　[自律体]ヲ　　　　　　　　　他動詞

でもなく，両者のそれぞれ意味・構文上の無標の側だけが結びついた

　　　[自律体]ガ　　　　　　　　　　　　自動詞
　　　[自律体]ガ　　[対象]ヲ　　　　　　他動詞

となっている。語形が形成された時代の本来のパターンから，その後もうひとつのパターンにまで用法を広げたものであろう。送り仮名のない複合語の動詞表記のよみにおいては，自動詞と読まれる場合も，他動詞として読まれる場合も，それぞれ意味・構文上の無標の側で読まれるわけである。
　これらの自・他動詞の組では，自・他マーカーの付き方とは連動していないので，複合語の動詞表記の自・他読み分けは，当該の動詞以外の部分を手がかりとして自・他いずれが意味・構文上の無標であるかを判定して決められているといえる。
　まず，格関係をもつ名詞と組んでいる場合は，その名詞が自律的な動きをもちうる（[自律体] となりうる）ものなら自動詞，自律的な動きをもちえない（[対象] にしかならない）ものなら他動詞として読まれる[7]。

7　適用範囲が限定された特殊な例外的読み分けもある。共起する名詞が「付属品」の場合，人為的に付属させた [対象] であるにも関わらず，「～付」では，～ツケではな

　　　　[**自律体**]ガ　　　　　　　　　　自動詞
　　　　[**自律体**]ガ　　　[**対象**]ヲ　　他動詞
　〈自動詞として読まれる語例〉　　〈他動詞として読まれる語例〉
　（太字部分は[自律体]）　　　　（太字部分は[対象]）
　　　　付**人**　　　　　　　　　　付髭　付値　付焼刃　付文　付根
　　　　立**木**　　　　　　　　　　本立　傘立　鉛筆立　腕立伏せ
　　　　入**日**　入**江**　入**船**　　　入歯　入知恵　入墨

　複合動詞の場合は，（7.2で述べたのと同様）もう一つの動詞の自・他によって，当該動詞の自・他の別が決まる。
　　「立上る」「上る」自動詞　→　「立」自動詞「たつ」（「たてる」ではなく）
　　「立替える」「替える」他動詞 →　「立」他動詞「たてる」（「たつ」ではなく）

7.4　ネイティブ・スピーカーの言語直観としての読み分け機構

　これらの動詞での読み分けと，形態上，有標形・無標形の対立をもたないタイプⅡB（7.2参照）での読み分けとを合わせ考えれば，「ネイティブ・スピーカーは，自・他の形態対応の型を知識としてもち，それを想起・参照しながら，送り仮名のない複合語の動詞表記を，自・他のうち無標形で読んでいる」という先述7.1の暫定的な仮説①では不十分である。形態上，無標形・有標形の対立のあるタイプ（Ⅰa・Ⅰb・ⅡAa・ⅡAb）も含め，自・他対応のある動詞すべてに妥当する機構としては形態ではなく意味によって，すなわち「動詞の自・他部分に送り仮名のない複合語の表記」は，**意味・構文上無標の側を見極めて自動詞／他動詞を判断し，よみを定めている**と考えねばならないであろう。

　これは自・他対応形態を個別に暗記すれば済むというようなものではなく，**ネイティブ・スピーカーならではの高度な言語直観が必要とされている**ということである。読み取りの場合ばかりではない。表記の際にも，送り仮名なしでよい語，送り仮名を付けなくてはならない語という振り分けが必要だが，これもこの言語直観によっておこなわれているのであろう。

　く～ツキとよまれ（「賞品付・札付」など），「～入」では，～イレではなく～イリとよまれる（今回の資料にはないが「絵入・鳴物入」など）。

とはいえ，この直観は日本語の自・他動詞の形態対応の型を作り上げたものと同じ世界認識(たとえば，「誰かが割らなければ，ものは自然に割れたりはしないものだ」というような世界認識)に発しているのだから，日本語以外の言語(特に自・他動詞が形態上同形になるような言語や能格言語など自他性のありかたが日本語と異なる言語)の母語話者には，共有されにくいものだろう。

「動詞の自・他部分に送り仮名のない複合語」の表記は，こうした高度な言語直観を備えている者のみが読みこなすことのできる表記なのである。ネイティブ・スピーカーは日本語の運用能力を身につけた上で文字・表記を学ぶのだから，表記システムが，読み取りの際こうした言語直観を必要とするものであってもなんの痛痒も感じないだろう。それどころか，ネイティブ・スピーカーにとって，こうした表記法は，書く際に活用や派生のパラダイムを一々想起しては，どこから送り仮名を送ったらいいか決めなければならないというかなり面倒な手間が省けるという点で，大いにメリットのあるシステムなのである。

しかし，一方，日本語を第二言語として学ぶ／学んだ，日本語の獲得の不十分な人たちにとっては，運用に当たってこうした高度の言語直観の援用を前提とする表記は，使用者を選別し排除する障壁以外の何物でもないのである。

第2部　二表記併用社会におけるローマ字専用システム
1．表記される音形のレベル
1.1　形態音韻レベル表記

漢字・ひらがな・カタカナ切り替え表記システムには，このほかにもネイティブ・スピーカーの言語能力に依存する重要な機構がある。

同じ形態素(これ以上分解すると意味がなくなってしまうという，最小の有意味単位。一つで，もしくは複数組み合わさって語を構成する)が現れる位置によって音形を変える現象を「**形態音韻現象**」という。膠着語である日本語では，形態音韻現象として，特に形態素と形態素の境界付近でおきる音現象が多く存在する。動詞・形容詞の活用や，複合語前項末でのいわゆる被覆形と露出形の交替(「《雨》あま〜：あめ」など)，複合語後項頭での連濁や促音挿入(「みぎっかわ」など)，漢語の〜ク・キ，〜ツ・チ部分(入声韻尾)

の促音化(「がっこう」「にっき」など),促音・撥音の直後のh音のp音への交替(「はっぱ」「きりたんぽ」など)などである。形態音韻現象は文法規則の一種である「**形態音韻規則**」によって規則的におきるので,文法規則を獲得しているネイティブ・スピーカーは並び合う形態素のペアさえ与えられれば,形態音韻現象による音形は容易に生み出すことができる。

　形態音韻現象によって生じる具体的な音形部分は捨象し,一段抽象的なレベルの存在である形態素のみを表記する表記法を「**形態音韻レベル表記**」と呼ぶ。

　たとえば,英語の名詞複数形語尾は /s/, /z/, /iz/ という形であらわれるが,表記上は区別されず「s」で統一的に示される。/s/ になるか,/z/ になるか,/iz/ になるかは,形態音韻規則にもとづき名詞末尾の音によって自動的に決まるので,形態音韻規則を身につけているネイティブ・スピーカーには表記し分けてやる必要はない。むしろ同じ意味の形態素であることを示すためには表記は同じであった方がよいのである。表音表記といえども,最終的に伝達するのは意味であり,音形を経由するのは手段にすぎないので,形態音韻レベルの表記は,意味へショートカットで到達できる効率的な表記法なのである。

　一方,読み上げや朗読などで音声化が必要ならば,ネイティブ・スピーカーは形態素から形態音韻規則によって容易に具体的な音形を精確に生成可能なので,形態音韻レベルの表記はこれでもれっきとした表音表記法なのである。

　形態音韻レベルの表記は先の英語の複数形表記の例でもわかるように,ローマ字でも仮名でも可能だが,漢字には特に向いている。漢字は一切語形変化をおこなわない中国語のために生まれた文字で,漢字はもともと形態音韻現象をあらわせるようにはなっていないからである。漢字・ひらがな・カタカナ切り替え表記システムの漢字表記では,(送り仮名を付すことで音韻レベルで音形を示すようになった動詞・形容詞の活用を除いて)日本語の形態音韻現象については形態音韻レベルで表記がおこなわれているのが普通である。

　しかし,日本語の形態音韻規則を十分身につけておらず,形態音韻規則を援用することができないノンネイティブの中途学習者にとっては,この形態音韻レベルの表記も,精確に読むことを妨げている障壁なのである。

1.2 音韻レベル表記

これに対し，より具体的な音形に近づけた音韻レベルの表記をとるならば，形態音韻現象だけでなく，今までとりあげてきたものも含め，言語への依存度の高い部分(次のa～c)は，すべて音形が明記されるので，ノンネイティブでも容易に読めるようになる。

 a 複数の音よみの選択の問題(第1部3.3参照)
 b 「動詞の自・他部分に送り仮名のない複合語表記」の問題(形態素の選択の問題)(第1部4節および7節参照)
 c 形態音韻現象の形態音韻レベルの表記の問題(前節参照)

漢字・ひらがな・カタカナ切り替え表記システムでも改良して音韻レベル表記をおこなうことはできる。既存の方法のうち，送り仮名という方法ではaとc(の一部)では解決にならないが，漢字にふりがなを振ることにすれば，a～cすべての場合で，音形を明確に示せる。現に，こうした「総ルビ表記」は各地の自治体で外国人居住者向けの広報でさかんに用いられている。しかし，「総ルビ表記」の発信は結局，漢字・ひらがな・カタカナ切り換えシステムを使える人しかできない。ノンネイティブの人々が，発信・受信双方向に使えないという点で根本的な解決にはならないのである。

一方，ひらがな専用表記やローマ字専用表記は，ノンネイティブにとって総ルビ表記より役に立つ。自ら発信することも容易なので，発・受信双方に使えるからである。

ひらがな専用表記とローマ字専用表記では，多くのノンネイティブにとって親しみのあるラテン文字をもちい純表音表記するローマ字専用表記の方が，ひらがなの字体やかなづかいを覚えなくてもよい分，より初学者向きで，間口が広い。

2. 二表記併用という選択

2.1 二表記併用の必要性

従来のローマ字国字論は，漢字・ひらがな・カタカナ切り換えシステムに換えてローマ字専用システムをメインの表記システムとすることが主張されてきたのだった。

しかし，漢字・ひらがな・カタカナ切り換えシステムは，ネイティブ・スピーカーにとっては学習こそ困難であるものの，一旦身につけてしまえば使いにくい点はあまりなく，一方，意味も読み取りやすく，漢字・カタカナ部分を拾い読みすることで速読にも向いているといった利点のある有用なシステムである。一方，従来指摘されてきた実用上の弊害の多くは，電子媒体の「打つ文字」の普及とそのさまざまな技術的発展によって除かれてきている。また日本語は和語形態素の造語力の貧弱さを漢語形態素で補っているため，和語と漢語が二重の語彙体系をなしており，両体系間の個々の形態素の対応関係が，同じ漢字の音（漢語形態素の音形）と訓（和語形態素の音形）というかたちで漢字を通して支えられているという，単に文字・表記にとどまらず日本語の語彙体系の中枢的部分にまで根を張った特性もあって，当面メイン・システムの座を譲りそうにない。

　一方，漢字・ひらがな・カタカナ切り換えシステムは，これまで見てきたようにノンネイティブにとっては，大変学びにくく，ネイティブなみの言語直観を手に入れるまでは完璧な運用が期待できないというシステムなので，日本語学習の大きな障壁となっている。

　そこで，従来のメイン・システムはメイン・システムとして温存したまま，一方，音韻レベル表記であり・言語との対応関係も明晰で・ノンネイティブにとっては学びやすく発信にも受信にも使いやすいという特性をもつローマ字専用システムを，第二のメイン・システムに格上げ・活用して「二表記併用社会」を作ろうというのは，これから外国出身者とも共存してゆかなければならない日本社会にあっては，すぐれた提案である。

　ローマ字専用とした場合に区別ができなくなるとして従来も指摘されてきた同音異義語は，実はそのほとんどがかなり高度な文章語で用いられる漢語の高級語彙なので，ノンネイティブでもこうした語彙を日常必要とするのは高度な日本語運用能力をもった人に限られ，そうした人たちは第一システムも使いこなせることが多いであろうから，ローマ字専用表記はあくまでノンネイティブへ広く日本語表記を開放することを主眼とする第二システムなのだと位置づけるなら，実際上ほとんど問題にならないであろう。

　漢字を廃止すると，同音ながら異表記の人名が区別できなくなるとか，同

じ語形でも表記を変えることでニュアンスを表し分けられなくなるなど、従来、ローマ字専用表記について論じられた短所の多くは、漢字・ひらがな・カタカナ切り換えシステムも第一システムとして残るのであれば問題になることはない。

2.2 二表記の並行作成

「二表記併用」を実効性・永続性のあるものとするためには、漢字・ひらがな・カタカナ表記の文書とローマ字専用表記の文書をわざわざ2部作成するような労力はかけず、簡単に並行して作成することができるようにしておくことが重要である。

電子媒体の「打つ文字」にあっては第一システムの漢字・ひらがな・カタカナ切り換え表記も表音的に入力し漢字変換してゆくのだから、その表音的入力(予測変換時の補充も含む)を利用して、漢字部分の入力分すべてを第二システムのローマ字表記としても自動入力するように機器を設定できれば(ローマ字はかなづかいをもちいない純粋の表音表記だから若干の変換は必要になる)、従来どおりに漢字・ひらがな・カタカナ切り換え表記の文書を作成するだけで、同時にローマ字専用表記による文書も作成できるので、余計な手間がかからない。ただ、漢字・ひらがな・カタカナ切り換え表記では分かち書きをおこなわないので、ローマ字を自動入力させるためには(一部は字種の切り替え位置(後述3.4参照)で自動指定できるにしろ)分かち書き位置のキーも入力しておく必要がある。

一方、第二システムによる表記を第一システムの表記に変えるのは、書き分けのある漢字にする場合ローマ字にない意味情報を付加する必要があるので、文脈による自動変換の技術がより進歩するまでは、手動に頼る部分が多くならざるをえない。しかし、そもそも「二表記併用社会」は、日本語とその文字表記に対するネイティブとノンネイティブの能力差を解消するための方策であるということに立ち戻って考えれば、読解に高い日本語運用能力を要求される漢字・ひらがな・カタカナ表記と並行して、比較的に低い水準の能力で読解可能なローマ字専用表記を提供することは必要であっても、だれでも読みうるローマ字専用表記には、並行してネイティブしか読めない漢字・

ひらがな・カタカナ切り換え表記をわざわざ提供する必要はない。こうした跛行性は当然あってよいことである。

3. ローマ字専用システムに求められる特性
3.1 ローマ字専用システムの表記レベル
　ローマ字専用システムは表音表記システムであるが，表音レベルとしては，
　　　　音声レベル表記　　　　音韻レベル表記　　　　形態音韻レベル表記
この3レベルが可能であり，ヘボン式ローマ字はほぼ音声レベルの表記システム，訓令式式ローマ字は音韻レベルの表記システムといえる。
　ローマ字も，理論上は形態音韻レベル表記を導入することはできるが，ノンネイティブを排除するものにならざるをえないから，「二表記併用社会」では採用の余地はない。

3.2 現代日本語の音韻体系とローマ字表記
　併用する以上，第二システムは第一システムで表記できるものはみな表記できなくてはならない。ラテン文字は本来欧米語のための文字だから，日本語の表音表記として用いる場合，日本語において弁別的な音韻的特徴をすべて表記し分けられるかが問題になる。
　「音声や音声言語の地域差を乗り越えての伝達」は文字および文字言語の存在意義の一つだから，表記されるべき日本語の音韻体系は当然，全国共通語(標準語)のものとなる。
3.2.1 子音音素の表記
　現代日本語の標準的な文字言語で用いられる母音，子音を音韻レベルで書き分けるだけの字母は十分に存在しているが，音声レベルで書き分けるには足りないので，ヘボン式では「sh」「ch」「ts」のような2字からなる表記単位も設定している。
3.2.2 モーラ音素の表記
　問題になるのは，欧米語に存在しない，撥音，促音，長音をどう表記するかである。ヘボン式は現在，中学校の英語の授業で触れるだけで，系統的に学習する機会がないので，こうした表記を完全に身につけていない人が多い。

特に母音の長短を区別しない西欧語をまねた「えせローマ字」でTokyoのように長音を表示しないことが普通になっているのは放置できない問題である。

3.2.2.1　長音の表記

「おじさん」：「おじいさん」「おばさん」：「おばあさん」のように，日本語では長音の有無で語が対立しているから，長音の表示は必須であるのに，音声レベル表記であるヘボン式はともかく，音韻レベル表記である訓令式までが，長音表記を直前の母音字への付加記号の付加ですませ，独立した単字を与えていないことは大きな問題である。

3.2.2.2　促音の表記

訓令式は音韻レベルの表記であるのに，促音表記が音声レベルで規定されていることも，表記システムの原理的一貫性の点で問題がある。独立した促音専用の単字を用意する必要がある。

3.2.3　新出の音韻の表記

外来語を中心に現在日本語には新たな音韻が定着しつつある。仮名では，字母を増やすことなく，拗音表記以来の伝統的な手法である2字の特定文字列を導入してこれらに対処しているが，漢字・ひらがな・カタカナ切り換えシステムと併用するなら，仮名で表記可能な音韻はローマ字でも表記できなければならないし，そのための綴りも確定させておく必要がある。

訓令式，ヘボン式ともに，シェ，ジェ，チェ，イェ，ウィ，ウェ，ウォ，ディ，ドゥ，デュが表記できないが，これらは現在の字母のみでも，今まで使ってこなかった綴りの組み合わせを用いれば対処可能である。

訓令式ローマ字では，これらに加えてティ，トゥ，テュ，ツィ，ツェ，ツァ，ツォ，フィ，フェ，ファ，フォ，フュが表記できない。以前の音韻体系に過不足なく対応していた長所が裏目に出て，新たな音韻を表記するには綴りに余裕がないのである。いままで用いられていない「c」「f」などの字母を採用したり，「č」(ラテン文字を使うスラヴ諸語で [tʃ] の表記)のように付加記号を付した字母を導入したり，「th」「dh」のような特定文字列からなる表記単位を導入したりなどして子音表記を増やした上で，従来のタ行・ハ行の綴りも含めて再考・再編し，対処する必要があるだろう。他方，ヘボン式はもともと原則的には音声レベルの表記法であったため，音韻レベルで考え

ると無駄の多いものであったが，その使っていなかった綴りの組み合わせをこれらに当てることができる。

　両方式ともに表記できないのが，クィ，クェ，クァ，クォ，グァ，ヴィ，ヴェ，ヴァ，ヴォ，ヴ，ヴュなどである。「q」「v」などの字母を導入するとか，「kw」「gw」のような(日本式にあった)文字列を表記単位として採用するとかなどして対処する必要がある。ヴィ，ヴェ……は表記上だけの存在で，子音は実際は /v/ ではなく /b/ と発音されているので，純粋の表音主義の立場からは排除してよいかもしれない。

3.3　表音性保持のためのメンテナンス

　ローマ字は純粋な表音表記なので，かなづかいのようなやっかいなものがなくてよいといわれるが，これはラテン文字採用の効用ではない。揮発性であとに残らないため時代とともに変遷してゆく音韻と，時空をこえての伝達を可能にするという使命をはたすため変わっていってはならない文字とをつなぐという矛盾に満ちた表音文字の本質からして，ローマ字もシステム構築の当初こそ文字と音が一対一にシンプルに対応しているが，長く使っていれば音韻との対応が複雑なものになってしまうのは，英語やフランス語の場合を見れば一目瞭然である。日本語のローマ字が音韻との一対一対応を誇っていられるのは，まだまだ生まれて日の浅いシステムで，創始以来大きな音韻変化を経ておらず，音韻体系との間に齟齬をきたしていないからにすぎない。ローマ字を末永く使ってゆくためには，将来，音韻変化を蒙ったら音韻との対応をリセットして，常に一対一対応を保つべくメンテナンスしてゆくことを基本方針としておかなければならない。

　「時代を超えての伝達」というのは文字の存在意義の一つであるが，「時代を超えての伝達」というと，過去に書かれたものを読む場合だけを考えて，綴りの改革など軽々しくおこなうべきではないと考えがちである。しかし，今書いたものを将来も読んでもらえるようにしておくことも「時代を超えての伝達」として同様に大事なことなのである。

3.4 ローマ字表記の二次表記単位

　文字表記は二次的記号体系なので、覚えておかなければならないものを極力減らすために、文字と対応させるだけのための独自の言語単位などは設定せず、既存の言語単位と対応する。言語の文法を利用するには、既存の言語単位と対応させておく方が便宜であるということももちろんある。

　この言語単位と対応する表記側の単位としては、単字がまず一次表記単位であるが、ローマ字でいえば分かち書き単位のような、より大きな二次表記単位もある（さらには文と対応する三次表記単位や段落と対応する四次表記単位もある）。

　一次表記単位は、音素文字体系や音節文字体系のように、音素や音節のような意味を持たず音形のみの言語単位と対応するものもあるが、二次表記単位は必ず文節や〈語〉（説明は後述）のような有意味単位と対応するので、文意をとるのに重要な役割を果たす。現代の漢字・ひらがな・カタカナ切り換えシステムでは文法要素を表記するひらがなから語彙的要素を表記する漢字・カタカナへの切り換え位置がほぼ文節境界に対応するので、語形変化もせず助詞もつかないため送り仮名をつける必要のないはずの接続詞や副詞などにも送り仮名を強制的に付し、字種切り替えを二次表記単位の表示としているが、単一文字種となるローマ字専用システムでは伝統的に分かち書き（「空白」という句読点による表示）で二次表記単位を示してきた。

　従来、ローマ字論の立場からは、言語側の対応単位を文節とする分かち書きが唱えられることが多かったが、橋本進吉の「文節」提唱以前に長く広く行われた〈語〉（外形的にはアクセント単位、最小呼気段落。学校文法の単語より大きく、文節よりは小さい）を対応単位とする分かち書きも実は使い勝手の良いものであるから、今後検討する余地があろう（〈語〉という言語単位については、理論的な問題は屋名池(2011)、歴史的な使用例は屋名池(2014b)を参照）。

4. ローマ字専用システム運用にあたっての留意点
4.1　形態音韻現象への対処

　ローマ字専用システムで音韻レベルの表記をすれば、連濁や入声韻尾の促

音化などは表記上に明記されるので，ノンネイティブがそれらの部分の音形を知ることができないということはなくなる。しかし，逆に書く際は，かえってこれら形態音韻現象の関わる語形を正確に知って書くことが求められることになる。

しかし，ローマ字専用システムが広く使われるようになれば，従来は漢字に隠されて，（特に音声で聞く機会のほとんどない文書語では）正確な音形を知るすべがなかった語形にたびたび触れることができるようになるのだから，正確な語形を覚えて書くことはむずかしいことであっても，個人の経験・努力次第で乗り越えることができるようになるであろう。漢字に隠された形態音韻現象部分を読むことさえできず，経験と自助による克服の道さえ閉ざされていることとは，困難とはいってもその質は同日の談ではない。

なお，これはノンネイティブのためばかりではないが，表音表記をとる以上，表記面の安定のために，語の音形や形態音韻現象の個人的・地域的ユレは現在のように野放しにはできず，極力統一しておかなくてはならない。

4.2 漢語の音形のユレ・変化への対処

第1部3.3で述べたように，音よみの2種（呉音よみと漢音よみ）の読み分けは，個別に覚えておいた語彙のみを「特殊なよみ」でよみ，その他の場合はすべて「基本のよみ」で読むのであるが，「特殊なよみ」をする語彙を覚えているのは負担なので，それを知る人が次第に減り，最後には「特殊なよみ」をする語彙がなくなってその漢字のよみは「基本のよみ」一つしか残らなくなる。同じ意味であるにも関わらず，呉音・漢音の2種のよみが存在し，読み分けなければならないというのは負担なので，実は近世以来，このように漢字音は一元化する方向での変化が続いている（屋名池（2005b）参照）。「特殊なよみ」（たとえば「言」ではゴン，「語」ではギョ）をしていた語（古くは「言語」はゴンゴまたはゲンギョであった）は，この過程で「基本のよみ」（「言」ではゲン，「語」ではゴ）の方へ語形を変えることになるが，語形が変わっても同じ語としてあつかわれる。

音よみの漢字で表記される日本語の漢語は，音形は異なっていても表記が同じならば「同語」と捉えられているのであり，「**語の要素として音形，意**

味のほかに表記があり，かつ語の認定には表記が音形よりも優先される」という点で，語としては世界にも稀なあり方をしているものなのである。

その間の過渡期には両方のよみが並存し，ユレとなることもある（現代ではたとえば「重複」チョウフク〜ジュウフクや「発足」ホッソク〜ハッソクなどがユレている）。しかし，漢字で表記されている場合は，こうした音形の変化やユレがあっても，漢字の陰に隠れてしまうから意識にのぼることはない。

しかし，これらの漢語をローマ字で音韻レベルで表記する場合には，世代，個人や場合による語形のちがいが露わになる。ノンネイティブは漢字表記を参照できないことが多く，その場合，こうした語の範囲を精密に指定して見せることはできないのだから，一般論として「現代日本語には語形がユレている語が非常に多く存在する」という認識をしっかり持たせ，ユレの見られる語は両語形を学習させるようにしなければならない。

4.3 文字の平面利用という課題

ローマ字専用システムは漢字・ひらがな・カタカナ切り換えシステムにできることはなんでもできるというわけではないことも心得て，必要なら代替手段を考えておく必要がある。在来の日本語の表記システムは，「文字は平面図形である」という特性を上手に活用していたが，そうした面の開発の遅れた欧米系の表記法由来のローマ字では，今後にまつ点が多いからである。

4.3.1 文字列展開方向（＝書字方向）とローマ字

ラテン文字は，漢字やそこから派生したひらがな・カタカナのように字体の縦・横の比率がほぼ同じ文字とは異なり，その字体の特徴からして縦書きになじまないので，第一システムでは可能な縦書き・横書き（さらにはレトロ感を演出するための右横書きなども）の使い分けは，第二システムでは並行しておこなうことはできない。レイアウトの自由度が下がるが，その分はフォントの使い分けなどで補うことになろう。

4.3.2 複線表記とローマ字

また，ラテン文字は，本行とふりがなのような，複線表記の経験がない。Ｊポップの歌詞などによく見られる，本行には「宇宙」と書いて「ソラ」とふりがなを振る（実際に歌うのはふりがな部分）というようなことは当面でき

なくなるだろう。

参照文献

屋名池誠(1995)「『音便形』——その記述——」『築島裕博士古稀記念国語学論集』汲古書院.
屋名池誠(2005a)「活用の捉え方」日本語教育学会編『新版 日本語教育事典』大修館書店.
屋名池誠(2005b)「現代日本語の字音読み取りの機構を論じ,「漢字音の一元化」に及ぶ」『築島裕博士傘寿記念国語学論集』汲古書院.
屋名池誠(2009)「現代日本語の音・訓読み分けの機構を論じ,「漢語・和語形態素の相補的分布」に及ぶ」『藝文研究』(慶應義塾大学)96号, pp.75-95.
屋名池誠(2011)「語彙と文法論」『これからの語彙論』ひつじ書房.
屋名池誠(2014a)「文字の表音性」『話し言葉と書き言葉の接点』ひつじ書房.
屋名池誠(2014b)「中世末期日本語の〈語〉と〈語表記〉——天草版平家物語前半の分かち書きから——」『藝文研究』106号, pp.170-192.

編著者・執筆者紹介 (五十音順)

◆編著者

J・マーシャル・アンガー (J. Marshall Unger)
ハワイ大学,メリーランド大学,オハイオ州立大学での主任教授を経て,現在,オハイオ州立大学名誉教授。日・韓語の起源および江戸時代の和算の本を出版(英語)。ワシントン DC 郊外在住。

茅島　篤 (かやしま・あつし)
教育学博士(コロンビア大学)。工学院大学教員,早稲田大学講師,公益財団法人日本のローマ字社理事長,ハーバード大学大学院客員研究員等を務める。『国字ローマ字化の研究——改訂版——』(文部省科研費学術図書,風間書房)他著書・編著・共著多数。

高取　由紀 (たかとり・ゆき)
言語学博士(エール大学)。ジョージア州立大学前准教授。論文:「ローマ字実験学級——占領軍の目に映った日本の言語改革——」(『日本語表記の新地平』), Forgotten Script Reform: Language Policy in Japan's Armed Forces. *Japan Studies Review*. Vol. XV.

◆執筆者

岩瀬　順一 (いわせ・じゅんいち)
理学博士(東京大学)。金沢大学教員,公益財団法人日本のローマ字社理事。論文:「分かち書き「いま」と「むかし」」(『日本語表記の新地平』くろしお出版)。

大島　中正 (おおしま・ちゅうせい)
同志社女子大学表象文化学部日本語日本文学科教授。主著:『日本語学を学ぶ人のために』(共著,世界思想社)『類似表現の使い分けと指導法』(共著,アルク)。主な論文:「『愛夫』と『愛妻』」(『国語語彙史の研究32』和泉書院)。

シュテファン・カイザー (Stefan Kaiser)
ドイツ生まれ。ロンドン大学,東京大学で学ぶ。西オーストラリア大学,ロンドン大学で教鞭をとった後,筑波大学人文社会科学研究科教授(留学生センター長も兼任)と国学院大学教授を歴任。主著:*Japanese: A Comprehensive Grammar* (Routledge)。

角　知行 (すみ・ともゆき)
東京大学大学院・社会学研究科博士課程(単位取得退学)。天理大学名誉教授。著書:『識字神話をよみとく——「識字率99%」の国・日本というイデオロギー——』(明石書店)。

西原　鈴子（にしはら・すずこ）
国立国語研究所，東京女子大学勤務の後，独立行政法人国際交流基金　前日本語国際センター所長（2017年まで）。日本語教育学会会長，文化審議会会長などを歴任。編著書：『言語と社会・教育』（シリーズ朝倉＜言語の可能性8＞（朝倉書店））。

マツォッタ　瑞幾（Mazzotta, Mizuki）
言語学修士（マッギル大学），応用言語学修士（南フロリダ大学），ジョージア州立大学講師。

宮澤　彰（みやざわ・あきら）
東京大学大学院科学史・科学基礎論修士課程修了。国文学研究資料館，東京大学文献情報センター，学術情報センター，国立情報学研究所に勤務。著書：『図書館ネットワーク——書誌ユーティリティの世界——』（丸善）。

宮島　達夫（みやじま・たつお）
元大阪大学教授，国立国語研究所名誉所員，元財団法人日本のローマ字社評議員。主著：『語彙論研究』（むぎ書房），『日本古典対照分類語彙表』（共編，笠間書院）。

屋名池　誠（やないけ・まこと）
東京大学大学院博士課程中退。昭和女子大学，大阪女子大学，東京女子大学を経て，現在，慶應義塾大学文学部教授。著書：『横書き登場——日本語表記の近代——』（岩波書店（岩波新書））。

国際化時代の日本語を考える——二表記社会への展望——

発　行	2017年4月5日　第1刷発行
編　著	J・マーシャル・アンガー，茅島篤，高取由紀
装　丁	折原カズヒロ
発行人	岡野秀夫
発行所	株式会社　くろしお出版
	〒113-0033　東京都文京区本郷 3-21-10
	TEL 03-5684-3389　FAX 03-5684-4762
	http://www.9640.jp　e-mail: kurosio@9640.jp
印刷所	藤原印刷株式会社

© J. Marshall Unger, Atsushi Kayashima, Yuki Takatori, 2017, Printed in Japan
ISBN978-4-87424-728-0　C3081

●乱丁・落丁はお取り替えいたします。本書の無断転載・複製を禁じます。